创意产业与经济研究丛书

创意思维·发展理念·改革路径

金元浦 著

山西出版传媒集团
山西经济出版社

图书在版编目（CIP）数据

创意思维·发展理念·改革路径/金元浦著. -- 太原：山西经济出版社，2023.8
（创意产业与经济研究丛书/金元浦主编）
ISBN 978-7-5577-1135-1

Ⅰ.①创… Ⅱ.①金… Ⅲ.①文化产业—产业发展—研究 Ⅳ.①G114

中国国家版本馆CIP数据核字（2023）第070414号

创意思维·发展理念·改革路径
CHUANGYI SIWEI FAZHAN LINIAN GAIGE LUJING

| 著　　者：金元浦 |
| 出 版 人：张宝东 |
| 出版策划：九年有正 |
| 责任编辑：解荣慧 |
| 复　　审：李春梅 |
| 终　　审：李慧平 |
| 封面设计：张志奇工作室 |

出 版 者：山西出版传媒集团·山西经济出版社
地　　址：太原市建设南路21号
邮　　编：030012
电　　话：0351-4922133（市场部）
　　　　　0351-4922085（总编室）
E-mail：scb@sxjjcb.com（市场部）
　　　　zbs@sxjjcb.com（总编室）

经 销 者：山西出版传媒集团·山西经济出版社
承 印 者：山西出版传媒集团·山西人民印刷有限责任公司
开　　本：787mm×1092mm　1/32
印　　张：11.25
字　　数：242千字
版　　次：2023年8月　第1版
印　　次：2023年8月　第1次印刷
书　　号：ISBN 978-7-5577-1135-1
定　　价：68.00元

就这样，我闯进了文化创意产业

一个人，总有回首的时候，总要回首。30多年持续做一件事，恍惚间，我已年逾七旬。命运就是这样，跟我絮絮叨叨地拉着家常，开着玩笑，转眼就将我的青春和狂悖一起收走了。记得我曾这样写过青藏高原的西部之神：

我以男子日神睿智的思之光/大河惊涛般的狂放，/
浩荡于天地之间
思缕的长风淋漓于/生之蜿蜒/然后，这一段历史，/
便站起来/昂扬如旗/威猛如山，/大气
磅礴于永无涯际的/
时空之域……

我是怀着西部豪迈的诗情踏入学术领域的，进而闯进文化创意产业的天地之间。

一

30多年来，我对文化产业、文化经济、创意产业、创意经济的各个相关领域，进行了一些理论总结、规律研判、实地考察、案例研究，以及趋势前瞻。而我研究的基本思路则是"顶天立地"。所谓顶天，是说文化创意产业必须要有坚实的理论基础，特别是理论创新，有全球和全国的大局观；所谓立地，就是要以强烈的问题意识为导引，实实在在地解决文创发展和演进中的新问题、新困境。通常看来，文化创意产业是个中观的操作型的产业，往往忽视了它是在5G新信息革命背景下，以移动互联网、大数据、人工智能、云计算、物联网、区块链、大视频为手段，以文化、艺术、美学、哲学，乃至金融、经济、政治、社会和生态为内容的未来社会的主导性力量和革命性变革的跨越边界的大重组、大联合。

在我国文化创意产业的发展中，我一直特别关注文化创意产业的高层次理论突破、创新理念的认知革命、顶层设计的全面擘画、全球和全国文创的大局观；同时，关注事件哲学指导下的场景研究和案例研究。我主张必须两向发力：一方面是更高的理论的、逻辑的和价值的战略发展；另一方面就是眼睛向下，面向实际、面向现实中的具体问题，以问题引导产业发展的大局，而不是玩理念的空手道与时间的模仿秀。

在文化创意产业发展中，我特别关注它的两个重要特点。那就是建立在事件哲学基础上的语境化案例与场景化实现。人在历史与社会中的存在，即是"事件"。事件立足于个人生存（生命、生活、交往、劳作、体验）的现实。人的文化活动构成了他的文化事件。每一个文化现象都是一个事件，每一个研究也是一个事件，这种研究是研究者与事件之间双向交互寻找意义的过程。文化创意产业是高度语境化的，即它一定是在现实社会与市场运营之中的，因此，高头讲章与因循守旧，雷同转发与夸夸其谈，都是要不得的。

场景是文创产品的第一要素。什么是场景？早在20世纪80年代，传播学者梅罗维茨就从社会学家戈夫曼的"拟剧理论"获得研究灵感，提出了"场景"（situation）概念，以此出发研究"媒介场景"对人的行为及心理影响。随着移动互联网时代的到来，"场景"被认为是移动媒体时代的又一核心要素。全球科技领域资深记者罗伯特·斯考伯最先提出了有别于传统媒体时代的"场景概念"，其在《即将到来的场景（context）时代：移动、传感、数据和未来隐私》大胆而犀利地预言："在未来25年，场景时代即将到来。"书中指出，移动设备、社交媒体、大数据、传感器和定位系统是移动互联网的"场景五力"。他认为的内容场景将是每个个体在新语境下获得的前所未有的在场感。但我更关注芝加哥大学的特里·克拉克教授提出的城市研究的新范式——场景理论（The Theory of Scenes），这些年似乎更有影响。创意的空间环境中还必须有创意氛围（Creative Milieu）。英国创意城市经济的著名专家查尔斯·兰德利解释说：创意氛围是一种空间的概念，指的是建筑群、城市的某处，甚至整座城市或区域。像巴黎，像左岸，也像今日北京，像北岸1292……它涵盖了必要的先决条件，足以激发源源不断的创意点子与发明的一切"软""硬"件设施。这类环境是实质的，源于一个城市"有效地在城市的'基因码'中深植创意，并获得显而易见的成功"。兰德利的创意氛围是包含软硬基因码和创意的城市场景。

这样看来，国内所谓的"场景"，其实是三个不同英文单词——situation、context、scenes的同一汉语翻译。显然，其含义是有差别的。我认为的场景，是当代移动互联网高度发达，在视听觉文化全面建构消费者的消费习惯、消费结构，乃至消费模式的背景下，具有可视、可听、可感的虚拟的空间和环境，人人可享有的线上的视像、语像，并将线上的个体与个体，线上与线下的现实平台相互连接为一体的形态。它对于文化创意产业的发展意义重大。在当下这个视听觉文化发达的移动网络文化时代，没有场景就没有舞台，没有场景就没有故事（内容）可以表达，园区、景点、旅游线路、抖音、快手、视频、VR、AR、MR、3D影像、AI的展示，无不在场景中运行。当然，更重要的是，没有场景就没有人，没有人也就丧失了其内涵，失去了人之魂。

案例对于文创企业与园区实践，对于文创教学都有着更清晰直观的效果。2013年我将教学中的文创理论和案例研究编成《娱乐时代——当代中国文化百态》出版，以满足教学的需要。但案例绝不能代替每一个文创项目的创造独特性。原样照搬，必然会走向失败。

事件、场景和案例，三者构成了文创的充分必要条件。

二

常常有人问我，你是怎么进入文化产业—创意产业领域的？

20世纪80年代，我和许多青年朋友一样，在一个改革开放的大环境中，睁眼看世界。我们面对全世界100多年以来上百种哲学、美学、文艺理论的各种学派、各种观念，急切地选择、引进、翻译、学习，我有幸加入了这一澎湃的大潮之中。在1984那个"方法论年"的浪涛中，我投入德国法兰克福学派和接受美学、接受理论的译介和学习之中。作为批判理论始作俑者的法兰克福学派，对当代中国青年人文学者产生了重要影响。最初，可以说，我们都是批判学者。

我们一批青年学者因为先前研究美学与文艺理论的变革与转型，以及后现代文化的发展，所以特别关注全球文化研究的蜂起。世纪之交，全球发生了文化转向的重大变革。我们发现阿多诺、霍克海默等的法兰克福批判理论，是站在贵族精英主义的立场上，俯视甚至蔑视大众文化、通俗文化、流行文化。他们虽然多次提到"文化工业"，却仅仅是从意识形态角度批判，从否定的角度忽视了当代文化经济化、经济文化化和文化经济一体化的具体现实，割断了当前世界文化与经济的密切联系。

文化转向理论的提出首先是从全球实践的角度开始的。随着中国日益开放，打开封闭国门融入世界，我们开始从新的全球视野考虑中国问题。从世界来看，21世纪的文学、美学与哲学发生了重大的文化转向,这种变化源于当代社会生活的转型。全球化背景随着进一步的开放日益进入我们生活的中心。电子媒介的兴起向一统天下的纸媒发出强劲的挑战。媒介文化深刻地改变和影响着我们的生活。大众文化走向前台,城市文化快速传播与蔓延,时尚文化大批量复制,采用了浪潮式的运作方式。视觉图像文化占据人们生活的主要空间,在这样一个文化突变的时代里,视觉文化、网络文化正在逐步改变着世界的交往方式。

在对西方文化转向的考察中,我们着重考察了英国伯明翰文化研究学派和欧美文化研究与文化诗学(文化唯物主义)学派,开始大力推动中国文化研究的发展。20世纪90年代初我主编了《六洲歌头:当代文化批评丛书》《人海诗韵·艺术文化散文丛书》。1998年我和陶东风、史建一起发起做《文化研究》丛刊,我们找到一篇文章,是谈法兰克福学派的衰落的,作者是金迈克。他对法兰克福的文化工业论很不感冒,认为在英国文化研究基础上成长起来的创意产业,已经与法兰克福分道扬镳了。他批评了法兰克福学派的精英主义和意识形态观念,听到了"法兰克福的哀鸣"。《文化研究》丛刊至今已经出版到40多辑了。

随着文化研究的深入,单纯的文化研究已经不能适应新的历史时期各国发展的需要。从文化研究走向文化产业、从传统模式走向创意产业,创意经济就成为发展的必然趋势。看到世界和中国的发展需要,1994年,我进入了具体的文化产业研究之中,撰写了《当代文化矛盾与中西交流论纲》,对当代经济的文化化与文化的经济化的新潮流进行了探索。其后，我参加了《中国文化报》举办的国内第一个文化产业的征文，写下的文章《在悖论中开辟文化产业的发展之路》，获得了这次征文唯一的一等奖。1995年，我在《社会科学战线》发表的《文化市场与文化产业的当代发展》一文，较为系统地探讨了我国文化市场与文化产业发展的主要矛盾、解决路径和发展方向。这在全球是站在潮头的。1995年，澳大利亚政府提出了创意澳大利亚的理念，1997年，英国工党政府上台，提出了"创意英国"的理念和国策。美国、欧洲的学者开始了创意经济、文化经济（学）的研究。中国的文化产业便汇入了世界文化创意产业发展的大潮之中。2001年，我主持出版了我国文化创意与文化发展的第一本蓝皮书、国家哲学社会科学"九五"重点项目结项成果：《跨越世纪的文化变革——中国当代文化发展研究报告》，受到中央政治局的关注。这是中国文化产业、创意产业的"历史性出场"。

其实，从文学理论转向文化研究，再从文化研究转到文化产业、创意产业，既是当代社会历史发展的必然，又是一个当代学者顺应全球和中国发展大势的选择。我曾与英国伯明翰学派的第三代学者哈特里有过深入的对话，他就是典型地从文学理论研究到文化研究再到文化产业（创意产业）研究的学术代表，我的学术道路与他十分相似，学术理念也与他相似，即听从时代发展的召唤，站在理论与实践的最前沿。

三

文化创意产业的理论探索与概念辨析、文化产业结构的变化、马克思主义文化生产力是我一直关注的核心。全球创意产业、创意经济的理论成果和实践案例的引进，中国特色文化创意产业理论和实践的创新与发展，从文化创意产业的教学与人才培养到文化产业学、创意产业学、文化经济学、创意经济学、文化政策学、文化管理学、艺术管理学等学科体系的发展、改革与构建，以及课程设置，是我30多年来一以贯之的研究重点。

2001年，我主编的《跨越世纪的文化变革——中国当代文化发展研究报告》，全面论述了世纪之交我国文化发展与文化产业勃兴的历史性变革。后来我进一步关注公园城市、夜间都市、艺术城市等相关论题，并深入各个城市，从事设计、规划、策划、指导和实操等方面的实践。关注产业基地、创意园区、集聚区、数字化网络线上线下一体化发展平台，注重案例研究，注重事件发掘与营销，注重场景设计与核心理念提升。

2004年，我编纂了《文化研究：理论与实践》，2005年，我主编了中国第一套文化产业丛书《当代文化产业论丛》，含《文化巨无霸——当代美国文化产业研究》等5种著作。同年，我与陶东风先生一起主编并出版的英文著作《文化研究在中国》（*Cultural Studies in China*），成为国外了解中国文化研究的开窗之作。

作为国内最早推动和提出创意产业的学者之一，我提出创意产业是文化产业发展到新的更高阶段的产物，具有产业提升的必然性。由此也受到一些人的质疑。我始终坚持认为，这一论断是合乎我国文化产业发展实践的。后来的现实证明，创意产业的理念得到了国内各界广泛的认可。2005年，我接受北京市委宣传部的委托，主持"北京市文化创意产业发展研究"，为北京市文化创意产业的发展出谋划策。

我认为，一国文化创意产业的发展程度与该国文化创意的理论建设和理念创新的程度成正比。没有先进的理论，没有富于创新创意的理念支撑，就不可能有一国文化创意产业和创意经济的高度发展。所以，我们必须高度重视文化创意产业的理论创新，并不断保持国际先进水平。唯此，才能始终站在世界文创的前沿。我于2010年和2012年分别出版了《文化创意产业概论》和《动漫创意产业概论》两部国家规划教材。为了更好地让青年研究者增强文化使命与对文化的理解，我撰写了《文化复兴——传统文化的现代价值》一书，讲述了当下青年学生需要了解的中国传统文化的内涵。

文化创意产业中，高科技与文化的高度融合和跨界创新是高质量发展的必由之路。这是文化创意产业发展到新阶段的重要主题和发展方向，对此我给予了高度关注与深入研讨，并产生了一系列理论与实践成果。如何将深厚的文化内涵植入创新型国家战略之中，我认为文化的科技化、科技的文化化，文化与科技的协同发展，是文化创意创业发展的必由之路。我提出，北京文化创意产业必须推动文化与科技双轮驱动的发展战略。

2006年，我主持了北京市科学技术委员会的软科学研究项目"北京文化创意产业的评估与测度及地区比较"，在国内率先研究文化创意产业的分类、评估、测度和指数，提出了建设更为合理的评估指数体系的许多新的考虑。我认为北京的文化产业必须走文化—创意的路径，必须瞄准国际最高发展水平，在高科技数字化基础上实现产业的升级，必须高端起步，数字融合，才能成为北京经济发展的强大引擎。

2010年，我编写的《文化创意产业概论》成为高校迄今仍广泛使用的教材。2011年，作为教育部、文化部高等学校动漫类教材建设专家委员会副主任，我接受了动漫文化创意产业教材编写的任务。其后，我主编的我国第一部大学教材《动漫创意产业概论》出版。

四

城市发展，确切地说是中国的城市化，是我关注文化创意产业的重要主题。

我曾主持国家哲学社会科学"十一五"重大项目"我国中心城市文化创意产业发展与软实力竞争"，关注和研究世界城市、全球城市、创意城市、网络城市，团队成员全心致力于该课题的研究，最后以10部350余万字的系列研究报告圆满结项。我们的研究针对我国文化创意产业发展的现实问题，理论上高瞻远瞩，实践上又从现实的问题出发，因而能够对现实发挥指导作用。这些研究得到了国家领导人、各级政府、业内专家、研究人员和企业家的赞赏和吸纳。

我和我的团队多年来一直关注北京文化创意产业的发展。作为对北京建设全国文化中心的论题长期执着热切的关注者，我们自2010年以来，曾一直参加北京相关论题的研究。2010年，我们完成了"北京建设全国文化中心"的重点项目，并出版《文化北京——北京建设国家文化中心研究丛书》，含《新视野 新征程——北京建设国家文化中心研究总报告》《建造世界精品殿堂——北京建设全国文化精品创作中心研究》《搭建要素配置的最优平台——北京建设文化要素配置中心研究》《跨进全球信息传播时代——北京建设文化信息传播中心研究》《走向世界创意高地——北京建设全国文化创意培育中心》《构筑全球人才高地——北京建设文化人才集聚教育中心》《握手环球文明——北京建设国际文化交流展示中心研究》等7种论著。我们团队20年来一直积极参加北京文化发展、人文奥运、文化创意、文化科技、文化消费、公共文化服务等各项研究，可以说，我们团队是助力北京文化发展的一支攻坚队。

2010年，我主编了第一部北京关于世界城市的大型理论与实践及文献的专著《北京：走向世界城市——北京建设世界城市发展战略研究》，近70万字，为北京建设中国特色的世界城市，提供了丰富的资料、宽广的国际视野和崭新的思路。后来上海、深圳、广州、成都曾先后就这一主题邀请我作为这些城市建设世界城市和发展创意经济的顾问。

多年来，我一直关注各个省（区、市）文化创意产业的发展。云南是我魂魄牵绕之地。2003年，我接受了云南省委副书记丹增同志的邀请，担任云南省文化产业的高级顾问，为云南文化产业发展出谋划策。在调研的基础上，我率先提出，云南的文化旅游产业要在文化云南基础上向创意云南、数字云南、内容云南开发。我在丽江提出了关注旅游线路设计、加强云南本土创意、注重厕所建设等意见。我提出，云南，特别是丽江的文化旅游产业是我国文化产业，特别是西部文化产业发展的一面高扬的旗帜，值得全国相关地区借鉴。

2010年，我主持了"贵州省'十二五'文化产业发展规划"，带领课题组历时3个月，行程7000多千米，跑遍9个地州市。3个多月时间里，我们与有关领导和课题组成员一道，深入基层调查研究，广泛搜集国内外各种资料、各种理论主张、各国经典案例，进行条分缕析，创新融会。终于在2011年完成规划并出版48万字的《贵州文化产业发展战略研究报告》。

2021年，我的《月印万川——寻找城市文化之魂》一书出版发行。这是我散见的一些论文的结集。佛教华严宗用"月印万川"和"海印三昧""事事无碍"来表达其宗教主体理念，于是"月印万川"就成了华严哲学的经典命题。《华严经》气势宏大、富赡高远、逻辑缜密,被认为是最能代表盛唐气象的哲学,并给其后的宋明理学以深刻的影响。

朱熹借用了佛教"月印万川"的譬喻来讲"理一分殊"的道理。他说:"释氏云:'一月普现一切水,一切水月一月摄'。这是那释氏也窥见得这些道理。"(《朱子语类》卷十八)把"一理"比作天上的月亮,而把存在于万物之中的"万理"比作一切水中千千万万个月影,以此形象地说明"理"与万物的关系:理是唯一的,这唯一的理又体现在万物之中,是万物的本质;而万物并不是分割"此一个理",却是分别地体现完整的一个理。"月印万川"本是佛教中的命题,"一月普现一切水,一切水月一月摄",具体说是唯一的月映现在一切水中,一切水中映现的月都包括在唯一真正的月中。那个月就是"一理"。

月映万川,心珠独朗。过去时代,我们很多研究者和官员开口闭口就是过去遗产的"如数家珍",沉迷于"资源魔咒"而不能自拔。但是一个城市无论有多少历史的、现实的圣典史迹,无论有多少自然的、社会的山水资源,总是千流一源、万法归宗、理一分殊、一以贯之。我们需要去寻找城市的文脉,那个城市唯一的"魂"。

五

国际合作是文化创意产业发展的重要内容和必要途径。

这些年来,我们非常重视与国际机构、国际学者的合作。与联合国教科文组织、联合国贸易和发展会议、全球创意城市网络等国际组织，与英国、美国、加拿大、澳大利亚及欧盟各国，与日本、韩国及东南亚各国的机构及学者进行了广泛的对话与合作。在对话、沟通、交流、交往中，努力构建文化创意产业的理论与实践的公共平台，构建创意经济的发展共同体。交流世界对中国的影响，同时构建中国特色的文化创意产业发展体系，影响世界的创意、创新、创造的最新发展。我与各国众多专家建立了良好的关系，留下了几十篇访谈与对话。我乐此不疲，欣然为之，因为我把它看成文明互鉴，构建人类文明共同体的必由之路。

2005年，中国人民大学与中国社会科学院、澳大利亚昆士兰科技大学同仁一道，共同发起首届中国创意产业国际高峰论坛。作为大会主席之一，我在大会上发表中国创意产业发展的主旨报告，强调了中国建设一个创新型国家的伟大战略，并将文化创意产业作为这一战略的重要组成部分的新的发展理念，引起了中外学者对中国创意产业的广泛关注。

创意产业与创意经济，从一开始就是全球化发展的产物。因此，参与国际文化创意产业与创意经济的发展研究，是我和我的团队一直关注的领域。2008年，我与周蔚华共同主编国内第一套《文化创意产业译丛》，其中包含《文化产业》《知本营销》《美国的知识生产与分配》《艺术文化经济学》等7种译著。对打开我国学者文化产业、文化经济、创意产业、创意经济的国际视野，推动国内外比较研究，进而推动中国特色的文化创意产业的理念与实践，发挥了重要作用。2014年我主编了《中国对外文化贸易报告2014》，对我国对外文化贸易的现状、问题、困境，做了深入调研，并提出了进一步发展的解决方式。

将奥林匹克运动与文化创意产业相结合，推动奥林匹克运动全面融入中国社会和中国市场，是我和我的朋友们着意开拓的新领域。2006年，我提出、创办并主持了国内第一个奥运文化创意产业大型国际论坛"创造的多样性：奥林匹克精神与东方文化"。在论坛上发表了《抓住奥运契机推动文化创意产业九大发展》的报告，论坛首次邀请"英国创意产业之父"约翰·霍金斯来到北京，莅临论坛做主旨发言。我提出"世界给我十六天，我还世界五千年"，将体育运动与中国的文化、哲学、艺术、传统、创意、设计、会展、节庆、公共服务、园区建设、绿色革命、生态保护、全民健身，以及产业运营、经济发展融为一体，为北京市提出奥运文化创意产业作为北京创新型城市发展的引擎的战略规划建议，在跨界运行和边界作业中，创造出崭新的文、创、艺、体、旅一体化的新形态。在八年的时间里，我们曾在国内外举办和参与近百场人文奥运论坛，并赴美国、英国、芬兰、加拿大、韩国、日本及瑞士国际奥林匹克委员会，传播北京人文奥运和绿色奥运的中国理念和实践，将奥林匹克的精神与中国传统文化联系起来，将奥林匹克的生命哲学、青年倡议变为中国"生活美学"的大众体育与健身的伟大实践，产生了持久而广泛的影响。这一阶段我主持了北京市哲学社会科学规划重点项目"奥林匹克运动与北京文化创意产业",排除了国内外各种不同意见,根据中国特别是北京发展的现实,第一次将国际奥林匹克精神与中国"和合"文化结合起来;第一次将顾拜旦的奥运理念与孔子儒家文化结合起来;第一次将奥运与文化创意产业结合的一起。为了进一步从理论和实践上探索21世纪的奥林匹克精神新发展,我主持出版了《创意产业:奥运经济与城市发展》和《北京人文奥运研究报告2006》两套丛书,创造性地阐述了奥运、体育运动与文化创意产业的关系。这在当代国际奥林匹克文化中是具有开拓性的。根据北京奥运文化的实践需要,我主持并参与了《奥林匹克文化大学教程》《北京奥运会市民读本》《北京奥运会大学生读本》等,在2008北京奥运会的运行中,这些课本发挥了重要作用。

2016年,我主持翻译了英国学者露丝·陶斯所著的《文化经济学教程》和《文化研究的未来》,以及 Cultural Studies in China;在英国伦敦出版的 Cultural Rejuvenation: The Modern Value of Traditional Culture 等。这些著作以及一些英文论文,对加强中外文化发展和创意产业交流都具有重要的意义。

随着我国文化市场与文化经济的发展,文化创意产业的最新发展状况与一系列相关伦理问题凸显出来,产业发展中乱象频出,必须进行深入研究。2014年,我申请了国家哲学社会科学重大项目"文化产业伦理"。在文化产业边界不断拓展、业态不断催生的整体背景下，我国文化产业也面临着产业秩序调整与规范、产业伦理重构与形成等问题。我国文化企业在文化产业运营中出现企业社会责任缺失与大量失信问题，如互联网诈骗、虚假广告宣传、不实承诺、新型电子诈骗、电子商务购物诈骗、公民个人信息大量泄露等；传统媒体与新媒体的媒介伦理问题，如媒介人丧失职业操守、新闻传播突破道德底线与窃听手段、网络新媒体上传播谣言、网络信息安全无保障、网络"黑客"、青少年网络游戏沉迷与网瘾、网络"人肉搜索"与频繁而众多的侵犯隐私权等问题；知识产权保护中的问题，如盗版泛滥，过度娱乐化，文化产品内容的极端商业化与劣质化、"三俗"化；产业发展中出现的"涉黄赌毒"问题，以及各路明星偶像的"负能量"对青少年的影响等。这一系列问题被现实抛到我们面前，要求我们认真地回答，提出改正的建议。2020年，该课题完成结项。研究成果见于我主编的"中国文化创意产业发展研究丛书"。丛书含《数字和创意的融会：文化产业的前沿突进与高质量发展》《拓展业态的边界：文化产业的转型升级与跨界融合》《重建秩序的场景：文化产业发展的伦理建构与隐私保护》三部，由工人出版社出版。

很多年前写过一篇评论诗人昌耀的文章，开首一段是这样写的：

多少年来，人在旅途，匆匆，我常侧目于这座诗魂的雕塑，继而长久地驻足——

……用我多汁的注目礼/向着你深湖似的眼窝

倾泻，

直要漫过/岁月久远之后/斜阳的

美丽……

    衷心感谢冯威、意娜、王林生、柴冬冬、张力、桑子文等学友，感谢你们为本文集付出的辛劳，衷心感谢山西经济出版社社长张宝东和全体编辑。没有你们的精心工作，没有你们的高度负责，就不可能有这套文集的出版。诚挚地向你们致以崇高的敬意。

    再次说一声，谢谢了。

2023年6月28日 于北京海淀三灯阁

目 录

CONTENTS

001／绪言 文化市场与文化产业的当代发展

一 编

015／我国文化产业进入高质量发展新阶段

031／我国文化创意产业正走向原创力发展的历史新时期

058／我国文化创意产业的新格局、新地图

092／"十四五"期间科技创新能解决文旅发展的那些痛点问题

099／文化创意装扮美丽中国

115／以创意推动文化产业、以审美提升"中国味"

125／我国动漫产业的双重转化

132／月印万川：寻找城市之魂

141／酷之秀，文化事件与案例研究

150／汹涌的热潮：当前AR、VR爆发性增长的冷思考

159 / 案例：盲盒批判

二 编

193 / 5G时代中美文化创意经济比较
227 / 中韩内容产业的合作发展

三 编

249 / 作为创意产业的当代中国艺术
268 / 基于差异的互补：转型时期的经济学家与文学家

四 编

287 / 创意产业基地建设：孵化器与创意产业园区
307 / 文化产业的对位性共生机制：市场条件下对文化艺术
　　 的保护
335 / 后　记

绪言　文化市场与文化产业的当代发展[①]

1993年，笔者跟着文化部一领导去合肥，参加文化发展问题的研讨会。在会上笔者发表了马克思主义的"文化生产力"和"文化经济化，经济文化化，文化经济一体融合发展"的观点，没有得到多少反馈，领导也未予关注。1994年，笔者写了《文化市场与文化产业的当代发展》，当时颇有些不入主流，甚而被一些人认为是"旁门左道"。后来发表在1995年的《社会科学战线》上。尽管20世纪80年代末到90年代初，笔者在各种会议、报纸上发表了不少与文化及文化产业相关的意见，但就笔者来说，当时也是将之作为副业来处理的。"正门"当然是笔者的美学与文艺学理论研究（这时笔者还没进入"文化研究"的"热门"）。这篇文章算是决定以正式论文的方式将文化产业作为学术研究方向去认真从事。26年过去了，笔者的文化创意产业研究思路和关注点都发生了不小的变化，但还是把这篇保留下来，其中的一些观点和理念仍然有现实意义。

我国正处在社会转型的重要历史转折时期。经济的高速发展向我们提出了文化发展以至整个社会综合协调发展的严峻问题。

[①] 金元浦：《文化市场与文化产业的当代发展》，《社会科学战线》1995年第6期。

单纯追求短期经济效益，忽视文化的全面发展，必将给我国社会发展造成严重的"生态失衡"，使其丧失持续高速发展的内在动力。因此，认真研究市场经济条件下文化市场与文化产业的开拓发展，具有理论探索的重要性和现实实践的紧迫性。

一

20世纪90年代，社会主义市场经济的提出开辟了我国当代文化发展的崭新思路，使我国当代文化发展的观念发生了重大变革。长期以来，我国文化发展一直采用计划经济下由国家统一规划、统一领导、统一步调的"事业型"模式。国家财政统包，人员、资金、物资统分统配，一个"统"字将文化事业包容无遗。社会主义市场经济的大规模历史性变革，社会发展和人民群众对文化生活的日益增长的需求，使文化市场和文化产业的问题极其鲜明地突显出来。国家由财政拨款的文化投资远远满足不了当代文化高速发展的需要，必须探索新的更适应社会主义市场经济的文化发展模式。

在我国过去的经济核算体制中，由于理论认识的不同，只承认物质生产劳动创造价值，而把非物质生产劳动的价值排除在国民经济收入之外。从20世纪80年代中期开始，我国正式采用与世界多数国家一致的核算方式，即用国内生产总值来核算国家经济发展的程度，按第一产业、第二产业、第三产业来划分各个行业。而文化作为第三产业的一个重要部分，开始了由"事业模式"向"产业模式"的重大转变。这是一场意义深远的社会变革。

这场变革从根本上改变了传统的文化观念,将文化与现实经济联系在一起,文化大踏步地进入了市场,而经济性质也成了文化产业的基本性质之一。纵观当今世界,一些发达国家不仅通过第一产业、第二产业,也大量通过第三产业特别是其中的文化产业来推动经济发展,并对世界政治施加重大影响。如发达国家对电影、电视、音像、出版、演出、文物、工艺品、广告、旅游及娱乐业的反复争夺,尤其是对信息产业和知识产权的高度重视。一方面,表明其实施文化渗透、文化控制和文化侵略的长远文化战略目的;另一方面,也清楚地表明文化产业在国家经济活动中的重要地位——文化产业已成为当代经济的重要支柱之一。资料表明,当代文化产业在国民经济总产出中的比重越来越大。这只要看看争办奥运会、转播文艺演出及体育比赛、销售影视音像制品和信息技术产业的巨大经济效益便可窥其一斑。

二

我国文化市场的建立、发育和文化产业的发生、发展具有历史必然性和现实合理性。

首先,市场经济的发展必然要求相应的文化产业机制和文化发展规模。改革开放以来,我国经济有了持续高速的发展,取得了举世瞩目的成就,但与之相应的文化的发展则相对滞后。与发达国家甚至众多发展中国家相比,我国在文化、科技、教育等方面的投入产出仍有很大差距。这一方面表现为对文化作为产业已成为当代经济的重要支柱之一的地位认识不足,没有从根本上转变办文化唯有"事业型"一种模式的传统思路和管理文化的计划行政机制;另一方面是对文化与经济的长远协调发展认识不足,没有看到当代社会发展中正露端倪的"生态失衡"的潜在危机和文化滞后对今后经济发展的严重制约。因此,当代经济转型的现实把文化转型、经济与文化的综合平衡、持续高速发展的严峻问题摆在我们面前,现实迫切需要并呼唤新的文化发展的总体战略、管理方式、产业机制和市场运作体系。另外,经济流通的世界化和当代传媒的高度发展,以及全球文化交流的日益频繁,要求我们重新审视世界各国文化发展的历史与现状,学习、沟通、批判与借鉴其市场的运作方式,以适应并掌握当代文化的世界性交往的经济(经营)方略,逐步建立完善的具有中国特色的文化市场与文化产业体制。

其次,随着市场经济的高速发展和人们生活水平的提高,全社会表现出日益高涨的文化需求。这种需求,一是规模巨大,数量惊人。如影视制品、音像制品、商业演出、商业性体育竞技观赏,都表明我国当代社会对文化产品的需要无论从数量上、强度上,还是实现方式(规模、途径、媒介)上都达到一个前所未有的高度。二是需求的多层次多方位类别。我国当代从普通市民到文化精英,从大众娱乐到艺术精品,各种不同层次的文化消费者，表现出对不同档次、不同品位、不同种类文化产品的强烈需求。这种需求既可能是对武打、言情等通俗文学及通俗音乐的渴求，又可能是对高品位艺术等的鉴赏与吟咏；既可能是在生理感官上的颐养、休憩与享乐，又可能是心理精神世界的探寻追索，反映出一个不同等级不同档次的需要序列。三是当代社会浪潮式的文化时尚表明了当代人对文化需求的迅速转换。由于当代传媒的高度发展，人们追求新颖追求刺激的文化心理得到高度张扬。文化热点频频移动，文化明星迅速换代。社会舞台经常演出时兴、时髦、时狂的文化新剧，以满足人们快速变换的强烈心理需求。因此，这种全社会日益高涨的大规模、多层次、快节奏的强势文化需求，单靠原先文化事业的"统管"模式已根本无法满足，历史地要求有与之相应的文化市场和文化产业的运作模式。

最后，当代市场经济体制与文化发展的现有机制的严重矛盾造成了当代文化自身生存、发展的重大危机。由于经济体制的变革，我国当代社会中先前由国家财政统包的艺术团体、文化场馆（博物馆、文化馆）、出版发行行业、影视业，有的面临着资金匮乏、入不敷出的尴尬境地，有的面临着倒闭、解体的严重危机（实际上许多文化机构，如新华书店、展览馆、博物馆等已经转企）。当代社会日益增长的文化需求与文化行业的萎缩衰落形成了巨大反差，反映了文化体制与文化发展的深刻矛盾。这种现状强烈要求冲破原有的文化管理体制的固有模式，呼吁与市场经济体制相适应的文化市场与文化产业方式。要求转换文化管理职能与文化经营机制，以新的产业和市场模式积累资金，改善文化自身存在和发展的物质条件，并在同当代科技的密切联系中开创文化产业大规模高速发展、文化技术迅速更新换代的崭新局面。

三

近年来，我国文化产业获得了迅速发展。改革开放和市场经济的战略决策大大解放了文化生产力，我国文化市场迅速开拓，文化产业迅速壮大，呈现出既充满矛盾又充满生机的新的发展景象。

首先，一大批文化市场从无到有，迅速开拓。十多年来，随着市场经济的发展，我国逐渐形成了一系列与国际接轨的文化市场。音像市场最早脱颖而出，初具规模；演出市场（包括商业体育比赛）渐趋成熟，冷冷热热；图书市场发展迅速，规模巨大；工艺美术品市场沟通海内外，机制健全；而文物市场与艺术品拍卖市场则从无到有，起点不凡；电影电视市场起起落落，交易热烈；娱乐、旅游市场遍及全国，迅速壮大；特别是文化广告传播市场，异军突起，势头凶猛。一系列文化市场的建立健全，开拓了文化发展的现实途径，为文化生产力的发展准备了现实条件。

其次，与文化市场的逐步建立相适应，我国一大批文化产业也逐步建立起来。他们要打破改革初期以文补文、以多业助文作为文化"谋生"的权宜之计的思维框架，开始全方位的文化产业改革。文化产业的经济实体迅速发展起来，其中音像业、图书业、高档娱乐业、影视业等率先走上产业化道路。与我国其他产业门类相比，我国文化产业起步晚、起点低，不仅有与其他产业相同的资金筹措、生产经营等方面的困难，还受到原有的"计划"文化观念的影响制约，因而在产业规模、经营水平、运作方式和经济效益上都无法与我国其他产业相媲美，也无法参与国际文化产业竞争。

随着文化市场与文化产业的兴起，与之相应的文化机制的变革也在不断发生。各业经纪人、制作人、拍卖人、代理人等新的文化经营者和经济流通经营环节逐步产生和建立，多种所有制形式的文化企业逐步发展，多种文化经营的运作方式也开始大胆探索、实验。可以说，我国文化市场与文化产业的发展困难重重而又生机无限。

四

当代文化产业与文化市场建设的合理性并不能掩盖文化市场机制发展中的众多尖锐矛盾。比如文化产品的商品性与非商品性的矛盾，经济效益与社会效益的矛盾，市场运作方式与精神文明建设的矛盾，市场规律与文化艺术自身规律的矛盾，经济价值与文化价值的矛盾，高雅艺术与通俗艺术之间的矛盾，等等。这众多矛盾构成了一个复杂的多重矛盾之网。在这多重矛盾中，最根本的矛盾就是当代市场条件下文化发展的产业性与文化性之间的矛盾。

如前所述，我国文化产业的兴起是改革开放的产物，是社会主义市场经济的崭新体制的产物。所谓产业性，当然是指它所具有的经济性质、市场运作方式和产业管理规范等一系列特征。作为产业，文化产业自然要进入市场，在管理体制、经营方式和经济效益上同市场经济接轨。它所面临的文化企业的生产与管理、文化产品的经营与销售、文化市场的开拓与培育、文化经济价值的估算与评定、文化消费的涵养与供给、文化广告的创意与运营都必须遵循社会主义市场经济的规律。但文化产业毕竟姓"文"，具有特定的观念性、精神性的特质，这就是文化产业的文化性。这种文化性是指文化的意识形态性质。作为一种意识形态，文化与哲学、历史、伦理、宗教、美学、法律等观念形态的上层建筑有着千丝万缕的联系，并与政治生活密切相关。作为一种精神形态，文化背负着重大的历史使命与历史责任，必须关注民族文化的健康发展，弘扬时代精神，塑造积极向上的人文品格，构建厚重完善的民族文化心理结构。同时，作为文化，又必须遵循文化艺术自身的发展规律。

从市场机制来看，文化产业的产业性必然先天地导致文化产品商品特性空前凸显，甚至形成商品性独尊的局面，反而忽略了文化产品的精神性特质。同时，文化作为一种产业又必然要求相当程度的规模生产。只有规模生产，才有可能产生可观的经济效益。因此它必然依循大工业标准化、模式化的生产方式，追求大批量的投入和产出，这就导致了文化制作中大量复制、模仿、赝品和一次性消费商品，从而无视文化的艺术本性，使独一无二的文化精品创造趋于消亡。另外，文化产业的市场特性又与文化艺术所肩负的宏大历史使命和历史责任相矛盾，当下的经济效益原则与构建完善的民族文化心理结构，塑造积极向上、健康乐观的当代人文品格的长远文化战略相互冲突。毋庸讳言，我国当代文化产业与文化市场既有着它兴起发展的历史必然性与现实合理性，又带有与生俱来的深刻内在矛盾。这是一个历史与现实交给我们的悖论。在悖论中开辟了我国文化发展的健康道路，是当代人义不容辞的历史责任。

五

如何解决好当代文化发展中产业性与文化性的矛盾，其中一个重要的方面是迅速建立和健全当代文化保护机制。当代文化保护机制是保证市场条件下文化的全面综合均衡发展的根本制度，是解决产业性与文化性矛盾的重要措施。

当代文化保护机制首先是政府保护方式。它要求政治文化主管部门转变原有的"办文化"的职能，注重文化发展的管理与保护。这种保护一是宏观调控机制的建立、政策上的倾斜和文化保护的法律法规建设，二是重点文化项目的国家资金的投入与监督实施。在我国现阶段，文化保护的政府方式具有极为重要的现实意义。

当代文化的市场保护机制的建立健全。近年来，我国众多企业文化意识日益觉醒，企业投资文化，进入文化市场，参与文化产业。他们投资办学，参与影视、音乐、艺术品的制作，资助文化艺术团体和体育运动队。这种以广告和企业形象建立的文化赞助方式已经开始在我国有效运作。比如我国1993年拍摄的影片中就有半数以上是向企业与社会赞助筹措资金的。

当代文化保护机制的基本方式是基金会的逐步建立与完善。它包括基金的筹措与管理，基金的保值与增值方式，基金项目的立项与评审、实施与监督，特别建立专家评审与赞助人分离的制度。我国当代文化的基金会保护方式近年来已获得相当程度的发展，多种文化发展基金大量设立，其中既包括总体文化发展的大额基金，也包括多种数额较小的专项文化基金。但从文化发展总体上看，我国现阶段的文化保护基金在规模上、操作方式上和实际作用上还处在相当低级的发展层次。基金会的完善和发展是一项长期而艰巨的任务。

当代文化市场和文化产业的发展只有在相应的文化保护机制的协调运作中才能促进文化生产力的迅速健康发展。

本文的内容完全保留了原有形态，没有任何改变。从这里，可以看到笔者当时将旁门扶正，将偶一为之的副业变为需要花精力认真下功夫的正业，愿意将之作为自己学术追求的一个重要部分的心路历程和前期的理论追寻。将本文与近年来的新论文相比，可以看到笔者的学术研究的宗旨和轨迹，即在研究中坚持顶天立地的研究取向：首先要在高端理论层面，进行哲学、美学、经济学等学科的思想探索,坚持历史、逻辑与审美相融合的研究方式;同时又要走向现实的、实践的、下沉的和案例的研究方式。在二者的基础上,即从具体实操的运作和调研出发,实现从感性到理性的飞跃,而后从项目的具体运营走向更高的抽象思维和理论化。本书还选了笔者早年的一些文章,如笔者和陶东风1998年发表的关于文学家与经济学家的对话,虽然不够深刻,但有些观点在今天看来还是有些意思的。

一编

我国文化产业进入高质量发展新阶段

什么是高质量发展？习近平总书记在参加十三届全国人大四次会议青海代表团审议时强调："高质量发展是'十四五'乃至更长时期我国经济社会发展的主题，关系我国社会主义现代化建设全局。高质量发展不只是一个经济要求，而是对经济社会发展方方面面的总要求；不是只对经济发达地区的要求，而是所有地区发展都必须贯彻的要求；不是一时一事的要求，而是必须长期坚持的要求。"总书记指出："立足新发展阶段、贯彻新发展理念、构建新发展格局，推动高质量发展，是当前和今后一个时期全党全国必须抓紧抓好的工作。"这是进一步推动国家发展的新的顶层设计，是"十四五"乃至更长时期我国经济社会发展的蓝图与总路线，是对各级政府、各个行业、全体人民发出的严肃的要求，也是全面深化改革、推进创新升级的新的动员令。

在"十四五"开局之年，我国文化创意产业也进入了一个新的历史阶段。如何以高质量发展为总体导向，我们面临新的挑战、新的问题、新的困难和新的变革。我们如何深入理解文化建设的新发展理念？2020年9月，习近平总书记在教育文化卫生体育领域专家代表座谈会上首次用"四个重要"深刻阐释了新时代文化建设的崭新坐标。习近平总书记强调："统筹推进'五位一体'总体布局、协调推进'四个全面'战略布局，文化是重要内容；推动高质量发展，文化是重要支点；满足人民日益增长的美好生活需要，文化是重要因素；战胜前进道路上各种风险挑战，文化是重要力量源泉。"我们必须全面、准确地贯彻执行习近平总书记做出的战略部署。我国文化创意产业必须在"创新、协调、绿色、开放、共享"发展理念中，坚持把创新放在首位，并协调其他。文创必须将高质量发展同满足人民群众更高的美好生活的需要紧密结合起来，坚持生态优先，创造高品质生活，实现创新与人民需求的有机结合，共享发展成果。

回顾过去，我国文化产业曾经历过一个粗放型、铺摊子、一哄而上的发展阶段，经历过一个产业转型、内部洗牌、升级换代的阶段。目前正开始向高质量、高层次、精细化发展模式转换，进一步将文化与高科技融合为一，将传统文创与数字化融合为一，将公共文化服务与文化经济融合为一，将创意设计与装备制造业、消费品业、信息业、建筑业等大多数行业实现跨界融合。可以确信，"十四五"时期文化建设在国民经济和社会发展中将处于更加重要和突出的地位。2020年11月，《文化和旅游部关于推动数字文化产业高质量发展的意见》（以下简称《意见》）的出台与实施，意味着以数字技术为推动力量的文化产业将迎来一波新的发展高潮。国家的顶层设计赋予了文化产业在新发展阶段的重要使命，而且文化产业在与当代互联网数字科技的结合下呈现出一些新的创新发展的态势。

一、新时代：文化产业发展的新语境

产业发展总与时代走向密切相关。文化产业的高质量发展之路，是时代对文化产业提出的必然要求。当前，正面临"百年未有之大变局"，就国际层面而言，第四次科技革命方兴未艾，现代互联网科技与生产生活的结合，数据分析、云计算、人工智能、区块链、物联网等新兴行业，在提高生产力水平、丰富物质供给的同时，正在颠覆诸多领域的产业形态、分工和组织方式，实现行业的跨界与融合，重构社会生产、生活秩序和文化伦理。"百年未有之大变局"为中国产业转型升级带来了历史性机遇。

习近平总书记在2018年金砖国家工商论坛上指出："当今世界正面临百年未有之大变局。对广大新兴市场国家和发展中国家而言，这个世界既充满机遇，也存在挑战……未来十年，将是世界经济新旧动能转换的关键十年。人工智能、大数据、量子信息、生物技术等新一轮科技革命和产业变革正在积聚力量，催生大量新产业、新业态、新模式，给全球发展和人类生产生活带来翻天覆地的变化。我们要抓住这个重大机遇，推动新兴市场国家和发展中国家实现跨越式发展。"

在新一轮科技革命背景下，世界的发展进入了以5G为背景的"加速度"时代，大数据、工业4.0、网络人工智能化已成为时代进程中的三大潮流，信息与通信技术、计算机技术、视听表达技术、仿真技术、新材料技术、节能环保技术是推动潮流发展的六大核心技术。面对世界高速创新的变革，我国已将数字技术促进文化发展放在十分重要的位置来推动。应当认识到，数字科技形成的文化，也是当代文化发展的重要内容，而不仅仅是形式和基础支撑，已发展为一个多层次、大范围、新型、前沿、有特定内容的文化系统的重要部类，是文化产业高质量发展的重要支撑。加快文化科技发展，是文化繁荣发展的必要支撑，是转变经济发展方式、推动文化产业成为国民经济支柱性产业的战略任务。当前，高新数字技术的广泛运用，在多个层面影响和推动着文化的发展，推动了文化发展业态、内容形式、传播手段、消费路径、"走出去"方式的优化与升级。

就国内层面而言，全面建成小康社会以及2035年全面建成文化强国，是"十四五"时期乃至更长一段时期内文化建设的宏观语境，这就必然要求文化产业要迈向高质量发展之路。

一方面，文化产业高质量发展是全面建成小康社会取得决定性成就后提高文化供给质量的必然要求。我国的主要矛盾已经转变为人民日益增长的美好生活需要和不平衡不充分的发展之间的矛盾，而这一矛盾在全面建成小康社会取得决定性成就后将更加鲜明地凸显出来。在新的历史发展时期，人们必然需要高品质的物质文化，也必然需要高品质的文化供给巩固和加强全面建成小康社会的成果。因此，破解社会的主要矛盾，以高质量的文化供给代替无效供给、低端供给，增强文化供给结构对消费需求变化的精准性和灵活性，丰富人民群众的文化娱乐生活，必然要推动文化产业的高质量发展，加快形成适应经济发展新需求下的文化发展方式。

习近平总书记强调："要推动经济高质量发展，牢牢把握供给侧结构性改革这条主线，不断改善供给结构，提高经济发展质量和效益。要加快推进新旧动能转换，巩固'三去一降一补'成果，加快腾笼换鸟、凤凰涅槃。要聚焦主导产业，加快培育新兴产业，改造提升传统产业，发展现代服务业，抢抓数字经济发展机遇。要完善科技成果转移转化机制，走出一条创新链、产业链、人才链、政策链、资金链深度融合的路子。"[①]

在推进文化产业供给侧结构性改革、优化文化供给的整体导向下，我国进行了产业供给结构内部的"洗牌"，推动了行业的升级换代。原先处于龙头位置的出版产业、旅游产业、演艺产业，甚至电影产业、电视产业都遇到了发展瓶颈。而一直处于末端的中国互联网相关文化创意产业成为中国文化产业的高端产业、核心产业、先导产业。因此，改善文化产业的产业供给结构是文化产业谋求高质量发展的必由之路。但不容忽视的是，目前我国文化产业的发展依然面临着在低水平徘徊，文化供给侧的创新创意不足，高质量文化供给的产品和服务不够充分，资源依赖现象较为普遍，产业整体的市场化程度较低，文化企业的现代产

---

① 《习近平在江西考察并主持召开推动中部地区崛起工作座谈会》，https://www.gov.cn/xinwen/2019-05/22/content_5393815.htm，访问日期：2020年12月2日。

业体系的升级尚存在较大空间，文化市场的各类主体发展还不均衡，许多中小民营文化企业仍然难以做大做强，特别是新型的更高形态的数字文化消费习惯尚未形成。这些都成为文化产业高质量发展的障碍。

另一方面，建成文化强国需要文化品牌的支撑。相较于美、日等国，我国仍然缺乏核心文化知识产权（IP），丰富的优秀文化资源未能得到充分地创造性转化和创新性发展，具有世界竞争力的文化品牌仍然缺乏有效的载体支撑。虽然我国近些年在文化内容产品层面出现了一些爆款产品，如《流浪地球》《大圣归来》等，但尚未形成如迪士尼、初音未来之类的世界超级文化IP，更缺乏对文化IP具有统筹和承载能力的主题园区，如美国创造出的迪士尼已在全球布局主题公园，日本制作出的初音未来将二次元之风吹遍世界。因此，建成文化强国需要形成一批具有产业承载能力和传播能力的优质文化IP，积极吸纳优秀传统文化元素并推动传统文化的创造性转化，创建具有自主知识产权和世界影响力的文化品牌，这就为文化产业的高质量发展提出了必然要求。

《意见》特别指出："深刻把握数字文化内容属性，加强原创能力建设，创造更多既能满足人民文化需求、又能增强人民精神力量的数字文化产品。培育和塑造一批具有鲜明中国文化特色的原创IP，加强IP开发和转化，充分运用动漫游戏、网络文学、网络音乐、网络表演、网络视频、数字艺术、创意设计等产业形态，推动中华优秀传统文化创造性转化、创新性发展，继承革命文化，发展社会主义先进文化，打造更多具有广泛影响力的数字文化品牌。"①

在文化强国的建设进程中，提炼传统文化元素，培育优秀文化IP，最关键的是将现代互联网科技与文化创意相结合，形成新的文化产品形态。例如，敦煌以传统壁画作品为创作内容，对敦煌石窟和相关文物做数字化采集、加工和存储，实现"云游敦煌"。2020年2月，"云游敦煌"小程序上线仅两个月，浏览量累计突破1200万人次，即成爆款。此外，敦煌文化IP创作出的敦煌动画剧，使得"千年壁画，声动上映"。这些融合了现代互联网技术与传统文化内容的新文化产品形态，展现了传统文化资源的巨大魅力，也揭示出实现文化强国之路并不意味着要在文化内容打造或品牌IP培育上另起炉灶、另辟蹊径，而是可以充分依托民族传统文化资源的巨大宝库，并借鉴世界文明的先进成果，创造出符合国情和时代发展趋势的文化内容，系统构建民族文化品牌，助力文化强国建设。

因此，从国际、国内的发展趋势来看，文化高质量是国家战略的重要组成部分，它的提出与实施标志着我国社会经济发展进入一个新的阶段。在文化高质量发展的推动下，文化作为生产力的作用进一步凸显，以科技为支撑的文化新业态充分涌现，文化与互联网科技的融合将重塑文化经济发展格局。

---

① 《文化和旅游部关于推动数字文化产业高质量发展的意见》，https://www.gov.cn/zhengce/zhengceku/2020-11/27/content_5565316.htm，访问日期：2020年12月2日。

二、新态势：文化产业"双线交错"新发展

当前，我国在文化产业高质量发展的过程中，形成了"双线交错"的发展态势。一条是文化与旅游融合，文化为旅游赋能，出现了一批大众化、普及化的实体产业形态。另一条是文化产业升级换代而涌现出的大批新形态，这些形态与数字科技、大数据、人工智能、云计算、物联网以及大视频相关，创造出科文融合的新形态和新景观。

"双线交错"发展新态势的出现，在于文化产业的整体发展面临"线上+线下"的路径选择，即文化产业本身需要线下实体产业的支撑，这一产业布局较多地集中在旅游领域，例如旅游演艺、美丽乡村旅游、特色小镇建设、非遗传承衍生、民宿设计运营等。红色旅游、研学旅游、休闲旅游、度假旅游、体育旅游、医养旅游、健康旅游等正在拓展升华发展形态。文化产业的线上路径更多地为互联网文化业态所选择，从广义上来说属于信息消费，如李子柒的传统文化走向世界、小猪佩奇的直播带货、TikTok短视频的国际影响力、国产人工智能汽车的数字运行、发展迅速的云游戏、不断涌现的网络服务新社区，以及各种沉浸式的VR、AR、MA与3D、4D的新感受、新景观、新形态。国内华为、中兴、腾讯、字节跳动、阿里巴巴、京东、拼多多、美团、小米以及海康威视等与互联网、移动网密切相关的企业进一步进入文创领域寻找发展机遇。它们迅速成长为文创独角兽，甚至超

级独角兽，成为创意经济中头部经济形态。当然，文化产业"线上+线下"的发展路径并非完全独立，而是存在交叉，如"云旅游"成为线下旅游走向线上旅游的典型形态，而"网络直播"也会把某地推波助澜为线下的网红打卡地。

文化产业"双线交错"的发展新态势，指向的都是文化新消费。"新消费"是"以传统消费提质升级、新兴消费蓬勃兴起为主要内容"[①]，并以此催生出了相关产业发展、科技创新、基础设施建设和公共服务等领域的新投资、新供给。当前，我国正处在消费结构升级以及消费的主导化、上游化和高档化阶段，使得各类消费支出的结构升级和层次得以提高，直接反映了未来的消费趋势。新消费时代正在来临。近年来，新消费已上升至国家顶层设计层面，《国务院办公厅关于以新业态新模式引领新型消费加快发展的意见》（国办发〔2020〕32号）、《国务院关于进一步扩大和升级信息消费持续释放内需潜力的指导意见》（国发〔2017〕40号）、《国务院关于积极发挥新消费引领作用加快培育形成新供给新动力的指导意见》（国发〔2015〕66号）等一系列文件相继出台，均强调新消费在产业结构升级和经济提质增效中的引领性作用。

《国务院关于积极发挥新消费引领作用加快培育形成新供给新动力的指导意见》描述了我国消费结构的变化："发挥新消费

---

① 《国务院关于积极发挥新消费引领作用　加快培育形成新供给新动力的指导意见》，https://www.gov.cn/zhengce/content/2015-11/23/content_10340.htm，访问日期：2020年9月30日。

引领作用是加快推动产业转型升级、实现经济提质增效的重要途径。消费升级的方向是产业升级的重要导向。我国居民消费呈现出从注重量的满足向追求质的提升、从有形物质产品向更多服务消费、从模仿型排浪式消费向个性化、多样化消费等一系列转变。"

消费是生产的最终目的，消费内容的转变必然要求新文化内容的供给，也只有围绕消费市场的变化趋势积极调整文化生产内容、优化产业结构，才能实现文化产业的高质量发展。以线下为主要载体形式的文化旅游，注重体验消费。文化为旅游赋能之后，旅游告别纯粹的观光游，更加注重消费者（旅游者、阅读者、观赏者）的深度介入和参与。在消费者的消费过程中，深度的沉浸式参与使人感受到身体乃至心灵的震撼。那是对过程的体验——体验另一种身份，体验异域生活，以及体验自身的创造力等，并从中获得满足感、愉悦感和幸福感。这就是沉浸类消费特别受到欢迎的原因，消费者愿意为这类旅游体验付费，因为它美好、不可转让、转瞬即逝。随着模仿型、观光型、排浪式消费阶段的基本结束，个性化、多样化消费渐成主流，特别是年轻一代更加偏好体现文化特色、个性特征的文化体验和服务，应着力推动与消费者体验、个性化设计和柔性制造等相关的产业加速发展。

线上的信息消费，成为增长最强劲的消费内容。2020年信息消费增长较快，仅2020年一季度，我国移动互联网接入流量同比增长39.3%。可以说，信息技术的广泛运用，特别是移动互联网的普及，正在改变我国居民的消费习惯，变革消费模式并重塑消费流程，催生跨区跨境、线上线下和体验分享等多种消费业态兴起。互联网与协同制造、农业、教育、医疗、文化等产业的跨界融合，在刺激信息消费、带动各领域消费的同时，也为云计算、大数据和物联网等基础设施建设以及智能终端相关技术研发和产品服务发展提供了广阔前景。

我们必须看到，"双线交错"发展的新态势，展现了我国文化产业发展在不同领域所取得进展的总体状况。过去这两条线几乎是互不交错的平行线，各有各的发展领域和运行方式，而当前这种情况得到很大改善，两条线相互交错，形成了互相支撑的新局面。高新科技的发展需要广阔的市场，需要新的消费人群，旅游文化需要创意升级、技术提升、金融支撑和市场检验。

三、新业态：文化产业边界的新拓展

如果说"双线交错"的发展态势还只是从宏观上对整个行业进行的概括与描述，那么，就文化产业业态本身而言，"双线交错"的整体趋势下体现的是文化产业边界的扩展。文化与科技融合、行业之间的跨界是当代文化产业创新发展的核心动力，而融合后最为直接的结果则体现为业态边界的扩展。

在世纪之交互联网时代的文化转向中，人们对文化产业的最大认识就是文化产业边界的移动。作为急剧变化转型期的当代文化产业是否有一个明确无疑的边界呢？或许，我们可以从国家统计局公布的《文化及相关产业分类》划分产业门类数量的变化中可见一斑。根据国民经济行业分类,《文化及相关产业分类（2004）》共将文化及相关产业划分为80个小类,《文化及相关产业分类（2012）》则调整为120个小类,如在数字内容服务中增加了数字动漫和游戏设计制作,在其他电信服务中增加了增值电信服务（文化部分）等,删除了包括旅行社、休闲健身娱乐活动、教学用模型及教具制造、其他文化用品制造、其他文化、办公用机械制造等。《文化及相关产业分类（2018）》则将文化及相关产业划分为146个小类,新增加了符合文化及相关产业定义的活动小类,如互联网文化娱乐平台、观光旅游航空服务、娱乐用智能无人飞行器制造、可穿戴文化设备和其他智能文化消费设备制造等。产业类别数量的不断增加,既体现出国家分类标准是处在不断修订完善中,又体现出以"互联网+"为依托的文化新业态不断涌现,并且在社会经济中发展迅猛,日益成为文化产业新的增长点,理应把这些新业态及时纳入统计范围,以反映社会经济的活跃度。

从这个角度来说,文化产业的边界从来就没有固定过。人们总是认为,文化产业作为一个极具影响力的理念是从20世纪中期霍克海默和阿多诺对文化工业的批判开始的,这是牵强的。法兰克福学派之后的文化产业、创意产业、创意经济的发展,无论在理念上还是在现实性上,都选择了另一条实践的、文化经济的、社会参与的、国家推动的道路。从那时起,文化产业内所包含的产业类别和文化产业的边界就一直处在变动中。报纸、广播、电影、电视、音乐、网络小说、网络游戏等,在历史上的不同历史时期、不同发展阶段、不同传播时代"加入"文化产业阵营中,在不同的发展阶段有不同的"主打"类型。今天,移动互联网所引发的传播革命,又一次推动了文化产业自身边界的拓展。文化产业面临着又一次越界、扩容。一大批新型的产业样式,如短视频、直播、虚拟现实、3D打印服务、云旅游、云演艺、智慧旅游、工业旅游、意念电竞游戏、区块链版权等新业态都已进入文化产业研究的视野,更多的新兴文化艺术样式和产业内容被创造出来,成为今日文化产业关注和研究的对象。当下无疑是一个短视频的时代,截至2020年12月,中国短视频用户规模已达8.73亿人,占网民整体的88.3%,无论是市场价值,还是消费用户规模都俨然是最吸引眼球的业态。因此,随着时代的变化,重新审视文化及其相关产业的类别,并依据时代、文化、艺术、技术的发展而有所扩容,有所变更,与时俱进,是非常必要的。

边界拓展是历史的常态,而驱动边界拓展的动力则是创意所追求的"跨界"或"越界"。任何文化新业态都追求创意在产业发展中的核心价值,而创意的根本观念是通过"越界"促成不同行业、不同领域的重组与合作,在产业的边界衍生出新的业态。通过越界,寻找和培育新的增长点,进而实现推动文化发展与经济发展和在全社会推动创造性发展的目的。从总体而言,文化新业态是与传统文化业态相对的一个概念，更多的是顺应多元化、多样化、个性化的产品或服务的文化需求，依托技术创新和应用、内容形式的转化和创新，从现有产业和领域中衍生叠加出的新环节、新链条、新活动形态，以互联网为依托开展的经营活动等为主，而以互联网数字技术为支撑的产业形态也是未来文化产业发展的趋势。

四、新问题：文化产业面临的新挑战

在文化产业边界不断拓展、业态不断催生的整体背景下，我国文化产业也面临着产业秩序调整与规范、产业伦理重构与形成等问题。当前我国文化企业在文化产业运营中的企业社会责任缺失与大量"失信"问题，如互联网诈骗、虚假广告宣传、不实承诺、新型电子诈骗、电子商务购物诈骗、公民个人信息泄露与买卖等。传统媒体与新媒体的媒介伦理问题，如媒介人职业操守、新闻传播道德与窃听手段、网络新媒体中互联网"谣言"传播、网络信息安全、网络"黑客"、青少年网络游戏沉迷与"网瘾"、网络"人肉搜索"与侵犯隐私权等。知识产权保护中的盗版泛滥问题，在中国加入世界贸易组织后，尤其是近些年，加大了对盗版的打击力度。但是因为文化观念和制度法规滞后，在反盗版方面一直受到国际社会的质疑，因此使我国遭受了一些经济的、政治的和文化方面的损失。同时，我国文化产业发展中也暴露出一些不良的发展趋势，如文化产业的过度娱乐化和突破道德底线问题，文化产品内容的极端商业化问题与劣质化，甚至"三俗"化，产业发展中出现的"涉黄赌毒"问题，以及各路明星偶像"负能量"对青少年的影响等。一系列问题反映出文化产业的发展并非是一路高歌猛进，而是存在着许多亟待解决的问题。

习近平总书记指出："网络空间是亿万民众共同的精神家园。网络空间天朗气清、生态良好，符合人民利益。网络空间乌烟瘴气、生态恶化，不符合人民利益。谁都不愿生活在一个充斥着虚假、诈骗、攻击、谩骂、恐怖、色情、暴力的空间。"①

加强互联网文化产业的行业治理与伦理构建，形成完善的现代文化产业体系和市场体系，已成为国家顶层设计的重要内容。因此，在提升文化产业治理能力和治理水平的总体指向下，平衡协调文化产业发展中的经济效益、市场运营与社会伦理、社会公平、社会效益等问题，妥善处理社会转型之下文化产业面临的伦理冲突、互联网新媒体的历史性变革下的"伦理危机"、互联网自媒体传播的产业伦理困境等，治理行业发展中出现的"辫子新闻"、虚假信息、隐私泄露、大数据杀熟等现象，是推进文化产业高质量发展的重要保证。

因此，围绕以上相关问题，本书创新性地提出了以下命题，并予以阐释，也许可以称为亮点：

互联网思维是科技革命中范式转换的必然成果

创客运动是中国走向原创大国的重大战略

---

① 《习近平谈治国理政（第二卷）》，外文出版社，2017，第336页。

我国文化创意产业正走向原创力发展的历史性阶段

创新生态系统：我国文化产业提质增效的路径

2021—2025年：文化新业态发展的历史关口期

文化新生代引领新业态创造性发展

独角兽竞争——我国文化创意产业发展的新领域与新形态

数字时代大平台的文化政策与伦理关切

后斯诺登时代信息安全与用户隐私

大数据时代个人隐私数据的泄露与保护

在文明对话中构建世界人工智能的伦理向度

互联网文化新业态伦理建构的情境主义路径

我国文化创意产业正走向原创力发展的历史新时期

改革开放以来40多年风雨兼程，40多年高歌猛进，我国文化产业获得了巨大发展，成为举世瞩目的世界创意产业中发展中国家的典范。其发展可以分为四个阶段：1978—1999年是文化产业发展的预热期，2000—2005年是文化产业发展的初创期，2006—2011年是文化产业发展的体制改革攻坚期，2012—2018年是文化产业的高速发展期。目前，我国文化产业在习近平新时代中国特色社会主义思想指引下进入了升级换代的高质量发展新阶段。

在过去相当长的时间内，我国文化产业靠印刷业、文具业的带动，取得了辉煌成就，我国被世界银行确定为文化产业产品输出大国。但实际上，文化工具和文化制造业的发展并不能代表文化产业发展的方向，我国的出版业和演出业等都还不能占据文化产业发展的高端。当前，我国的整体经济发展速度从高速增长转为中高速增长，由未来期望的"V"形或者"U"形增长变成了"L"形增长，但文化创意产业在当前情况下由中低速增长转为中高速增长,进而形成了发展的"剪刀差"。随着创新热潮的推动,在高质量发展的整体语境中,我国文化创意产业已摆脱原有的发展方式,正走向原创力发展的历史性阶段。

一、我国文化产业的历史分期及产业升级

1. 预热期

1978—1999年是我国文化产业发展的预热期。这一阶段,关于文化产业,我国政界、学界和企业界展开了激烈的讨论。讨论的双方就文化可不可以产业化、能不能够产业化,文化与经济的关系,文化是否构成生产力等问题进行了激烈的辩论。一部分政界和学界人士对文化产业提出异议,质疑文化的产业化,而另一部分学界人士和一些企业家则对文化产业的发展怀有高度期待。他们通过对马克思原著中关于生产力特别是精神生产力的完整表述,阐述了马克思主义的文化生产力观,并对英国、美国和欧洲一些国家文化产业、创意产业以及艺术产业的理念和实践进行了深入介绍,并对我国文化产业当下发展的理念进行了分析,对中国已有的文化产业实践案例进行了总结,逐步达成了发展文化产业的共识。

2. 初创期

2000—2005年是文化产业的初创期。在党的十五届五中全会的基础上,党的十六大第一次将文化事业和文化产业作为相互关联的战略概念提出来。十六大报告指出:"当今世界,文化与经

济和政治相互交融，在综合国力竞争中的地位和作用越来越突出。文化的力量，深深熔铸在民族的生命力、创造力和凝聚力之中。全党同志要深刻认识文化建设的战略意义，推动社会主义文化的发展繁荣。积极发展文化事业和文化产业。发展各类文化事业和文化产业都要贯彻发展先进文化的要求，始终把社会效益放在首位。发展文化产业是市场经济条件下繁荣社会主义文化、满足人民群众精神文化需求的重要途径。完善文化产业政策，支持文化产业发展，增强我国文化产业的整体实力和竞争力。"在十六大报告的鼓舞下，我国文化产业快速发展起来。一大批文化类的企业开始涌现，在电影、图书、报刊等领域走向市场化的探索和尝试逐步涌现。

3. 体制改革攻坚期

2006—2011年是文化产业发展的体制改革攻坚期。在2003—2005年文化体制改革试点的基础上，2006年初，中共中央、国务院《关于深化文化体制改革的若干意见》颁布实施，此后，我国文化体制改革进入改革攻坚期，取得了重大的历史性的成就。我国基本完成了出版、影视制作、发行、广电传输和一般国有文艺院团、首批非时政类报刊出版单位等国有经营性文化单位的转企改制，共注销经营性文化事业单位近7000家，核销事业编制近30万个，让政企、政事分开和管办分离，逐步理顺文化行政部门与文化企事业单位的关系，重塑了一大批新型市场主体，增强了国有或国有控股文化企业的实力、活力与竞争力，初步建立了有利于文化科学发展的体制机制。

改革的中心环节是"培育合格的文化市场主体"。这个"合格"就是企业的自生能力，要求文化企业不仅具备造血功能，而且能够达到社会投资的一般盈利水平。改革初期的表演院团实行以求生存为目的的内部机制改革，改革试点期的文艺院团实行整体转企改制，都是旨在培育合格的市场主体；集团化试点和建立现代企业制度，以做强为目的的内部机制改革，也是要培育合格的市场主体。

4. 高速发展期

2012—2018年是我国文化产业的高速发展期。在2012年召开党的十八大以后，"大众创业、万众创新"的创客空间迅速在全国推开，形成了大规模的文化创新、创意、创业的新高潮。

2011年开始，全球掀起了创客文化的浪潮。2014年，美国总统奥巴马把创客提升到了打造新一轮国家创新竞争力的高度，并且宣布每年的6月18日为美国国家创客日。

"创客运动"是数字世界真正融合现实世界的助推器，是一股具有划时代意义的新浪潮，全球将实现全民创造，掀起新一轮工业革命。创客这个概念在李克强总理的报告中有了新的解释，叫"中国式创客"。就是在当下的双创中把原有的概念进行了更大的扩展，即将技术的创新探索扩展到文化创意和更大范围的创业运动，力图在推动产业结构向中高端迈步的过程中，大力发挥来自草根创业者的无穷智慧，所以创客是对创意者的新概括，他们将使中国的经济焕发勃勃生机。

2015年以来，我国各地建设了一大批创客空间，主要是以咖啡店等形式来经营，发挥创业孵化器的作用，成为年轻创客们实现创客梦的出发地，为很多创业人带来活动的空间和交流交易的环境。在这样的创客空间里，投资人、合伙人、员工，天使投资、风险投资、创业基金、银行贷款汇聚在一起。这里也是国家大力推动的产业空间。创客运动的重大长远意义在于它扭转了我国互联网科技—文创企业长期采取的"跟跑"、追随和复制的战略，进入追求原创的新时代。

从我国这一阶段的发展来看，数字技术的创新与发展主导着我国文化发展的走向，推动文化服务与文化产业更新换代，大大拓展了文化服务和文化产业的增长与发展空间。科技与文化二者的高度融合不断走向深入，其一体化趋势代表了世界文化产业、创意产业、创意经济的发展的大趋势，这决定了科技在文化发展与传播的过程中具有越来越重要的影响力与作用力。数字技术为文化产业的发展提供了必要的技术支撑，数字技术创新促使文化生产要素在创新过程中实现优化组合，继而持续创新，开发更广阔的文化产业空间。文化在20世纪末的发展中，各个业态都有不同程度的数字化。总的来说，文化产业新兴业态对互联网、移动网和全民手机依赖度极强，数字化程度很高，而传统产业形态相对来说则数字化程度较低。此外，科技创新与文化产业的结合度越来越高，赋予文化产业更多的新内涵，使各业态出现融合的趋势，网络技术、大数据技术、通信技术、人工智能与媒体传播技术实现了跨领域整合。

文化产业的升级换代要依靠数字文化产业的高端引领。我国文创航母舰队群正在初步成型，成为当今世界唯一可能与美国文创科技航母群相媲美的以民营经济、混合所有制为主的企业群。腾讯近年发展迅速，2017年，其市值达到5000亿美元，成为中国市值最高的公司。阿里巴巴在美国上市，成为国际互联网经济中的重大事件。2020年，其市值曾超过5000亿美元（依行情升降变化），成为中国文化创意的领军企业。李彦宏与百度、刘强东与京东、丁磊与网易、张朝阳与搜狐，世界第一大PC厂商联想，还有华为、中兴、小米、360以及VIVO、OPPO、爱奇艺、B站等一大批企业获得高速发展，通过上市和并购规模迅速扩张，形成了一支走向国际的文化创意准航母舰队群。这个准航母舰队群以互联网、移动网为基础，利用现代投融资方式，通过上市获得国际化的背景，运用风险投资融资的方式迅速壮大，按照新型跨越式发展的方式成长，大大增加了文化产业总量，推动了跨界融合的速度和规模，真正推动文化产业成为中国未来经济的支柱型、先导型高端引擎产业，大大提升并实现了我国文化产业的高质量发展。推动我国文化产业高质量发展，这是关键所在。

5.高质量发展的新阶段

目前，我国文化产业在习近平新时代中国特色社会主义思想指引下进入了升级换代的高质量发展新时期。2018年，习近平在全国宣传思想工作会议上提出，要推动文化产业高质量发展，健全现代文化产业体系和市场体系，推动各类文化市场主体发展壮大，培育新型文化业态和文化消费模式，以高质量文化供给增强人们的文化获得感、幸福感。要坚定不移将文化体制改革引向深入，不断激发文化创新创造活力。讲话再次明确了我国文化产业升级换代、走向高质量发展的新阶段、新路径、新方向，是文化产业发展的一个新的转折点。

国家统计局数据显示，根据对全国规模以上文化及相关产业5.9万家企业的调查，2018年上半年，这些企业实现营业收入42227亿元，比上年同期增长9.9%，继续保持较快增长，高于上半年国内生产总值6.8%的增速。从数据中可以看出，我国文化产业2020年取得了较快的发展。

从宏观整体来看我国文化产业的发展，文化领域企业的现代产业体制尚不够健全，特别是旅游领域，初级产业形态比较普遍，现代产业的全链条生产、运行、管理、营销、服务相比高科技和高端制造业企业差距较大，依然在低水平徘徊；文化供给侧的创新创意不足，高质量文化供给的产品和服务不够充分，资源依赖现象较为普遍，产业整体的市场化程度较低；文化企业的现代产业体系的升级存在较大空间，文化市场的各类主体发展还不均衡，许多中小民营文化企业仍然难以做大做强，特别是新型的更高形态的文化消费尚未建立。

党的十九大报告做出中国特色社会主义进入新时代的重大判

断，这是我国历史节点上的一个重大变革，是国家经济、政治、文化、社会、生态等方面的根本治理范式的变革。对于中国文化产业来说，新时代意味着在中华崛起的重要历史转折的关键时期，中国文化产业将从粗放的铺摊子式的发展模式向高质量、高层次、精细化发展模式转换。它包含进一步在更高水平上进行顶层设计，精准施策，规划一地一区一业一企的未来发展蓝图，突出对创意、创新、创造性发明和原创知识产权的掌控，坚持内容为王；它包含重新评估与推动互联网、数字化、人工智能、黑科技、中国制造2025与文化、审美、艺术的高度融合，大力培育文化创意产业产品和服务的新业态；它包含文化创意产业进一步跨界运行，创生出一批适应市场化运行的新形式。产业的新业态、新形式又会催生我国文化消费的新模式。

正在形成的新的立体创意产业将会不断涌现以新模式、新"态势"为标志的发展新坐标，广泛连接产业、高校、政府、经贸等经济社会发展的关键领域，综合发展、全面整合，从而推进经济产业的快速、健康发展。

二、文创产业发展形态实现了升级换代

随着文化产业自身的经济结构升级和产业换代，文化创意产业改变了自身原有的属性，向着更加跨界的方向发展。在这个跨界发展的过程中，它首先要在过去单独的文化产业、文化部门管理范围内进行扩展，即按照世界经济的发展方向，经历从文化产

业到创意产业再到全球创意经济这样一个整体发展的序列。从总体上讲，过去文化产业只是出版业、印刷业、演出业、旅游业以及文化制造业，但现在，文化创意产业要成为整体经济发展的引擎和核心。

那么，这个目标要如何实现？国务院2014年10号文件提出，文化创意产业要为七大类企业服务。在这七大类企业中，第一类是装备制造业；第二类是轻工业，就是所谓的消费品工业；第三类是信息业，但不是单纯的信息业，是文化和产业形态的结合；第四类是建筑业，也就是我们所说的房地产业；第五类是旅游业；第六类是农业；第七类是体育产业。这是一个根本性的思路上的转换。

把创意放在核心，通过创意设计对产业进行全面提升。文化产业由过去在小部门类的产业形态变成了一个作为引擎式的、基础的、推动型的产业形态，自身的使用率得到了大大提高。国务院2014年10号文件在开拓性方面给了我们一个新的思维，跨界的、融合的文化创意经济理念被提了出来。

创意产业的根本观念是通过"越界"促成不同行业、不同领域，特别是线上与线下（O2O）的重组与合作。通过越界，寻找新的增长点，推动文化与经济融合发展，并且通过在全社会推动创造性原创，来促进社会机制的改革创新。从发展来看，数字化高端融合的O2O新模式，是创意产业集聚区的高级形态和未来发展趋势。创意产业集聚区发展的高级形态和未来发展趋势是依托一定的实体创意产业集聚区，在实物设施的创意产业集聚区基础上打造无界域、国际化的虚拟创意集聚区，建设一个迅速顺畅交换传播的数字化网上市场和一个数字化的交易平台；构建"虚拟创意产业集聚区"或"文化创意信息数字交易港"，如威客模式的"猪八戒网"，这是未来创意产业集聚区发展的新模式。网上创意产业集聚区或平台可以更方便地集中全国各地甚至全球各国的高等院校、科研机构、企业和个体创意者（往往是极客）的最新技术成果，推动独立创客和小微企业入驻网络集聚区，推动技术成果转让，实现科研成果向生产的迅速转换。

目前，文化创意产业的发展已经发生了根本性的改变。以前，文化产业把报刊业、演出业、旅游业，尤其是特色旅游、纪念品售卖推在前面，而现在以互联网为代表的互联网文化创意产业已经成为文化创意产业乃至创意经济的领军产业。

新技术改变了社会经济文化生态和人类生存的方式，这可以概括为"大、智、云、移、自、小、微、新、特、融"。所谓"大"，即大数据。美国在2011年提出推动大数据的发展，2012年得到落实。美国总统奥巴马成立大数据办公室，确定了美国未来在大数据方面要领先于世界。到了2014年，美国发布了大数据白皮书，认为未来在社会发展和竞争中，大数据人才具有极其重要的地位，未来需要更多的大数据分析师、首席大数据运营官以及其他有关大数据的一系列人才。

对于大数据未来人才的培养，将会决定一个国家、一个地区、一个城市未来发展的方向，必须特别加以推动。比如，在2015年中国影视业的一次评奖活动中，没有一个评审专家，全部靠大数据直接抓取数据获得。这种评奖方式和大多数评奖活动不同，显得更加公平，更加具有说服力。

而在移动网方面，文化创意产业已经从互联网的形态进入移动网的形态。移动网在整体发展中具有领先的、主导的、前沿的地位。同时，在传媒领域里，自媒体的发展已经占据了相当重要的位置。如今，手机是所有传输工具中获得信息量最大的。在移动网的前提下，手机的功能已经成为自媒体最重要的发散方式，自媒体全面改变了目前文创产业的传播方式。

从文创内部看，中国互联网相关的文化创意行业已经成为中国文化产业的高端产业、核心产业、领军产业和先导产业，成为真正的支柱型产业。在世界上，美国有一支力挺经济发展的文化航空母舰。这个文化航空母舰以苹果、微软、谷歌、Facebook、亚马逊等为代表。在美国制造业中，资金最为雄厚的美孚石油，2014年的市值有3000多亿美元，而微软的市值是4000多亿美元，谷歌的市值大概是3900亿美元。在中国，阿里巴巴、腾讯、百度、京东等企业的市值加起来也达到了相当大的规模，是世界上唯一可以和美国的文化航母舰队群抗衡或者媲美的舰队群。但是，这航母舰队群与美国的大型航母舰队群还有着相当大的差距，需要我们在新的条件下对它进行进一步提升、改造，进一步推进、滋养。

我国目前文创产业的发展方式是基于时尚型的排浪式发展，文化创意的前沿产业形态在不断推陈出新。在文创产业发展方面，从民营企业家提出的互联网思维进入"互联网+"，达到"思维融合"，是我国在整体发展中的一个重大战略选择。

三、十大热潮展现中国文创产业的新创造

中国文化创意产业已经走过了初级阶段，向创意、创新的更高阶段发展，原创力有了大幅度的提升，这主要表现在以下几个方面：网红与网红经济，视频直播，虚拟现实VR、增强现实AR和MR、XR等；IP与泛娱乐，网剧与网络大电影，非遗传承，3D、4D和弹幕，文化众筹众包、艺术众筹众包，4K、8K和更高清晰度的视觉感知，微信公众号、手机栏目以及企业运营、商业模式（例如罗辑思维），跨境电商与世界电商贸易平台，文创金融与走出去参与国际文创投资。

第一，视频直播与网红经济。视频直播被估值为有580亿元以上的未来产值，网红经济也具有500亿元以上市值的发展前景。第二，中国IP与泛娱乐。由中国原来的网络小说转化而成的中国IP，进入了新的发展阶段，成为最热的泛娱乐发展形态。第三，VR、AR和MR，也就是我们知道的虚拟现实、增强现实以及融合而成的新的MR形态。第四，网剧、网络大电影的兴起。第五，文化众筹，以《大圣归来》为例，其通过众筹完成拍摄后，获得了巨大的效益。第六，电子商务、跨境电商与电子世

界贸易平台。第七，微信公众号、手机栏目以及企业运营的商业模式。第八，文化金融与艺术金融的发展。第九，网络虚拟园区、集聚区有了新的发展，以前70%—80%的园区不赚钱，现在网络上的虚拟园区获得了很大的成功。第十，国际文化投资"走出去"的势头不减，而且在进一步加大，成功率也越来越高。

经过将近十年的发展，我国在数字技术方面不断探索与实践，数字技术与文化媒体融合的程度日益加深，以数字技术推动的媒体内容创新获得了长足发展，新形态、新业态竞相涌现。中国文化产业的原创比例已发生了根本性变革，获得了大幅提升。这一系列文化新形态、新业态是以现代数字技术和移动互联网为核心支撑的，与传统的文化业态不同，文化新业态所具有的技术密集、知识密集、附加值高等特性，体现出数字技术对传统文化行业与文化形式的升级与创造。

这一系列文化新形态、新业态是在一系列现代企业的金融运营支撑下实现的，是在互联网金融与艺术金融的支持下实现的。例如：

IP—泛娱乐运行。IP—泛娱乐是具有中国特色的知识产权转化路径的我国文创新业态。它一方面大大激活了我国独有的规模巨大的网络小说市场，找到了我国知识产权转化的新途径，发掘并放大了内容—故事的潜在价值。通过整合产业链，生成了远超其单质的巨大的聚合效应。IP—泛娱乐生态战略最早由腾讯在2011年提出，腾讯通过收购整合方式将文学、出版、动漫、影视、游戏、网剧、网络大电影等文化产业链上下游环节打通，形成"同一明星IP、多种文化创意产品体验"的互动娱乐生态。之后，阿里巴巴、百度、360、小米等互联网巨头企业纷纷将"泛娱乐"作为公司的重要战略大力推进。在泛娱乐IP产业链中，网络文学占据源头地位，同时迎来政策支持、资本介入和商业模式变革三重利好，展现出一种爆发态势。

虚拟现实VR与增强现实AR，以及混合现实MR。虚拟现实是一种基于可计算信息的沉浸性、交互性系统。这些被定义的特性浓缩为虚拟现实的"3I特征"：沉浸感（Immersion）、交互性（Interaction）、想象力（Imagination）。增强现实技术AR，是在虚拟现实基础上发展起来的新技术，也是通过计算机系统提供的信息增加用户对现实世界感知的技术，并将计算机生成的虚拟物体、场景或系统提示信息叠加到真实场景中，从而实现对现实的增强。增强现实技术将计算机生成的虚拟物体或关于真实物体的非几何信息叠加到真实世界的场景之上，实现了对真实世界的增强。同时，由于用户与真实世界的联系并未被切断，交互方式也就显得更加自然。在视觉化的增强现实中，用户利用头盔显示器，把真实世界与多重电脑图形合成在一起，便可以看到真实的世界围绕着他。随着增强现实技术的广泛应用，其正受到越来越多的关注。增强现实技术已成为一种强大的市场工具。2016年被称为是VR产业元年。国内掀起VR、AR行业热潮。VR、AR已经站在中国最强风口上，作为主推视觉文化的创意产业，居于龙头位置。在旅游、影视、娱乐、游戏、主题公园以及教育、军事、房地产等领域进行创新实验，VR与AR已经显示出强大的应用能力。

网络视频直播，属于参与性体验产业。最近，网络直播成为互联网、移动网领域竞争的热点，甚至是沸点。境内各大网站纷纷开设网络直播平台，游戏（斗鱼、虎牙）、弹幕（哔哩哔哩）、视频（乐视、优酷网、爱奇艺）、秀场（9158、六间房）、移动（映客、花椒）、社交（微博、微信）等各类网络直播迅速涌现。一个全民网络直播的潮流正在到来，每一个手机都是制造网络新闻和产出网络舆论的平台，每一个网民都可能成为信息的来源和传播的媒介。由此带来的新变化和挑战，值得我们重视和研究。

网络直播在移动端兴起的主要表现：一是网络主播，即网民通过网络直播平台担当主持工作，并且实时与线上网民交流互动；二是一些门户网站对热点事件、体育娱乐等的视频、图文直播，如商业网站新浪视频直播联合国公开面试下任秘书长候选人等。随着互联网以及移动设备的广泛覆盖，一部手机就可以让一个人成为视频的发布者和舆论议题的发起者，完成一个出镜、采访、剪辑、发布等复杂的新闻采集乃至发布任务。作为一种眼球与注意力经济，网络直播随时创造网络舆论的新议题，改变了传统新闻的运作模式，已经成为移动网络舆论的重要载体。作为体验经济，网络直播可以打造网民与娱乐现场即视感与零距离的用户体验，并通过移动端具有随时分享的能力；作为粉丝经济，网络直播具有强大的双向互动能力,在移动端具有巨大的网络传播能量。网络直播在分享和传播过程中,还具有信息互动功能。网民可以通过转发、分享、回复视频、滚屏"弹幕"等方式发表自己的看法,与直播发布者进行互动,将个体收看变成了群体式行为。这不但改变了传统媒体单向的信息传播模式,而且在与其他网民互动中可能产生新的议题。

网红经济。网红经济是互联网形态下的粉丝经济。"网红"一般是在某些细分领域具有一定专业行动力的"素人",他们通过互联网的方式传播自己的产品知识和生活方式,在特定领域成为具有一定影响力的关键意见领袖。网红经济是"互联网+"时代下一种新兴的商业模式。关注网红的粉丝往往是对特定领域有了解、有需求或感兴趣的受众,当网红推介产品时,这些受众天然地成为产品的潜在客户。而且网红与粉丝在长期大量的互动过程中建立的信任关系,使得粉丝对网红推介的产品更敏感,也更容易接受。因此,网红经济往往能够更精准地将产品导向粉丝需求,实现精准营销,极大地提高了消费转化率。

网红和粉丝之间,通过口碑传播、互动、评论、分享等形式逐渐确定一种信任和亲密的关系。网红以自身作背书,将自己的个性融入产品中,使产品更具人格化,也更容易被粉丝接受。网红向其受众传播的不仅仅是产品,更有自己个性化的生活方式、价值理念、消费习惯。粉丝在购买产品的时候,购买的是他们所信赖的网红所创立的生活样本和人格模式。

传统的品牌商在定位和寻找销售对象时，经常受困于如何在海量的用户数据库中寻找到自己的他（她），并将产品信息精准地传递，因而不得不用一种"漫灌"的方式，将信息以撒网的形式传递给所有受众。

网红经济是"互联网+传统商品"的创新实践。它利用互联网平台和社交媒体，寻找新的营销路径。对于创意产业来说，利用网红经济的特点和优势进行传统品牌的推广和传播就是一种新的创意探索。

作为一个正在快速崛起的新生事物，网红经济发展势头凶猛，可以预见，未来会有越来越多的具有内容制作能力的优质网红受到资本和市场的青睐，也会有更多缺乏踏实内容创作的网红如昙花一现，淹没在新经济的浪潮中。在这个过程中，传统的品牌商转变观念，主动迎接和把握网红经济带来的机会，拥抱这种新兴的带有电商和社交基因的商业模式，或许会为自己在新形势下的转型和突破带来新的契机。

需要指出的是，以上文化创意新业态和创新实验只是大量案例中的几个热门领域。在中国，这种创造每时每刻都在进行，它可能是"你方唱罢我登场""各领风骚几十天"，但长江后浪推前浪，创意创新创造的灵感总会引来令人惊异的神来之笔。我们还必须看到，目前涌现的新业态也带来了一系列新问题。最近引人瞩目的快播案宣判，就给所有从业者敲响了警钟：人文伦理的关怀是文创产业的命脉，而法律的底线是我们不可逾越的边界。

这未来的十大创新热潮，展现了中国文化创意产业的新创造。通过大众创业、万众创新，中国文创产业摆脱了过去潮汐型的、跟随型的、模仿型的发展方式，已经走向了原创力发展的新的历史性阶段。

四、发挥创客—威客—极客的文化原创力

在推动文化原创力的时代潮流中，由创客、威客和微店网带来的新的方式正成为文化创意产业发展的一条新路径。

"创客运动"是数字世界真正颠覆现实世界的助推器，是一种具有划时代意义的新浪潮，全球将实现全民创造，掀起新一轮工业革命。提出"创客"概念的克里斯·安德森在他的全球畅销著作《创客：新工业革命》中认为，随着数字设计与快速成型技术赋予每个人发明的能力，"创客"一代使用互联网的创新模式，必将成为下一次全球经济大潮的弄潮儿。

克里斯·安德森深入新工业革命的前沿阵地，考察了创业者是如何使用开源设计和3D打印，将制造业搬上自家桌面的。在这个定制制造、"自己动手"设计产品、创新的时代，数以百万计发明家和爱好者的集体潜力即将喷薄而出，全球制造业将由此掀开新的一页。安德森惊人地预测，在接下来的十年里，人们会将网络的智慧用于现实世界之中。未来不仅属于建立在虚拟原则之上的网络公司，也属于那些深深扎根于现实世界的产业。

"创客"一词在2015年政府工作报告中首次亮相，顺应了网

络时代推动"大众创业、万众创新"的新形势,李克强总理在报告中提到"创客"则是"中国式创客",具有当下中国现实的独特含义,具有在"双创"中画龙点睛的意义。我们讲的创客不是以小规模的或者某个个体的方式,而是以全体动员的方式,讲万众创新、创意、创业,意义深远而重大。"双创"的关键在人,在激发全民族的创造性能量。在经济发展进入新常态下,要推动我国经济产业结构迈向中高端,就必须发挥来自"草根"创业者的无穷智慧。高手在民间。2018年,我国有约14亿人口、9亿劳动力资源,人民勤劳而智慧,蕴藏着无穷的创造力,千千万万个市场细胞活跃起来,必将汇聚成发展的巨大动能,顶住经济下行压力,让中国经济始终充满勃勃生机。

众创空间是利用互联网、移动网、云技术、大数据创造的新型创意园区、文创聚居区或文创孵化器,是一种集原创、生产、传播、营销、体验、消费于一体的模式——新O2O（Online To Offline）模式:"线上线下融合互通模式"。如马云所说,不是虚拟打倒实业,也不是实业抛开互联网,而是二者你中有我,我中有你,你离不开我,我也离不开你,是"互联网+实业"的高度融合。它是一个正在发展的方向（见图1）。

"园区O2O模式"是指,网上虚拟创意产业集聚区或文化园区可以在当代文化潮流、文化消费、文化市场、文化时尚基础上,构建某一创意产业（行业）科研、生产、流通、交易的数字化平台、创意信息数字交易港,吸引大量散在各处的创客线上进

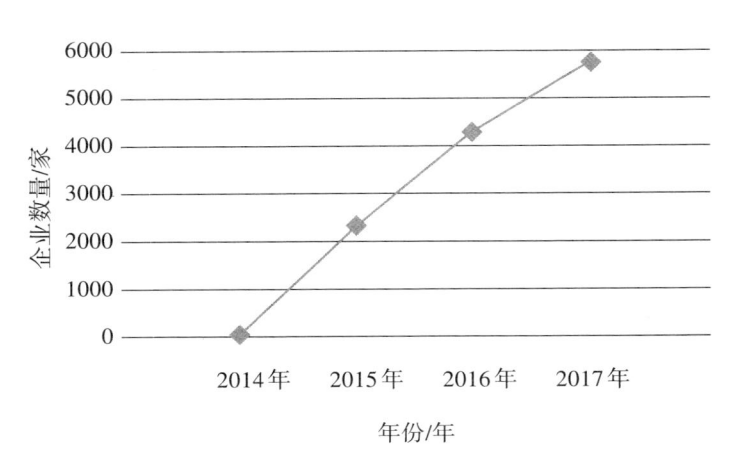

图1 2014—2017年我国"众创空间"数量增长趋势

驻，构成线上创意集聚区。它通过吸引巨量信息或订单汇聚，开展网上信息交换、商务交易和产品推介销售。这一"网上创意产业集聚区"或"文化创意信息数字交易港"是面向世界市场的无国界、多语言、低门槛、高效率的国际化平台，可以为国内外客商服务。它可以解决不同语言转换的问题，可设置多语种交流平台，建立完善的商务翻译服务。新的网络虚拟集聚区模式采用威客模式。

与"网上创意产业集聚区"或"文化创意信息数字交易港"相对应，地上可有相应的实体型生产、物流中心或会展中心、贸易中心。可与定期的博览会、交易会相匹配，形成网上常设数字交易与地上会展业以及直接交易的立体交易系统。微店网云模式开创了一种新的网聚模式，无须企业、营销商的地上集聚，以最简方式实现集约化经营。

在新的模式运营中，"极客"的作用不可忽视。"极客"是整个新模式运营的技术探索者和支撑者。他们以不断的技术创新奠定着改变着互联网、移动网，以及文化产业或文化经济的生态面貌。他们是我国未来科技发展不断创新的先锋和中坚力量，我们必须高度重视这个群体，不断发现人才，以热情和宽容的态度关怀他们，从各个方面支持他们，并以孵化器等方式壮大"极客"的队伍。

五、创新驱动：推动"双创"发起二次战役

为了进一步系统性优化创新创业生态环境，强化政策供给，突破发展瓶颈，充分释放全社会创新创业潜能，在更大范围、更高层次、更深程度上推进"大众创业、万众创新"，2017年7月21日，国务院发布了国发〔2017〕37号文件《国务院关于强化实施创新驱动发展战略，进一步推进大众创业万众创新深入发展的意见》（以下简称《意见》）；2018年9月，又发布了《国务院关于推动创新创业高质量发展打造"双创"升级版的意见》（国发〔2018〕32号）。这些文件（见表1）反复强化国家对"双创"的主导精神，是进一步落实党的创新战略、实现国家产业转型的重要文件，是我国实现全球创新引领的强国和原创大国的全局性目标的战略举措。

创新是社会进步的灵魂，创业是推进经济社会发展、改善民生的重要途径，创新和创业相连一体、共生共存。近年来，"大

表1 2015—2018年我国涉及"大众创业、万众创新"政策文件一览

发布日期	文件名称	文号
2015年3月	《国务院办公厅关于发展众创空间推进大众创新创业的指导意见》	国办发〔2015〕9号
2015年4月	《国务院关于进一步做好新形势下就业创业工作的意见》	国发〔2015〕23号
2015年6月	《国务院关于大力推进大众创业万众创新若干政策措施的意见》	国发〔2015〕32号
2015年6月	《国务院办公厅关于印发进一步做好新形势下就业创业工作重点任务分工方案的通知》	国办函〔2015〕47号
2015年7月	《国务院关于积极推进"互联网+"行动的指导意见》	国发〔2015〕40号
2015年8月	《国务院办公厅关于同意建立推进大众创业万众创新部际联席会议制度的函》	国办函〔2015〕90号
2015年9月	《科技部关于印发〈发展众创空间工作指引〉的通知》	国科发火〔2015〕297号
2015年9月	《国土资源部、发展改革委、科技部、工业和信息化部、住房城乡建设部、商务部关于支持新产业新业态发展促进大众创业万众创新用地的意见》	国土资规〔2015〕5号
2015年9月	《国务院关于加快构建大众创业万众创新支撑平台的指导意见》	国发〔2015〕53号
2016年2月	《国务院办公厅关于加快众创空间发展服务实体经济转型升级的指导意见》	国办发〔2016〕7号
2016年5月	《国务院办公厅关于建设大众创业万众创新示范基地的实施意见》	国办发〔2016〕35号

续表

发布日期	文件名称	文号
2016年7月	《科技部关于印发〈专业化众创空间建设工作指引〉及公布首批国家专业化众创空间示范名单的通知》	国科发高〔2016〕231号
2017年6月	《国务院办公厅关于建设第二批大众创业万众创新示范基地的实施意见》	国办发〔2017〕54号
2017年7月	《国务院关于强化实施创新驱动发展战略进一步推进大众创业万众创新深入发展的意见》	国发〔2017〕37号
2018年9月	《国务院关于推动创新创业高质量发展打造"双创"升级版的意见》	国发〔2018〕32号

众创业、万众创新"蓬勃兴起，催生了数量众多的市场新生力量，促进了观念更新、制度创新和生产经营管理方式的深刻变革，有效提高了创新效率，缩短了创新路径，已成为稳定和扩大就业的重要支撑、推动新旧动能转换和结构转型升级的重要力量，正在成为中国经济行稳致远的活力之源。为了能进一步系统性优化创新创业生态环境，强化政策供给，突破发展瓶颈，充分释放全社会创新创业潜能，就要在更大范围、更高层次、更深程度上推进"大众创业、万众创新"。

《意见》将是推动"双创"二次战役的号角，是"双创"深化的推进器与催化剂。

文件指出，"大众创业、万众创新"深入发展是实施创新驱动发展战略的重要载体。深入推进供给侧结构性改革，全面实施创新驱动发展战略，加快新旧动能接续转换，着力振兴实体经济,必须坚持"融合、协同、共享",推进"大众创业、万众创新"深入发展。

文件针对第一阶段"双创"发展中的经验和问题,提出要求:要进一步优化创新创业的生态环境,着力推动"放管服"改革,构建包容创新的审慎监管机制,有效促进政府职能转变;进一步拓展创新创业的覆盖广度,着力推动创新创业群体更加多元,发挥大企业、科研院所和高等院校的领军作用,有效促进各类市场主体融通发展;进一步提升创新创业的科技内涵,着力激发专业技术人才、高技能人才等的创造潜能,强化基础研究和应用技术研究的有机衔接,加速科技成果向现实生产力转化,有效促进创新型创业蓬勃发展;进一步增强创新创业的发展实效,着力推进创新创业与实体经济发展深度融合,结合"互联网+""中国制造2025"和军民融合发展等重大举措,有效促进新技术、新业态、新模式加快发展和产业结构优化升级。

加快科技成果转化,落实七大措施。在"双创"进一步深化的背景下,《意见》要求加快科技成果转化,提出七大措施:

一是建立完善知识产权运用和快速协同保护体系,扩大知识产权快速授权、确权、维权覆盖面,加快推进快速保护由单一产业领域向多领域扩展。二是推动科技成果、专利等无形资产价值市场化,促进知识产权、基金、证券、保险等新型服务模式创新发展。三是探索在战略性新兴产业相关领域率先建立利用财政资金形成的科技成果限时转化制度。四是引导众创空间向专业化、精细化方向升级，支持龙头骨干企业、高校、科研院所围绕优势细分领域建设平台型众创空间。五是推动科研院所落实国家科技成果转化法律法规和政策，强化激励导向，提高科研院所成果转化效率。六是促进仪器设备开放共享，探索仪器设备所有权和经营权分离机制，对于财政资金购置的仪器设备，探索引入专业服务机构进行社会化服务等多种方式。七是实施科研院所创新创业共享行动，鼓励科研院所发挥自身优势，进一步提高科技成果转化能力和创新创业能力，进一步开放现有科研设施和资源，推动科技成果在全社会范围实现共享和转化。

创新金融产品，完善财税政策。《意见》强调，不断完善金融财税政策，创新金融产品，扩大信贷支持，发展创业投资，优化投入方式，推动破解创新创业企业融资难题。在有效防控风险的前提下，合理赋予大型银行县支行信贷业务权限。支持地方性法人银行在符合条件的情况下在基层区域增设小微支行、社区支行，提供普惠金融服务。完善债权、股权等融资服务机制，为科技型中小企业提供覆盖全生命周期的投融资服务。稳妥推进投贷联动试点工作。适时推广创业投资企业和天使投资个人有关税收试点政策，引导社会资本参与创业投资。推动国家新兴产业创业投资引导基金、国家中小企业发展基金、国家科技成果转化引导基金设立一批创业投资子基金。健全完善创新券、创业券的管理制度和运行机制，在全面创新改革试验区域探索建立创新券、创业券跨区域互通互认机制。

六、数客是提升大数据时代原创力的有效支撑

数客,即数据分析师,指的是在当下大数据时代,专门从事行业数据搜集、整理、分析,并依据数据做出行业研究、评估和预测的专业人员。数客是数字时代的重要人才,是当前推动大数据发展的关键人才。目前,数客大量缺乏,是国内数字科技发展的短板,需要尽快培养。越来越多的政府机关、事业单位,特别是大批科技文化企业,已经看到数据分析的重要性,将越来越多地选择拥有综合技能的数据分析的专业人士,来为他们的项目做出科学、合理的分析,以便正确决策。

越来越多的风险投资机构把数客所出具的数据分析报告作为其判断项目是否可行及是否值得投资的重要依据,越来越多的高等院校和教育机构把数据分析师课程作为其中高管理层及决策层培训计划的重要内容,越来越多的有志之士把数据分析师培训内容作为其职业生涯发展中必备的知识体系。

互联网本身具有数字化和互动性的特征,这种属性特征给数据搜集、整理、研究带来了革命性的突破。以往"原子世界"中数据分析师要花较高的成本(资金、资源和时间)获取支撑研究、分析的数据,数据的丰富性、全面性、连续性和及时性都比互联网时代差很多。

与传统的数据分析师相比,互联网时代的数据分析师面临的不是数据匮乏,而是数据过剩。因此,互联网时代的数据分析师

必须学会借助技术手段进行高效的数据处理。更为重要的是，互联网时代的数据分析师要不断在数据研究的方法论方面进行创新和突破。就新闻出版行业而言，无论在任何时代，媒体运营者能否准确、详细和及时地了解受众状况和变化趋势，都是媒体成败的关键。

此外，对于文创的一些内容产业来说，数据分析师可以发挥内容消费者数据分析的职能，这是支撑文创内容企业改善客户服务职能的关键。

数客必须掌握数据分析基本原理与一些有效的数据分析方法，并能灵活运用到实践工作中，以便有效地开展数据分析。基本的分析方法有对比分析法、分组分析法、交叉分析法、结构分析法、漏斗图分析法、综合评价分析法、因素分析法、矩阵关联分析法等。高级的分析方法有相关分析法、回归分析法、聚类分析法、判别分析法、主成分分析法、因子分析法、对应分析法、时间序列分析法等。

数客必须掌握与数据分析相关的常用工具。数据分析方法是理论，而数据分析工具就是实现数据分析方法理论的工具，面对越来越庞大的数据，我们不能依靠计算器进行分析，必须依靠强大的数据分析工具完成数据分析工作。

我国文化创意产业的新格局、新地图

——从 2020 年北京文化创意大赛看全国文创

我国文化创意产业在"十三五"期间取得了重大成果。特别是近些年在高质量可持续新发展理念的指导下,文化创意产业顺应趋势,创新求变,实现了升级换代,形成了我国文创的新发展格局、新发展形态。习近平总书记强调,新发展理念是一个整体,坚持创新发展、协调发展、绿色发展、开放发展、共享发展,全党全国要统一思想、协调行动、开拓前进。无论是中央层面还是部门层面,无论是省级层面还是省以下各级层面,在贯彻落实中都要完整把握、准确理解、全面落实,把新发展理念贯彻到经济社会发展全过程和各领域。要抓住主要矛盾和矛盾的主要方面,切实解决影响构建新发展格局、实现高质量发展的突出问题,切实解决影响人民群众生产生活的突出问题。[1]这一指导理念正在全国范围内得到全面的落实。

"十三五"期间,北京文化创意产业在大发展形势下,取得了重大成就。北京将首都丰富的文化资源优势创造性地转化为文

---

[1] 《习近平主持中共中央政治局第二十七次集体学习并讲话》,http://www.gov.cn/xinwen/2021-01/29/content_5583559.htm,访问日期:2021 年 1 月 31 日。

化创意产业发展的强劲动力，文创产业作为北京战略性支柱产业的地位更加突出。正是在这样的发展浪潮中，北京市经过五年努力，逐步在全国创立了"北京文创大赛"的新品牌。

北京文创大赛以"奋进新时代，创意赢未来"为主题，每年举办一届，到2020年已经是第五次举办。大赛立足北京、服务津冀、面向全国，逐渐建设成为挖掘文化创意领域优秀项目和人才、推动文创产业快速发展的全国性、品牌性赛事，在推动文化创新、整合各方资源、搭建文化领域创新创业平台方面发挥了重要作用，已经成为北京加快建设全国文化中心，引领推进全国文创产业发展的重要品牌活动和全国服务平台。

北京大力鼓励和扶持"双创"项目的设立和实施，从2015年到2019年，北京每万人发明专利拥有量增长130%，每日新设科技型企业数量从110家增长至250家，国家级高新技术企业数量从1.2万家增长至2.5万家，独角兽企业数量从40家增长至93家。2019年，中关村国家自主创新示范区主导创制发布标准达到10313项，其中国际标准434项，是2015年水平的2.4倍。[①]几年来，"三城一区"作为全国科技创新中心主平台建设全面提速，集聚了全市五成的科技型企业，贡献了全市三成的生产总值、六成的科技成果奖项。海淀、清华、百度等20家双创示范基地支持创新创业实力快速扩张，占全国总数的1/6；全市拥有各类众

---

① 《北京万人发明专利拥有量约为全国平均水平10倍》，https://news.sciencenet.cn/htmlnews/2020/10/446995.shtm，访问日期：2021年1月31日。

创平台500余家，服务创业企业和团队近5.7万家，有力地促进了人工智能、集成电路、医药健康等高精尖产业发展。

截至2019年底，北京汇聚了约20万家创业服务企业、近2万天使投资人、670多家创投机构，形成"要素聚合、主体协同、文化融合、环境友好"的创新创业生态系统，吸引创新创业者的能力更加殷实。全球500强企业中56家的总部在北京，北京连续五年居世界各大城市首位，外资研发机构超过560家。中关村在硅谷、以色列等地建立19个海外联络处，在境外设立研发及分支机构的领军企业超过1000家。[①]在经历了物业型、服务型、投资型、价值型四代蜕变后，北京已经发展到覆盖创新创业全链条和企业发展全生命周期的生态型服务，形成北京"双创"的5.0模式，持续引领全国"双创"的新潮流。

从北京文化创意大赛的形式、类别、方法，我们可以观察、了解目前全国文化创意产业的新发展与新格局。大赛描画了一幅我国文创的新地图。从2020年北京文创大赛项目分类来看，大赛分为十个类别，包括文化科技融合、数字创意、创意设计、非物质文化遗产及IP开发、文化教育、文化旅游、文化体育、广告传媒、其他（文化装备、创意生活、纸艺设计、文创智库）和文创类初创项目。这十个方面已经囊括了目前我国文化创意产业的主要类别，也代表了我国文创的新发展格局和主要发展趋势。

---

① 《倒计时2天！北京邀您相约"云"上双创周》，https://baijiahao.baidu.com/s?id=1680446069472443237，访问日期：2021年3月3日。

其占比情况如图1。

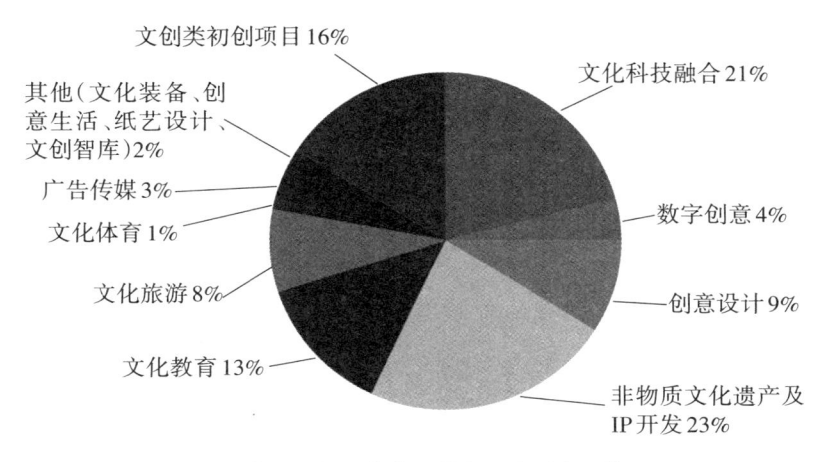

图1 我国文化创意产业的主要类别占比情况

- 文创类初创项目 16%
- 其他（文化装备、创意生活、纸艺设计、文创智库）2%
- 广告传媒 3%
- 文化体育 1%
- 文化旅游 8%
- 文化教育 13%
- 文化科技融合 21%
- 数字创意 4%
- 创意设计 9%
- 非物质文化遗产及IP开发 23%

本文选择大赛作为研究对象，试图眼睛向下，面向文化市场，面向文创实践，面向现实场景，面向创新企业，落实到具体项目和案例的分析和研究上。这是本文研究的主旨和初心。从大赛的实况来看，北京在下面这几个方面站在全国前列，对全国文创具有引领和借鉴意义。

一、文化科技融合与数字创意

文化科技融合是2020年北京文创大赛的主打类别。北京文化创意产业多年来一直将文化科技融合作为首要的发展方向，并取得了重大的成绩。文化科技类别在文化创意产业GDP占比中，始终占到接近一半的分量。所以北京文创大赛对这一类别给予了高度关注和期待，将之作为当前文化创意产业升级换代、走向高质量发展的关键所在。在项目征集书中，文创大赛对这一类别的解读为：在5G条件下大数据、云服务、大视频、人工智能、物联网、区块链，以及4K与8K、3D打印和其他新技术支持下，以数字创意开发、高科技与文化创意融合的项目。

从大赛宗旨来看，北京文创大赛努力贯彻中央各部委的文件精神。科技部、中央宣传部、中央网信办、财政部、文化和旅游部、广播电视总局等六部门于2019年8月联合发布《关于促进文化和科技深度融合的指导意见》，其中对文化和科技深度融合的范畴界定为：

文化共性关键技术，如智能科学、体验科学，语言及视听认知表达、跨媒体内容识别与分析、情感分析等智能基础理论与方法，人机交互、混合现实等关键技术，类人视觉、听觉、语言、思维等智能技术在文化领域的创新应用等。文化创作、生产、传播和消费等环节的共性关键技术，如文化资源分类与标识、数字化采集与管理、多媒体内容知识化加工处理、VR与AR虚拟制作、基于数据智能的自适配生产、智能创作等文化生产技术，文化产品多渠道发布、多网络分发、多终端呈现等文化传播技术，文化产品价值评估与版权交易、基于大数据的个性化推荐、文化产品与服务质量评测等文化服务技术，文化资源保护与开发利用、知识产权保护与侵权追踪、舆情分析与内容安全监管、文化艺术品鉴定等文化管理技术。

这个界定将文化科技融合数字化运行的主要类别做了清晰的

梳理。在文件指导下，北京文创大赛以技术赋能文化，以数字化、网络化、智能化为技术基点，重点突破新闻出版、广播影视、文化艺术、创意设计、文物保护利用、非物质文化遗产传承发展、文化旅游等领域系统集成应用技术，开发内容可视化呈现、互动化传播、沉浸化体验技术应用系统平台与产品，优化文化数据提取、存储、利用技术，发展适用于文化遗产保护和传承的数字化技术和新材料、新工艺。大赛将数字文化创意技术装备、数字文化创意软件、数字文化创意内容制作、数字化新型媒体服务、数字文化创意内容应用服务，数字及网络原创艺术品或其他文化产品交易平台，数字创意时尚数字化与智能化、3D影像展示与互动系统、智能设计平台、机器人等放在首要位置予以推进，来构建完善的文化科技创新体系，形成以企业为主体、市场为导向、产学研相结合、上中下游衔接、大中小企业协同的创新格局。进一步推动实现文化科技成果产业化推广，文化大数据体系构建，媒体融合纵深发展，内容生产和传播手段的跨越式升级。

大赛将文创领域中相关科技的细目做了全面细化梳理，为全国各地政府、企业、研究部门把握方向，选择项目，进行政策支持，推动金融支持，给出了明确的方向，打破了以出版产业、演艺产业、影视产业等作为头部产业的原有布局，形成了以数字创意产业为龙头的文化科技融合的新格局。

在北京文创大赛最终评出的百强项目中，相关的重点类型与优秀项目有：

脑机接口（BCI）。"鲸世沉浸式意念交互冥想空间"项目（北京鲸世科技有限公司）的主要目标是打造一个基于脑机接口技术的线下沉浸式意念交互空间，并与多维度传感设备、BCI意念交互方式和沉浸式数字内容相合。脑机接口设备为意念交互设备，作为交互的主打产品——多人群体脑机接口，用户在体验的过程中通过脑机设备，感知到用户和内容的深度共鸣，从而驱动内容幻化。整体环境中的物联网传感模块加深场景内容互动，做到"人、物、境"三位合一。整体以多媒体沉浸式空间作为形态打造幻化的艺术空间。身临其境的空间体验，多以投影融合或发光二极管（LED）融合为主显示画面打造环境。目前，脑机接口或沉浸式展览展示领域尚未有完整的脑接口、物联网传感交互搭配完整数字内容的案例。项目实施后将会成为行业内首个采用实时脑电数字内容意识交互的成熟应用案例。大赛期间，项目硬件和算法研发及技术可行性验证已经完成，数字内容主题设计大纲设计完成，将会很快进入实质性的市场推广阶段。

识别技术。获得北京市组委会特别奖的"时尚数字化与智能化"项目（北京极睿科技有限责任公司）——易尚货，总体目标是做电商行业的智能化、一体化、全流程的解决方案平台。易尚货依托公司强大的人工智能技术赋能传统互联网产品，将自主研发的图像识别、光学字符识别（OCR）等技术深度融入电商上货和详情页制作等基础性工作中来。切入点为详情页制作和平台上货,这两点也是传统服装电商公司的核心痛点,传统服装电商公司电商部的上货从摄影师拍照到美工修图制作详情页,到运营人员录入商品上货,工作烦琐、重复性高、耗时费力。易尚货系统为解决这一痛点,用人工智能(AI)代替美工修图、裁图,并自动打上模特图、细节图、平铺图等,结合模板上的图片、属性、表格占位符,实现自动替换,生成详情页。后期结合数据分析、选品等业务功能,从根本上提升电商企业的效率,最终实现一体化解决方案的目标。

机器人。获得北京市年度创意人气奖和全国三等奖的"基于环境主动认知的幼教智能服务机器人"(北京爱宾果科技有限公司)包括:B端(园所版、晨检版)、C端(家园共育版)人工智能教育机器人,以及配套的教育内容、增值服务和教育评测数据,旨在建立以机器人硬件为载体的全景智能化幼教服务平台和中国最为权威的儿童教育及成长大数据体系。项目推出的国内首款面向幼儿园服务的机器人产品BINGO面市以来,引起了市场的强烈关注。通过创造性地将其研发的AI教育机器人引入幼儿园及家庭教育,于2019年初和教育部学校规划与建设发展中心共建中国"2035未来幼儿园+AI教育机器人"示范工程,大赛期间已在全国46个地市落地试点,具有良好的引领和示范效应。

核心团队源自清华大学人工智能研究院,电气与电子工程师协会（IEEE）会士孙富春教授为首席科学家，具有世界顶级研发能力，支持技术与产品持续升级与迭代。爱宾果与清华大学"智能技术与系统"国家重点实验室一直保持着紧密的产学研合作，已构建了世界领先水平（第三）的AI多维度幼儿学习与成长综合测评体系，包括：异构多模态融合技术（综合算法性能全球第一）、多模态主动感知技术（综合算法性能全球第三）、跨模态长期学习技术（综合算法性能全球第一）、多维度儿童动作标准度测评（综合算法性能全球第三），这些技术不仅可应用于爱宾果目前的幼教机器人体系，更可扩展应用于各种自主服务机器人、特种机器人等诸多产品及领域。

AI技术。"嘻范动物园"（北京嘻范科技有限公司）由清华大学美术学院团队设计开发，重点在"看见有趣的东西"（see-fun），切入动物园市场。在应用层面提倡"AI+动物园"，提供基于自主研发的动物识别技术的动物园智能趣味识别系统以及动物智能画像生成系统等趣味动物园AI应用。文创项目ZooseeFun动物园动物文创，由清华大学美术学院团队原创手绘设计绘制，核心目标在于"做游客只能在动物园买到的动物原创礼品、纪念品"，增强动物园礼品的纪念意义与专属性的同时，提高游客的购买力。另一核心目标在于"做动物园园方渴望采购的科普活动配套动物园原创动物活动产品"。

"人工智能换脸直播"（文创类初创项目）是全球首个换脸直播解决方案。应用场景：直播电商机构和艺人偶像经纪都面临单一头部主播、艺人占收入比例巨大却很难控制的问题，比如高分账、低产能、转会或劣迹风险大。换脸直播技术可以将AI生成的超大量帅哥、美女或满足特定要求的高清逼真人脸，用于直播。主播用虚拟脸直播，不露真脸。直播经纪机构不再需要和主播分账（脸是直播机构的IP资产），产能扩张（多个人同时用一个脸直播，虚拟主播可以24小时不停播），没有转会风险、劣迹风险，收入增加，安全性增加，成本大幅下降。技术难度：第一，换脸技术的直播要求亚毫秒级的全流程影像处理速度，全行业目前只有宙予科技做到了，所以只有宙予可以实时直播换脸；第二，能让一个人马上变成另一个人，即可开始直播，而传统换脸技术需要两个月模型训练时间才能把A换成B，并且训练好的模型是无法泛化给其他人使用的；第三，传统技术只能换已存在大量视频素材的明星脸，不能创造新的人，而新技术可以让AI合成的虚拟人直接直播；第四，技术成本从"CG虚拟人的模型+设备"的数百万元人民币，断崖式下降三个数量级以上，设备仅需一个家用摄像头。

无人机。"飞熊无人机人工智能文化教育"项目（北京零创众成科技有限公司）的核心是航空航天科技文化教育，以无人机教育作为切入点，由点到面地进行深入，涵盖无人机编程、无人机飞行和无人机摄影等多个方面。项目核心团队来自北京，目前已经获得发明专利五项、实用新型专利八项、外观设计专利两项以及软件著作权八项。该团队拥有一整套教研结合的航空航天特色科学科普类文化课程，将自有知识产权资源进一步开发应用到航空航天科技教学中。大赛期间已经研发出一套无人机飞行控制系统以及一系列航空相关科技产品教具，其中基本原理是将飞行控制系统进行有序拆解，二次开发出具有飞行器控制系统背景特色的程序语言，配合无人机硬件整合出适用于全年龄段的编程课程和实操课程。同时，该团队还与国内许多地区的学校和街道合作，为广大中小学生提供了各式各样的校本课程与课外文化科普活动，以及丰富的科技主题活动，能够让不同年龄段的孩子都参与到科学文化活动中来，提升孩子们的科学素养及能力。另外，团队还可以为各专职院校提供专业的空天主题实验室搭建方案，并为院校的无人机专业体系建设进行方案设计与实施。

除了以上案例，"5G+媒体融合创新应用"+跨界IP项目、寻找文创合伙人、"AI+CG打造虚拟化数字世界"、未来战场电竞2.0、AceGear知行车谷、版保宝——基于区块链的全链式版权综合服务平台、小木屋图书、博灵展——文旅数字展览云平台、中国航天文创、AR融媒体智能眼镜、卷轴发热画、裸眼3D显示屏、"文创版权技术+"、机甲靡城、机甲主题娱乐、夜行地图、光场交互技术与文旅场景的融合应用、同感——文娱生活方式推广平台、太空艺术展等案例丰富了文化科技融合类项目。文化科技融合类项目在整个百强项目中占比较高，达到了21%，是我国创意产业走向高质量发展的主攻领域与优先领域。北京为全国做出了示范。

二、文化旅游

文化旅游是国家重点推动的文化产业类别，也是 2020 年北京文创大赛项目的主要征集方向之一。在项目征集书中对这一类别的解读为：产品开发设计使用户获得富有文化内涵和深度的参与旅游体验的项目，有关文化旅游的商业模式创新，依托公园文化资源进行的文化活动项目或产品设计开发。

2019 年 12 月 12 日，由北京市文化改革和发展领导小组办公室印发的《关于推进北京市文化和旅游融合发展的意见》（以下简称《意见》）正式出台。《意见》提出的 26 条工作举措，又被称作"北京文旅融合 26 条"。该文件为全国首个在省级层面出台推进文化和旅游融合发展的总揽性规范性文件。

在资源支撑体系建设上，北京进一步完善历史文化名城资源保护利用体系，建设国际化文化旅游智慧城市，打造高端智库和资源交易平台。5G、人工智能、大数据、云计算等先进技术的引入将为市民和旅游者提供更为智能化、便利化、精准化的公共服务。

在文化旅游空间布局方面，北京正在打造"一城三带一区一圈"的融合发展格局：聚焦老城，打造世界级文化旅游典范区；依托"三带"，打造具有全球影响力的文化旅游带；辐射京津冀，打造世界级的文化旅游圈。

在文化旅游公共服务方面，公共服务设施共建、公共活动共享和公益服务共促三大工程将营造北京和谐宜居、主客共享的文化旅游发展氛围，对接当前民众由"美好风景"向"美好生活"转变的文化旅游消费需求。

本次大赛中，文化旅游涌现了众多创意旅游的项目和向高质量迈进的新举措。从总体看，服务于旅游发展的文化内容主要从旅游线路及目的地、目的地标志物、目的地特色产品、目的地品牌、目的地展示等方面进行赋能和增加价值。

1. 旅游线路及目的地

"北京红桥非遗传播孵化平台"（北京红桥珍珠电子商务有限责任公司）是北京市第一个"非遗"传播孵化园，坐落在北京红桥市场。他们开发了"非遗10+密约之旅"路线：从北京珐琅厂—东来顺饭庄—玉尊源玉雕—北京红桥市场，一条以非遗为主题的沉浸式旅游体验路线。同时也正在开发百年老字号同仁堂康养线路。

"小核桃养育管家"（生命河〔北京〕管理咨询有限公司）以字体创意的空间产品为汉字创意设计方式，规划打造图书馆和文化公共空间的整体汉字文化创意空间和汉字创意衍生品，让汉字创意融入生活，让汉字文化更好地体现生活、记录生活、传承中华文化。用中国古老的文化精髓结合汉字创意表现，表达对文化、对汉字、对时间的思考，用有文化的产品丰富文化空间，让使用者可以更好地理解和传承汉字文化。

"海纳文化园IP"（北京远海文化服务有限公司）。海纳文化园是一处集平谷特色文化宣传、儿童艺术教育、图书馆、休闲餐饮于一体的新型文化园区。截至2020年8月,一期已建成投入使用,二期科技体验馆已提出计划,预计投资1000万元。海纳文化园设计团队是一支富有创新力的团队,致力于包括对丫髻山、上宅、平谷书法等文化的展示,倾力打造平谷文化特色平台。通过海纳让中国和世界了解平谷,宣扬平谷文化。

"怀柔电音谷"(北京奇越广告有限公司)。怀柔电音谷,主题为创造美好生活,是一场小型电音文化创制交流活动。电音谷集中了音乐舞台、创意市集、美食匠人、环保主题区、房车露营区等几种业态。除了众多顶级知名电音制作人的表演,会聚了各类创作者,如美食匠人、各类生活创制品的设计人员,以及行业意见领袖等,从创意制品、风格呈现,到地景艺术、历史场域,融合了建筑、美学、艺术、人文交流等。

"飞渔"(北京平安文创文化发展有限责任公司)。飞渔项目是基于航空旅游业务开发的一款创意旅游产品,项目通过航空科技对密云未来进行大胆畅想与展望,其中包含医、住、行、游、购,将密云城打造成空中之城、航空旅游未来之城。

2.目的地标志物

"中轴瑞兽、万年永宁"系列文创产品(北京天恒自在场头酒店管理责任有限公司)打造了"遇见什刹海"品牌。立足于什刹海历史文化保护,深度挖掘什刹海历史文化价值,推动中华优秀传统文化创造性转化、创新性发展。截至2020年已完成"万宁桥镇水兽"IP文创产品开发,并已获得相关著作权及外观设计专利。"万年永宁镇水兽"系列文创产品是以中轴线万宁桥为主题的旅游产品。万宁桥是京杭大运河文化带北端起点、北京文化核心，是北京中轴线与京杭大运河文化带的交点。万宁桥镇水兽初建于元至元二十二年（1285），距今有700多年历史。万年永宁镇水兽传统朱砂文化产品，在还原万宁桥现存镇水兽文物的基础上邀请省级非遗传承人共同进行二次创作。以贵州万山朱砂为原料，结合万山传统非遗朱砂工艺，融入中国传统吉祥文化元素，打造具有中轴线文化、大运河文化题材，富有吉祥纳福寓意的特色旅游文化产品。万年永宁镇水兽传统朱砂文化产品于2019年12月31日获得知识产权局著作权登记证书，并于2020年6月获得两项外观设计专利。

"景区旅游商品研发项目3.0版本及周口店猿人遗址产品研发成果展示"（北京众智盈创广告有限公司）以北京三条文脉之一的西山永定河文化带中特色周口店猿人遗址为题材，对周口店猿人遗址内的内容元素进行提取，结合北京地方文化和旅游需求，研发、生产及销售符合现代年轻人需求及适合旅游景区销售的文化创意产品。产品创新点主要集中在传统色彩与现代结构结合、传统工艺与现代工艺结合、传统造型与实用功能结合三个方面，从而增强产品的时尚性、批量性、实用性。

3. 目的地特色产品

"有凤来仪"（北京万宝之源科技发展有限公司）。西集是大运河畔的一个乡镇，是低收入乡镇，西集镇又名西仪集。项目命名为"有凤来仪",凤代表着吉祥。西集镇以盛产樱桃闻名,特别设计出摆件小樱桃,作为西集镇的伴手礼。同时又根据西集文化设计出大量的面塑、面花材料包,以引导大家体验,给当地居民创收,增加他们的经济收入。拟计划建设展览面塑的专门展览馆,该展览馆的面积约900平方米,实际场地1870平方米,同时配套约9.3公顷农业用地,位于西集镇张各庄村公服地块内。自2019年11月26日,为西集镇农村女性培训就业26场次,网上培训120次,共培训出26名面塑师,展馆内拟展示面花50款产品,面塑100余款产品。展览作品平均每半年更换一次,力求为参观者送上一批又一批优秀面塑、面花作品,为观众带来一场场面塑、面花视觉盛宴,在让参观者领略到美的产品的同时激发其内心对我国面塑文化所蕴含的民族文化的认同感,增强其民族文化自信心。

4. 目的地品牌

"紫禁之巅—时代之轴"北京中轴线文创项目(北京禧德文化传播有限公司)。中轴线及其延长线以文化功能为主,是体现首都文化自信的代表地区。本项目既要延续理事文脉,展示传统文化精髓,又要做好有机更新,展现现代文明魅力。本项目以北京中轴线为主题,采用独特的凹版雕刻艺术手法,与国内顶级大师合作开发,形成独有的北京中轴线系列艺术作品,并在此基础上,结合多种工艺(采用人民币印制中的先进防伪工艺)进行二次创作与演绎,最终形成极具艺术价值与收藏纪念价值的文创产品。依托北京中轴线众多的地标景区形成的庞大客流量，并在网络平台推广，形成线上线下立体的销售渠道，推动产品热卖。

"国子监IP形象设计"（文创类初创项目）。IP形象设计已经成为品牌宣传的重要环节，可为传统文化起到宣传的作用。国子监是中国古代最高学府和教育管理机构，每年去参观旅游的人络绎不绝，北京正式发布的《北京市推进全国文化中心建设中长期规划（2019—2035年）》中提出要将其打造成文化精华区。在此基础上设计IP形象及其文创产品，可以借助产品销售提升本身的知名度和价值。

"冰雪文化创意主题产品"（中艺韵泓文化发展〔北京〕有限公司）结合冰雪元素开发创意银器、文化旅游伴手礼系列文创产品。

5.目的地展示

获得"歌华传媒杯·2020北京文化创意大赛"北京赛区年度媒体关注奖的"运河声声"（北京梦河影视文化有限公司）。口技演员通过口技表演和舞台道具的配合，描绘和展示大运河畔农耕细作的淳朴生活场景，将大运河文化通过艺术手法的描摹和传递，将古老的运河文化继承发展，创新弘扬，让美丽璀璨的"大运河"的自然景观以及沿途淳朴的风土人情历久弥新。人文地理、自然地理、社会属性尽收作品中。

"香黛宫非遗时尚家"（北京香黛宫航宇文化有限公司），北京首创非遗园区咏园项目。以中国"雅生活"服务为中心，结合十二大文化系列，用琴棋书画、诗歌朗诵、情景剧等艺术形式表达服装服饰时尚配搭，表现生活、艺术、文化的有机结合。集合宁波海丝艺术馆、武汉国风时尚馆等与首创集团、黔西南布依族苗族自治州政府、兴义市万峰林旅游集团进行线上云时装周展演及香黛宫八音堂实景演出，共同推广以中国非遗传统文化为基础的服装、服饰、文创产品、文化讲座，以线上、线下产品推介、展演，综合保加利亚索菲亚中国文化中心等，以中国文化和产品不同内涵滚动展演的形式，形成对外宣传的窗口，产生中华文化的影响效应。

以上的项目服务于旅游发展的内容和形式，强化了文化对旅游的内容支撑、创意推动和价值挖掘作用，提升了旅游的文化品质和审美品位，有利于培育更高质量的旅游新形态。但严格地说，我国目前旅游业面临着升级换代的强大压力，过去的模式、形态、管理方式，甚至管理者都面临着巨大的危机。单纯依靠景点和"走马观花+X"的方式已经远远不能满足消费者的需求，小打小闹，换汤不换药，仅仅加一点表层彩衣，内里继续延续过去模式，旅游业面临着严峻的困境。新冠肺炎疫情加重了这一危机。线上旅游如何展开并获得市场效应，线上、线下如何结合，高科技如何全面深入介入，对这个重要类别提出了严峻的挑战。

三、文创IP开发

文创的关键在IP开发，没有科技开发的App，文化项目的IP

就无法转化为市场化的运营项目。随着2015年"双创"政策的提出和2017年、2018年国家对"双创"的二次加码，我国文化创意产业的原创水平有了很大的提高，这以近年我国创意发明的知识产权注册量跃居世界首位为佐证。在原创基础上，IP的开发应用成为文化创意产业的原创得以通过产业链获得市场效益的关键通道。这次北京文创大赛着力推出IP的开发转化这一重要内容。在大赛项目征集书中，组委会对这一类别的解读为：以文学、音乐、影视、游戏、动漫、美术、工艺品、原创内容、传统文化、老字号、非遗等优质IP为核心资源，进行原创开发、保护、服务以及衍生品开发。

中国传统IP的开发与转化是对中国传统文化中原本就有的IP、具有鲜明中国文化特色的原创IP的开发和转化，通过多种产业形态，推动中华优秀传统文化创造性转化、创新性发展，以继承革命文化，发展社会主义先进文化，打造文化品牌。北京文创大赛着重对中国传统经典IP的开发与转化，包含红色IP、非遗IP、传统手工艺IP和名著IP。其中需要对非遗IP和传统手工艺IP进行区分。

红色IP。仙童戏剧致敬华语经典项目，启动了舞台剧《上甘岭》这一具有革命意义的原创IP创制，为纪念抗美援朝战争70周年、中国共产党成立100周年，通过弘扬"上甘岭"精神关照当下现实，鼓舞时代信念。

非遗IP。获得"歌华传媒杯·2020北京文化创意大赛"北京赛区组委会特别奖的"非遗进化论新起点北京匠心文化"（如子〔北京〕文化艺术有限公司）围绕非遗拍摄制作了微纪录片《非遗进化论》，介绍了传统戏剧、传统技艺、传统美术等不同门类的非物质文化遗产项目，关注了默默坚守的普通传承人，展现了社会所需的职业精神，探讨了传统技艺的孕育、进化、发展和创新历程。薪火不息，绵延传统文化的永恒魅力；绝学有继，铭刻民族精神的独特印记。尤为特别的是，依托微纪录片，项目力推非遗文化的可视化（真人秀）、AI化（AI互动体验馆"非遗进化实验室"）、数字化（VR古代胜景）、场景化（天桥"武馆〔镖局〕"主题民俗酒店）、市场化（时尚集团引进化妆品、服装、家居、健康、饰品等知名品牌参与非遗转化）、娱乐化（流量明星加入《非遗进化论》摄制）、年轻化（培养一批喜爱非遗的年轻网红，举办"金秋北京时尚十二时辰非遗带货节"）、云端化（"新华网—云展"平台）等。

"后海兔二爷"（知闲视觉〔北京〕传统文化有限公司）是由北京非物质文化遗产"兔爷"演进而来的新文化IP。从2017年创立之初起，它就在内容上不断挖掘传统民俗和现代生活中的美好元素，再转化为设计力量植入产品，通过精细化的粉丝运营，积累口碑，将"兔爷"这一传统形象不断完善，变成一个内容丰富、寓意美好的国潮IP。

"伞语"——以梁祝为主题的油纸伞智能文创产品（文创类初创项目）。本项目以油纸伞为载体融合梁祝爱情故事，使中国传统非物质文化遗产与现代交互科技产生创意碰撞，通过植入力敏、湿敏、距离等传感器技术来增添文化创意产品的趣味性、交互性和功能性，以满足年轻消费者的求奇心理、审美趣味和精神需求，给予他们全新的体验。它将文创产品的文化内涵、外观造型和游戏互动集于一身，实现了对传统文化的创新、传承与传播，发挥了更大的现代价值。

传统手工艺IP。"清式民居屋灯"（北京星汉古韵文化发展有限公司）创意来源于清代民居，清朝建筑突出了梁、柱、檩的直接结合，减少了斗拱的作用，从而简化了房屋结构，节省了大量木材。民居屋灯追本溯源，利用了相同的原理设计而成。每一个部件不只有功能性和装饰性，还包含了不同寓意。新设计的屋灯采用木板材质，在木板上手工打磨出连接点，用类似木砌和榫卯的方法连接，木板特意加厚，保证了整体美观和坚固。

获得"歌华传媒杯·2020北京文化创意大赛"北京赛区一等奖的是"唐块积木（中国榫卯积木）"（北京九天方圆科技发展有限公司）。斗拱是中国建筑文化的精华，在中国建筑史中占据极其重要的地位。但由于斗拱的专业结构特性，普通老百姓了解得非常少。该项目将斗拱的演变浓缩在一系列的产品中，让老百姓了解到榫卯斗拱的精妙，了解到中国古建历史的伟大。

名著IP。"水墨丹青群英会"（北京木有文化科技有限公司）立足图书出版，打造中国经典IP，以水墨丹青宣纸原画为载体，重塑经典名著。已出版的《幼三国》系列连环画作品，向中国少年儿童弘扬中国优秀传统文化里的仁、义、礼、智、信，并对广大群众耳熟能详的三国英雄的童年加以改编，引导中国少年儿童形成传统价值观，出版了《小张飞》，还将陆续出版《小赵云》《小吕布》等。《幼水浒》《幼红楼》等系列作品也会面世，并进行版权海外输出，使中国优秀传统文化走向世界。未来，名著IP将发扬光大，构建起一块中国英雄版图，使名著深入人心，成为中国少年儿童成长过程中必读的图书，由此实现衍生品的商业价值。在开发图书产品的同时，将文创类衍生品纳入公司发展的重点，例如手办、玩具、文具、服装鞋帽、生活用品等。公司在北京798艺术中心建立了第一个实体店"幼三国雅集"，把文化艺术产品放到旅游热点中去，招商引资。未来还将在多个城市陆续开设线下实体店，让更多中国英雄形象、传统符号走近孩子、走进生活。

"搜玄录之宸灵纪"（北京双界仪传媒文化有限公司）从中华文化宝库中获取灵感养分，以中华优秀传统文化为核心，将华夏诸子百家等先哲理念包容并蓄，并结合当代正向价值观，创作出以主角群像为主要叙述线索，在灵州大地诸多矛盾冲突背景下，不断探索传承、完善自我、领悟文明、恢复灵州统一的大时代史诗级故事。作品积极诠释了中华优秀传统文化哲学观、世界观、道德观，并通过弘扬传统文化中的济世情怀、礼仪文化、家国梦想，帮助当代青少年建立中华民族人文价值观，培养家国情怀与坚毅不屈的品格和为实现中华民族伟大复兴的中国梦而努力奋斗的中国精神。

"本然造物非遗传习馆"（北京本然造物文化发展有限公司）摆脱了传统的手工作坊式的生产模式，秉承工匠精神，面向百姓，通过把燕京八绝之一"掐丝珐琅工艺"创新为"金丝珐琅画"的形式进行自助（DIY）教学及成品销售，让非遗技艺保留精髓的同时与时俱进，迎合现代人的审美及需求，使其更加深入百姓生活，从而达到真正意义上的活态传承。"金丝珐琅画"DIY课程为本然造物非遗传习馆的主打产品。掐丝珐琅工艺在我国源起元代，跨越了元、明、清三代，并作为皇家专属的手工艺流传至今。本然造物非遗传习馆从传统掐丝珐琅工艺中推陈出新，运用传统工艺保留其精髓的同时进行创新，使传统的掐丝技艺不是仅限于传统的图案样式制作，而是与各种绘画相结合，制作适合于现代人审美需求的工笔画、书法、动漫、唐卡，甚至西方的油画等类型的作品，同时衍生出各类文创产品，如金丝珐琅手机壳、金丝珐琅铜镜、金丝珐琅冰箱贴、金丝珐琅胸针等与现代人生活息息相关的产品。

连接IP转化产业链。获得北京市年度创意潜力的"绝艺非遗"（爱梦〔北京〕文化传播有限责任公司）以"让非遗传承下去"为使命，以产业化实现非遗活态传承。上游签约580余位国家级非遗传承人，在产品层面进行线上、线下重整非遗供应链，在知识产权的层面力图打造头部IP赋能传统手艺。"绝艺"用互联网平台的方式连接区域市场，业务主要涵盖传播、赋能和成交三类，通过内容、教育、体验进行传播，通过非遗IP孵化、跨界营销和网红（MCN）经纪服务进行赋能。另外，通过非遗IP授权、无人零售和垂直电商完成成交闭环。

四、广告传媒与文化消费

这是2020年北京文化创意大赛项目征集的主要方向之一。在《项目征集书》中对这一类别解读为：开发、搭建、运营文化信息的传播媒介，或以已有媒介为渠道，传播相关文化信息，进行相关开发及运营服务。

广告与传媒产业是文化创意产业中的核心门类。广告行业只有一个对象，即人，研究如何通过创意，对人发生作用，即通过创意传播品牌的专业卖点，搭建起产品生产经营者与社会消费者之间的桥梁，以实现社会经济的良性运行。传媒产业是指传播各类信息、知识的传媒实体部分所构成的产业群。它是生产、传播各种以文字、图形、影像、声音、数码、符号等形式存在的信息产品以及提供各种增值服务的特殊产业。传统媒体产业包括图书、报纸、杂志、电影、广播、电视等形式，而新媒体产业则包括了网络、手机、数字出版、动漫、游戏、电子报刊、手机报刊、数字电影、电视电影、网络广电、数字电视、手机电视、移动电视、楼宇电视、IPTV、电子商务、视频、社交、即时通信、无线增值、在线阅读、显示屏、数据库等多种形式。

引领新青年消费的文化项目。以优质文化产品引领青年文化消费，创新满足年轻用户多样化、个性化需求的产品与服务，增强青年民族自豪感和文化自信心。引领新青年消费的文化项目从广告营销、体验式消费、科普、品牌潮流化展开。

1.广告营销

获得"歌华传媒杯·2020北京文化创意大赛"北京赛区组委会特别奖的"彩条屋国产动画电影营销革新"（北京彩条屋科技有限公司）针对原定于春节档上映的动画电影《姜子牙》进行了营销上的尝试，协助光线影业与蒙牛携手推出国漫宣传的电视广告影片（TVC）。围绕"姜太公钓鱼"这一消费者耳熟能详、寓意万千的典故，集结姜子牙、齐天大圣、哪吒等IP人物重新组成一个妙趣横生、引人入胜的"年味儿"故事。这一短片的影响力很大，甚至改变了消费者的观影感受：受新冠肺炎疫情影响《姜子牙》虽推迟到国庆档上映，却让消费者在国庆期间仍保持着对"年夜饭"的期待。

2.体验式消费

"体验式非遗活化"（北京芄莯文化创意有限公司）开发的是由参与者自己制作加工的"半成品"。该项目提供精美礼盒，精美礼盒中装的则是制作所需的全部材料及工具。项目抓住传统手工艺类非遗项目的核心手艺和技法，体现非遗文化价值。不只是作品本身，更是希望通过动手体验，结合传承人老师专业的教学指导和深入浅出的非遗文化知识讲解，以及由各项非遗技艺串联的历史和民俗知识，使参与者深刻地感受非遗、了解非遗的同时，精心制作出独一无二的作品。项目将自主设计的产品与老师的专业讲解相结合，输出为录制的教学视频与产品配套售卖，同时也可通过线上、线下非遗文化体验活动或系列沙龙课程的形式开展。

3.品牌潮流化

"非遗及文创IP的市场营销解决方案"（北京云涂广告有限公司）带着对中国传统文化的尊重，致力于赋能非遗和文创行业，打通线上、线下渠道，进行全方位的文化传播和推广。在项目运行的过程中，通过协助非遗和文创IP进行全链路的市场化运作，系统化地从产品定位、市场研究、文化创新、传播推广和电商销售进行项目的支持和运作，最终目标是形成文化项目的社会影响力和商业化变现。2020年是故宫建成600周年，为了进一步加重故宫作为中国文化形象的分量和在年轻人中的影响力，该项目基于市场研究，找到了宠物人群这个细分领域和故宫之间的紧密关联。作为中国本土的宠物行业领导品牌，麦富迪致力于为中国消费者提供全面的宠物营养解决方案。云涂在年轻人的兴趣爱好和市场需求的前提下，为故宫和麦富迪打造了基于中国文化中"耄耋"（猫蝶）的文化意象，以及全链路的市场传播方案。为故宫和麦富迪分别带来具有年轻人特质的传播项目、文创衍生品及商品，进一步推进故宫的文化意象和麦富迪的品牌形象建设。

"融懿国潮·时尚非遗创新平台"（北京融今文化发展有限公司）获得"歌华传媒杯·2020北京文化创意大赛"北京赛区三

等奖和全总决赛"年度行业引领奖"。该项目基于"非遗+新经济生态"的创新转化平台，主要聚焦于非物质文化遗产的行业研究与传播、产业转化及其应用与发展等相关业务，解决行业目前存在的痛点，以"让大美非遗融入现代生活"为使命，致力于让非遗融入时代、走进生活，真正实现活态传承，积极推动非遗的生活化融入、国际化表达、社会化普及。时尚非遗馆通过"国潮购物+非遗体验+鉴赏打卡+非遗展演"，溯源"匠人、匠心"，展现"国风、国潮"，线上、线下共同呈现，多维度诠释古老非遗与当代设计碰撞融合下的中式生活态度。

"戏精学院"（北京创绎互娱文化传媒有限公司）获得"歌华传媒杯·2020北京文化创意大赛"北京赛区一等奖。①INX戏精学院，主打沉浸互动剧情表演剧场，探索兼具极致表演、沉浸剧情的交互式实景娱乐。依托线下剧场，拓展独立IP的开发与衍生，并致力于打造基于实景娱乐的高品质戏精社群，构建戏精文化产业。为个人用户端（C端）客户提供观演服务，为企业用户端（B端）客户提供团建服务。②基于对中国传统文化的新诠释，以及属地文化的独家探索，戏精学院已经形成独特的故事体系与演绎文化：地处北京的清朝宫廷、明朝江湖，地处青岛的民国饭店，地处象山影视城的大唐盛世。③满足城市人群娱乐消费需求的同时，更以年轻化表达重新诠释了中国传统文化，还为属地的特色文化提供了更加有趣、有料的体验形式，已成为年轻人、新潮品牌、活力公司进行娱乐、团建、跨界的重要选择。

"印特尔活版工房"（北京印特尔传承文化发展有限公司）四大发明探索体验馆，致力于中国古代四大发明的探索与体验和传统活版印刷的保护与传承，并以四大发明探索体验馆与活版工房的形式，在全国各地开设加盟店，目前已经在北京、天津、长春、重庆、济南、洛阳等地开设了分馆。孩子们可以亲自体验中国古代的活字印刷、活版印刷、雕版印刷、手工拓印、手工造纸、指南针等体验内容。让孩子们在动手体验的过程中，深入了解中国的传统文化和历史悠久的中华文明，从而增强自信心和民族自豪感。

"一叶美·天下情"（北京希睿轩文化有限公司）。叶画是中国古老的书画文化之一，以叶作画，经过古法中药炮制处理，才能永久保存不褪色。蒋希女士经多年研究还原了这一传统方法并加以改进，注册了中国第一个叶画品牌——"一叶天下"。该品牌将叶画产品和文化做了最大范围的推广和弘扬，并研发了相关衍生品到快速消费市场，同时推广叶画培训和以绘画为主的研学旅行，让更多人了解中国的传统文化。

4. 文化体验空间

"未来战场电竞2.0"（北京电鲸科技有限公司）将线上已有的游戏模式，通过大空间定位技术，完全移植到线下，建成了世界上最大的真人电竞场地，涵盖了CS、密室逃脱、多人副本、MOBA团战等主流的游戏模式。全方面升级了传统电竞，人的参与不再只靠脑力，更大大融入了体力和毅力，让传统的游戏告别鼠标、键盘，从全新的维度被大众认可，使电竞赛事成为一项真正的体育赛事。

"红松果文化体育运动综合体"（道境都市〔北京〕体育发展有限公司）。红松果TSC运动中心综合面积超1万平方米，聚集了20多种丰富业态，是北京首个城市体育文化综合体。红松果TSC运动中心包含多种体育运动业态，场馆内以3个篮球场为主，以足球、攀岩、滑雪、高尔夫、保龄球、少儿功夫、健身等场地为辅，并且配备智能新风系统和智慧球馆系统，还引进了蹦床、多米诺馆、VR体验馆、玩具工厂、剧本杀体验馆、特色书店等多种娱乐业态。红松果TSC运动中心充分利用自身场馆和资源优势，承揽多种知名体育赛事、北京市学生社会大课堂、企业团建、年会、体育明星见面会等。目前已经成功举办中国篮协MCBA小篮球联赛、NYBO青少年篮球公开赛、中国女篮队长邵婷媒体见面会、王治郅公益训练营等，同时还为同仁堂、以岭药业、费森尤斯卡比、李宁、华为、奔驰等300多家知名公司组织团建、年会活动。

"星光机甲——做中国最好玩的文化科技"（北京星光机甲科技有限公司）获得"歌华传媒杯·2020北京文化创意大赛"北京赛区组委会特别奖。该公司拥有雄厚的文化科技及产业基础，创始人孙长友现任星光艺术总监。作为主创代表，星光参与如北京奥运会开幕式、中华人民共和国第十二届运动会、上海迪士尼度假区内的大型活动及张艺谋导演的"印象"系列、王潮歌导演的"归来"系列文旅项目等，并以2019年整合的有"中国机甲教父"之称的孙世前的工作室、国内文旅主题乐园著名设计及制作企业大连博涛文化科技股份有限公司为核心力量，结合星光技术和产业优势，用高科技机甲光影制造硬核IP。创新科技为文化和旅游深度融合赋能，为城市提供了新经济、新文创完整解决方案。公司成立不久，便成功签约上海、宁波、重庆等地的多个项目，截至2020年末，东阳横店项目、成都天府新区项目、山海关国家长城文化公园项目正在对接中，旨在让世界看到中国的机器人艺术。

"边原满天星"民族文化研学服务平台（文创类初创项目）获得"歌华传媒杯·2020北京文化创意大赛"北京赛区二等奖、全国总决赛三等奖。邻客教育以传播和传承中国多元民族文化、增进国际理解教育、构建文化交流平台为宗旨，秉承"互联网+"的理念，利用"邻客在线"和"邻客研学"，为国内外各学段学生提供优质的在线文化内容和实地文化体验，致力于构建国内外学生文化交流平台，用教育促进民族文化传承。邻客教育旗下产品是由中国教育学会名誉会长顾明远教授等教育专家指导，北京师范大学专业教研团队结合文化特色地区实地调研的一手资料设计课程内容，采用"线上先修—线下深入"的新型研学模式，用研学前的线上课程为线下研学做好铺垫，研学过程中则采用问题驱动教学法（PBL）项目式学习增进文化理解，研学结束后，助力学生的成果产出，实现研学前中后一条龙服务，促进学生深度文化研学。

"弘珐琅艺术手作空间"（北京市石景山区朵云文化艺术服务中心），通过科技，与非遗传统工艺掐丝珐琅近距离接触，在快乐的休闲艺术时光中，玩色荧彩，传承文化，让生活绚丽斑斓。中央美术学院的艺术团队将带您叩响"珐琅"世界的门环，敲开时间之美的大门。

"汉拓存真——四灵瓦当拓印体验套装"（北京厚仓文化传媒有限公司第一分公司），是厚仓美育在汉画系列课程后研发的全新文创产品，集视频、音频和可以动手体验的传拓操作于一身，精选传拓所需要的工具、材料，配以视频教程和音频在线解说，全方位地介绍传拓文化，并指导用户进行传拓体验。用户在体验传拓过程的同时，亲手制作的拓片不仅可以作为礼物馈赠给他人，而且能够讲述其背后的文化知识，对于传播历史文化、推动传拓的普及有深远的意义。传拓需要集中精力、耐心细致，可成为培养儿童性情及审美的手段，也可作为成人日常舒缓情绪、排遣压力的工具。

五、结语：文创，走向高质量发展新阶段

到2020年末为止，北京文化创意大赛是规模最大的全国性的文创类大赛。从目前发展来看，已经逐步进入贯彻习近平总书记新发展理论、开辟文创发展的新阶段，成为构建文创新格局的新潮流和大平台。作为全国文化中心，北京在我国未来文创发展

中将进一步发挥引领、示范和统合作用，带领我国文创界转型深改，实现高质量升级换代，走向发展的新高度。

设计是文化创意产业的核心，是供给侧结构性改革的关键，也是北京文化创意大赛的关注中心和全球创意经济发展的动力。说到底，创意是一种美学，是一种文化，更是一种生活，要将设计、创意和艺术融入生活方式中。大赛对创意设计的细分类别包括了平面设计、服装设计、产品设计、工业设计、景观设计、设计服务、设计平台和各种网络设计，几乎分布在大赛百强中的绝大多数项目中。虽然本文没有专章论述，但绝艺非遗、后海兔二爷、VR+BIM家装设计平台、冰雪文化创意主题产品、Humans of China等都通过创意设计向世界讲述中国故事。

在文创应用场景领域中，文化资源数字化转化和开发是一个重要的类型，百强项目中多数都与此有关。对文化资源进行数字化转化和开发，让优秀文化资源借助数字技术"活起来"，将所蕴含的价值内容与数字技术的新形式、新要素结合好，实现创造性转化和创新性发展。支持文化场馆、文娱场所、景区景点、街区园区开发数字化产品和服务，将创作、生产和传播等向云上拓展。支持文物、非物质文化遗产通过新媒体传播推广，鼓励线下文艺资源、文娱模式数字化，创新表现形式，深化文化内涵。鼓励依托地方特色文化资源，开发具有鲜明区域特点和民族特色的数字文化产品。

近些年，在与科技融合、数字融合中获得快速发展的文化教育已经成为文化创意大赛的重要类别。在规模、盈利、融资发展前景上都引起了评委和大家的关注。如飞熊无人机人工智能文化教育、生涯教育解决方案、中国音网音乐教育、疫情后时代的心理+社交知识付费平台伊语读心、渊集经典深度阅读、印特尔活版工房、艾小π等都显现了成熟的产业形态和盈利模式，还有一些与生态和自然相关的文化教育产业项目，如全球花植自然教育综合体、树行途生态教育、惊奇地球——"地球"动漫新文创新商业平台、小核桃养育管家等，发掘出了更高的文化需求，包括在新时代美好生活中的孩子和孩子背后年轻母亲的需求。文化教育类项目在百强中占比不少，有些还进入30强，形成了文创不断成长的新组团。

在项目征集中，大赛还列出了一个"其他项目"，其中包含文创产业中的文化装备。这是指为满足文化生产与传播需要而提供的各类专用材料与设备的研发、制造以及相关配套系统集成服务的产业经济形态。具体包括广电影视装备、移动互联装备、印刷装备、舞台演艺装备、影院装备、游戏（艺）娱乐装备、文化教育装备等。这是一个过去文创产业关注不够的行业。随着产业整体升级，基础设施的升级已经成为摆在文化创意产业决策者面前的必选课题。

新型基础设施建设可以从四个方面得以认定：传统类型文化基础设施的转型升级、在线文化基础设施、融媒体文化基础设施和虚拟文化基础设施。在由政府主导的公共空间来承担公共文化服务功能之外，民营或市场化的文化基础设施也是不容小觑的重要力量，是满足广大人民群众文化消费需求的重要场所。随着技术的不断升级，这类升级过后的传统文化基础设施成为百强项目中的重要组成部分，主要从产业园区、文化体验空间和可移动的文化服务三个角度来展开。在线文化基础设施主要是三种类型的设置基础：综合服务平台、数字资源库和行业协作平台。百强项目中出现了基于内容资产和基于媒体资源的两类融媒体文化基础设施。虚拟文化基础设施基于虚拟现实技术，并服务于虚拟云平台，是新兴的文化基础设施，在项目中占比很小，但具有巨大发展潜力。

（本文与意娜合作完成）

"十四五"期间
科技创新能解决文旅发展的那些痛点问题

——答《中国文化报》记者问

记者：我国文创发生了哪些重大变革？

金元浦（以下简称"金"）：我国当前创意经济已形成新梯形结构与层级模态。我国文化创意产业经过20年的不断发展，已形成由文化创意新航母发展模态、创意企业大发展的独角兽模态和培育千百万创客的满天星斗模态三个层级构成的创意经济的新梯形结构（图1）。

培育千百万创客的满天星斗模态是这个层级结构的基础。它由"双创"（大众创业、万众创新）战略持续推动，在国内建立了百万个创客空间。千百万名青年在这里实现了创业的梦想。这是我国文化创意产业升级换代的动力层。一方面，大量青年学子走上创业道路，形成了国家走向原创大国的人才储备库；另一方面，他们创办的百万家小微企业不断发展壮大，在创新、创意、创造的理念引导下，向独角兽模态进发。

```
        文化创意
      新航母发展模态
    创意企业
  大发展的独角兽模态
培育千百万创客的满天星斗模态
```

图 1　创意经济的新梯形结构

这一梯形结构的核心和关键还是文化创意新航母群的领军模态。首先，文化创意产业在走向高质量发展中，进行了产业内部的"洗牌"过程，实现了行业的升级换代。原先处于龙头位置的出版产业、旅游产业、演艺产业，甚至电影产业、电视产业都遇到了发展的瓶颈。而一直处于末端的中国互联网相关文化创意行业成为中国文化产业的高端产业、核心产业、领军产业、先导产业。从我国经济看，首先，文创产业已真正成为我国经济的重要支柱产业。其次，文化创意新航母舰队群的重要标志性特征是它与数字时代大数据、人工智能、云服务、区块链、移动网、物联网、大视频等融合为一体，已跨越领域、行业边界作业，建构了创意经济的融合新形态。这个形态与全球创意经济的发展方向是一致的。在与发展和改革委、经信委、科技部提出的"数字创意产业"的提法协调一致上，也需要继续举起创意的旗帜。一些人固执地坚持摒弃创意，是对创新这一党的十八大以来中央放在首位的理念理解不到位，是在新的发展阶段忽视了形势的发展变化，是不符合我国文创大业发展的现实的，也是缺乏远见的。最后，在新的统计指标之下，我们也可以允许一些地区先走一步，如北京、上海、杭州、成都等城市的文化创意产业试验。以往的经验证明，恰恰是北京文化创意产业的理论和实践的引领，才使得国家统计指标一改再改，更切合我国文创发展的现实。全国很多地区和城市也是在创意的引导下，取得了众多开创性的成果。实践要求我们必须变革理念。

记者：您提到了独角兽，多次强调文创独角兽对我国文化产业的未来，对文化、经济、消费的重要作用，那么，为什么要特别关注培育文创独角兽？

金：创意企业大发展的独角兽模态是层级结构承上启下的重要支撑。一方面，它是潜力独角兽企业在国内外严峻竞争环境中成长的平台，必须不断向文化创意新航母发展层次推出独角兽与超级独角兽，并推动其上市，退出独角兽平台，进入文创新航母群发展形态。另一方面，它必须大力开放平台运营，选择和扶持理念先进、设计前沿的创客企业，推动金融机构进行风险投资，更多捕获潜力独角兽。同时邀请新航母舰队层次的旗舰企业，按照其综合发展的需求，延长其企业生态链，发现、培育和捕获更多独角兽。

记者：文化和旅游部发布了2020年度文化和旅游信息化发

展典型案例①。在您看来，这些案例有哪些创新亮点？会给广大消费者带来哪些大的改变？

金：文化和旅游部发布的2020年度文化和旅游信息化发展的58个典型案例，很有必要，也很及时。从总体上看文件有两个特点：一是坚持以成熟经验，典型引领；二是强调从现实出发，从基层出发，从实际调研成果出发，从实践经验出发。新冠肺炎疫情以来，中央已经发布了不少相关文件，大都从宏观总体上指导文化旅游的发展。58个案例都是事件中的优秀案例，具有具体操作层面的借鉴意义。

这些案例总体上的亮点是将文化旅游与5G背景下移动网、大数据、云服务、人工智能、物联网相融合。也就是说，文旅部将推动高科技与旅游的融合作为推动文化旅游高质量发展、实现产业升级换代的重点。文件以典型案例来指导和引领全国相关景区、企业、服务单位和项目，在新冠肺炎疫情的态势下是务实之举。具体来看，58个案例名称中，用词最多的是数字、数据、智慧与云。显然，文件主旨就是推动文化旅游向高科技方向发展。其中智慧与智能占比最高，超过总数的1/3，其次是以云平台与云服务、数字为核心词的项目，还有以"一部手机"为主词的三个相同项目，足见推举之力。

记者：您怎么看5G、云计算、大数据、人工智能等信息技

---

① 《文化和旅游部科技教育司关于发布2020年度文化和旅游信息化发展典型案例名单的通知》，https://www.mct.gov.cn/whzx/bnsj/whkjs/202006/t20200612_854400.htm，访问日期：2021年3月9日。

术在文旅行业中（如服务、管理、营销、体验等）的应用价值？能解决文旅发展的哪些痛点问题？

金：5G背景下的云计算、大数据、人工智能等信息技术对于当前文旅行业具有重要应用价值。首先，在文旅产业服务上，采取了大量的云服务、云平台、智能平台、移动网平台（一部手机），大大提高了我国旅游的服务水平。传统的旅游，服务链条未建立起来，相关信息是孤立的，只能是由一个导游引领全线的服务方式，因此只适用于过去的旅行团旅游方式。现在的旅游与休闲、研学、游戏、探险、美学、艺术、体育以及健身、医养等相结合，呈现出目标多样化，对象和方式也出现了自驾、民宿、特色小镇、非遗、美丽乡村景色等。需求变了，方式变了，手段变了，追求高了，节目新了，最终深感：旅游变了！不变也得变！

记者：您认为以数字化内容为核心的文旅信息化产品是否具有可复制性？在借鉴参考时要注意哪些方面？

金：具有一定的技术可复制性。各地的云平台在技术上是大致相似的，比如本次甄选的十多个云平台和一部手机游云南、一部手机游甘肃、一部手机游延庆，技术上大致相似，也各有特点，各地各园区的文化内容是不同的。其实，不管用什么高科技，根本还是内容为王，还是要找到每个地域、每个城市、每个企业的文化之魂，找到那个唯一的独特性。我们努力破除"资源魔咒"，去寻找每个地域、每个城市的"新文脉"。何为文脉？文脉是"千流一源、万法归宗、理一分殊、一以贯之",是文化地的历史主线和与时俱进的当代创为,但文脉需要按照城市的建设和产业发展的需求重新解释,因此我提出新文脉是"在新的当代城市变革与竞争中一个城市有历史承续而来的新的文化主线与文明之魂"。

同时,我认为依托于大数据与人工智能的文化旅游、数字创意产业是文化产业重要的前沿形态。在大力推动大数据、人工智能等高科技的同时,必须对数字创意产业进行对位性的伦理文化监督检测。而加强数据管理、保护人民群众的隐私权、防止个人隐私信息泄露,就成为国家治国理政的重要议题,也是人民至上理念的具体实施。

记者: 疫情给文旅业造成重创,但"科技+文旅"逆势上扬,"云直播""云旅游"成为热词。您认为文旅企业应该如何面对危机,构建面向未来的核心竞争力。

金: 新冠肺炎疫情对我国文旅影响得相当严重,却让文旅与科技的融合有了某种加速度和推进剂。而且,上云成了普遍的尝试:"云直播""云旅游""云服务""云监督"。但是,旅游毕竟是"行走的实务",旅游企业是要养活自己、追求利润的市场化个体;旅游文化是既关注历史又紧握当下的新文脉。在满血复产并达致新高的目标面前,我们还需要认清高质量发展的艰巨性。

记者: 如何看待区块链?

金: 全球各国对区块链采取了不同的战略。我国在区块链新兴领域的战略是"走在理论最前沿、占据创新制高点、取得产业新优势"。"智能+"时代,数字文化产品面临盗播、盗版,版权拥有者利益受损、原创积极性不高,头部 IP 和腰部、尾部相差悬殊等问题,导致数字文化产业整体创新力不足,而区块链技术倡导的公开透明、去中心化、智能合约降低成本和提升效率等理念,为突破这些瓶颈提供了有效途径。

然而,区块链初期比特币的疯狂涨跌,带给各国不同机构、不同企业从极力推动到坚决抵制的不同战略、策略选择。在种种疑惑中,习近平总书记高瞻远瞩,明确提出努力让我国在区块链这个新兴领域走在理论最前沿、占据创新制高点、取得产业新优势。这是我国区块链研究和实践的动员令、进军号,也是国家重大战略策略的具体部署。区块链技术的集成应用在新的技术革新和产业变革中起着重要作用,对于我国文化创意产业高质量发展也具有十分重要的意义,在版权确权、版权保护、征信管理等方面将发挥重要作用。特别是在数字创意产业的资产运营和贸易服务、投融资等金融服务,文化创意产品的供应链、消费链管理,创意与人工智能技术的融合创意,创意产品的流通与物联网传输、数字商务与跨境电商等领域都有广阔的应用前景。

文化创意装扮美丽中国

党的十八大上,"美丽中国"的提法一经提出,立即引起海内外的强烈反响和共鸣。美丽中国,转折时刻的创新理念,成为引领中国未来发展的关键词之一。

一、美丽中国,首先是一个生态理念

经历了30多年经济社会的高速发展,我们今天面对着资源约束趋紧、环境污染严重、生态系统退化的严峻形势。如何尊重自然、顺应自然、保护自然,与自然为友,实现可持续发展,是当下中国面临的重要课题。推进绿色发展、循环发展、低碳发展,树立新的生态文明理念,进行生态文明的实践,才能实现中华民族永续发展,实现古老中国恒久美丽的千年祈愿。

江苏省无锡市灵山,有个拈花湾小镇,是依托马山景区打造的"旅游+地产类"的禅意小镇,一个集吃、住、游、购、娱、会务于一体的禅文化主题旅游度假区,这几年来蜚声国内,成为以禅意文化为主题的特色小镇,在文创—旅游界产生了很大影响。

禅文化是拈花湾整体设计的文化精髓,项目整体规划以禅文化为主导思想，策划了"五谷""一街""一堂"的主题布局，并配以禅意的命名体系。如在项目主入口设置了云门谷景点，寓意跨过云门谷，便从红尘进入了禅境。位于禅心谷中的会议中心也充满禅意，与之配套的主题酒店掩映在山湾深处，半圆形的围合设计是一种"抱缺"的禅意。鹿鸣谷中高端禅修精品酒店仿佛从林中坡上长出，与自然相融。

它的一些细节是对自然深怀敬意的建设者们，从一片瓦、一丛苔藓、一堵土墙、一块儿石头、一排竹篱笆、一个茅草屋顶开始小心翼翼甚至战战兢兢地打造的。这是在为过去赎罪吗？曾经为了发展经济大肆毁坏山林，污染河谷……今天，在拈花湾，中国在自然回归，与自然握手言欢，与山水亲眷相拥而笑。

讲一个关于茅草屋顶的故事，那是一个会呼吸的禅意建筑。拈花湾的设计和建造者认为，这里的禅意建筑和景观都是"会呼吸的"，就是要从自然中生长出来。为了让苫庐屋顶最大限度地达到自然禅意的效果，分别从江苏、浙江、福建、江西和东北，甚至印度尼西亚的巴厘岛等地方选择了20多种天然材料，同时将能够找到的最好仿制品拿来，放在一起进行日晒雨淋等各种手段的反复试验比对。在这其中初选出8个品种，请包括巴厘岛在内的当地工匠，在现场搭建茅草屋顶的样板，再进行为期100天的户外综合试验。

在这场严苛的试验中，他们淘汰了虽然防腐性能好，但是美感欠缺的所有仿制材料，也淘汰了虽然自然优美，但是不耐腐蚀、使用年限短的大部分天然材料，最终找到了两种既牢固耐用又美观自然的天然材料。一个小小的茅草屋顶，整合了18家专业机构和企业的资源与力量，前前后后"折腾"了13个月。

拈花湾还有一个大巧若拙、重剑无锋的竹篱笆的故事。原本最简单的庭院竹篱笆，在拈花湾却演变成最复杂的工程。经过数月的尝试，换了好几个施工队伍，竹篱笆就是难以令人满意。浙江安吉、江苏宜兴、江西宜春……许多国内著名毛竹产地的工匠都来试过了，空灵的禅意、艺术的质感、天然的美感、竹制品的韵律感、建筑需要的功能性……综合大家的力量，也不能做到全部兼顾。

而建造者们坚持一定要达到最好、最全面的效果，于是将视野放大到国外，寻找大匠来指导。几番苦苦寻觅，终于在国外找到两位70多岁的匠师。他们做竹篱笆已经30多年，一辈子只专注做这一件事，还是竹篱笆"非遗"传人。

选竹、分竹、烘竹、排竹，编织手法、竹节排布技巧、结绳技法……竹篱笆在拈花湾不仅是一个闪耀工匠之心光芒的系统工程，而且是一个惊世的完美的艺术作品，闪耀着自然美的光芒。

第三个故事是苔藓的故事。分布于拈花湾庭院、池边、溪畔、树下的苔藓，是最不起眼的自然景观，却成为营造禅意最重要的因素之一。苔藓受空气、阳光、水分、土壤酸性等多种因素影响，很难大面积移植成活。拈花湾的苔藓铺植，成为一个一个"傻子"做的傻事。拈花湾的每寸苔藓，都是从遥远的大山来到拈花湾的，从临安、萧山、宜兴、湖州、吉安及天目山、雁荡山、武夷山等自然生态极好的山区，经过层层严格的选拔运送而来。建造者们专门设立了一个苔藓基地，将入选的苔藓，植入拈花湾的泥土，并安排一位农学专家带领一个团队，每时每刻悉心照料呵护。

一个月过去，五千克的入选苔藓死了好多。另换其他山区的苔藓再来，三个月过去，这次大部分活下来了。加大移植量再试，又是三个月过去，这次全部活了，接下来将大面积的苔藓移植到拈花湾每个庭院中去。为了让苔藓在拈花湾快活地生长，每片巴掌大的苔藓都要整三次地形、浇三遍水，一块桌面大的苔藓，要花上一整天的时间。六个月过去了，大山中的苔藓在拈花湾安家落户，鲜活疏朗，禅趣盎然。而这本身就是一种缘分，拈花湾明媚的阳光、温润的泥土、洁净的空气、适宜的水分，还有主事者和园艺师们的用心，都构成了最关键的助缘。

什么都不用说，爱自然，懂得中国人"天人合一、道法自然"的内涵，我们就会理解创建者们水滴石穿、抓铁有痕的境界，只有用心到极致才会被人视为草痴。这是一种对美学锲而不舍的追求。而在禅宗里，叫"不放不住，方可久持心念"。

从自然山水到禅园，是禅意、禅修、禅悟，然后是禅闲、禅居、禅商。竹溪谷是整个拈花湾中最具有"禅意旅居"价值的度假山谷。从北往南看，竹溪谷是拈花湾的第四个山谷，是"五片花瓣"中的第四片花瓣。独栋酒店式公寓，安卧山坳，却视野开阔。

银杏谷位于灵山小镇拈花湾的中部，当年是周边几个自然村落的中心，是拈花湾的地理中心。从北往南看，银杏谷是拈花湾的第三个山谷，是"五片花瓣"中的第三片花瓣。

鹿鸣谷——生态禅谷区，是灵山小镇拈花湾最东北面的一个狭长山谷，是"五片花瓣"中的第一片花瓣，此处圈养了五只小鹿，还"藏"有高端禅文化艺术私人会所。

无锡灵山小镇拈花湾，就是这样一个由"自然之友"反复磨砺出来的新自然奇观，是美丽中国自然美的经典。

自然世界的美，其本质并不在于自然的自然属性或自然形态，而在于人类对自然的改变过程。人类通过改造自然的实践活动改变了人与自然的关系，将自然与人的异己的、对立的关系转变为与人相关的、为人服务的关系，变成人类眼中的"人化的自然"。而今天这种改造已经发生了根本的变化，这就是要将一切为人的以人为中心的关系改为人与自然为友的亲缘关系。所以今天的我们必须在自然的生态环保前提下恢复和重建新的"自然的人化"环境。

美丽中国就是由千姿百态的自然美装扮的。

二、创意美学，创造中国的美丽

美丽中国不仅是一个生态理念，更是中华民族更宏伟、更长远的文化—文明理念。生态问题绝不是孤立的自然和环境问题，而是与经济建设、政治建设、文化建设、社会建设各方面紧密融合在一起的文明形态。而在美丽中国的内涵中，除了美丽山川、美丽江河，必然地包含着美丽社会、美丽文化、美丽人生和美丽心灵。

我们看看李子柒——一个能在稻田里插秧、竹林里挖笋、荷塘里采莲、森林里纵马扬鞭的美食视频博主，一个美丽中国人。

她的微博有2000多万个粉丝（Fans），而B站粉丝才220万个，抖音粉丝2249万个，她发在公众号上的文章，篇篇阅读量超过10万人次。2016年，她因为以"古法风格"形式发布原创美食视频而走红网络，被誉为"2017第一网红"。2017年4月，李子柒制作秋千的视频在美拍上点击量突破1000万次，全网播放量8000万次，点赞超过100万次。

2018年，李子柒的原创短视频在海外运营三个月后获得You Tube银牌奖，粉丝数破100万个，被国外网友称为"来自东方的神秘力量"。2021年2月28日，她获得"2020微博之夜微博年度热点人物奖"。

2021年2月2日，吉尼斯世界纪录官方微博宣布：1月25日，中国短视频博主李子柒以1410万次的You Tube订阅量刷新了由她创下的"最多订阅量的You Tube中文频道"的吉尼斯世界纪录。而最初她的You Tube粉丝735万个时，就与美国影响力最大的媒体美国有线电视新闻网（CNN）不相上下。她的每一个视频播放量，几乎都在500万次以上。

这是为什么？

看看李子柒的作品：《一棵蒜苗的一生，最难割舍的家常滋味——大蒜》《骑马踏青，取花为食，才不辜负春日好时节——上巳节》《当烙锅遇上缙云烧饼，你以为有故事？并没有！》《用黄豆酿一壶传统手工酱油，中国味才养中国胃》《正值寒冬吃点生姜，就能暖和一整天！》《尝一尝烤红薯的香甜和酸辣粉的鲜辣》《驱散湿气的暖胃汤锅，番茄牛腩带来的味觉盛宴》《水稻的一生》……

她用这些短视频展现中国食物的烹制过程、制作刺绣等传统中国手工艺品以及乡村田园生活，在海外走红。微博知名美食博主、微博签约自媒体人，她被老外称为"东方美食生活家"。她的粉丝来自全世界各地，尽管外网的视频中没有配英文字幕，但这并不影响粉丝们对她的喜爱。这就是李子柒，一个不但在中国出名，也在国外硬实力圈粉的姑娘。无数人在她的视频里看到了中国的田园生活。

她的第一个视频，是用手机拍摄、手机剪辑的《桃花酒》，连个特写都拍不清楚，但成品画质相当感人。每一个视频，从拍摄到剪辑，她都需要花费好几天的时间。随着不断努力摸索，她拍摄视频的水平渐渐提升，并获得了广泛关注。面对一些人的质疑，李子柒不断用她的作品，在隐忍中继续为梦前行。她后来在采访中说，一想到有那么多人喜欢她的视频，就舍不得放弃。

2019年12月6日，《人民日报》发表评论《文化走出去，期待更多"李子柒"》。12月8日，关于"李子柒是不是文化输出"

的话题在微博的阅读量超过8亿次；12月9日，共青团中央新浪微博号发表文章《因为李子柒，数百万外国人爱上中国》；12月10日，新华社发表评论文章《读懂"李子柒"，此中有真意》，对"李子柒"走红现象进行了解读；同日，央视新闻在评论《我也蛮自豪，因为我就是李子柒作品背景里的一个点》中指出，没有热爱就成不了李子柒。李子柒正是如此深爱着一个藏在深山中的文化中国，才让亿万名粉丝产生共鸣。她成了中国文化的传播者，成了会讲中国故事的故事大王。

2020年5月19日，中国农民丰收节组织指导委员会正式设立"中国农民丰收节推广大使"，李子柒受聘担任首批推广大使。

2020年8月，李子柒入选第十三届全国青联委员。

2021年2月28日，李子柒获2020新浪微博之夜微博年度热点人物奖。

从美学看，新时代，互联网高科技与后现代的视觉文化的融合，创造出了美丽中国人。

美丽中国，来自美丽中国人，来自美丽的李子柒们的奋斗。

美丽中国是一本美学大书，您可以徜徉于书中美丽的人文世界。

三、城市与时尚，按照美的规律建造

什么是美丽中国的生活美学？它包含着审美的日常生活化和日常生活的审美化，包含生活的艺术化与艺术的生活化。站在更高的基点看，美学与艺术一直是文化创意产业最重要的基础和方向，是全球世纪之交的发展方向。城市，将成为一件富于魅力的艺术品；人，诗意地栖居，从自然的人、社会的人成为审美的人。每一个公民，都要有一双能够欣赏形式美的眼睛和能够欣赏音乐美的耳朵。

今天，美丽中国到处都呈现出生活之美。那是我们这个时代最显著的变化。无疑，审美的、艺术的、文化的栖居是人类的本真的存在，是文明表达的高级形态，是人区别于动物的显著标志。在经济全球化的今天，每个城市都以它不同的文化特色，形成自身的亮点和影响力。文化特色越强，城市影响力就越大，社会经济发展就越快。在当前中国新型城镇化进程中，大量的旧城改造（尤其是县级城市改造），一定要以"艺术城市"的理念进行规划。创造"艺术城市"要结合生态旅游、文化旅游，挖掘当地未挖掘的历史和传统文化，形成地域性的特色城市；要站在全球旅游、特色旅游角度进行城市规划；要从"影响力、标志性、艺术性、公共性"四个方面评价城市雕塑与公共艺术建设；要将构建"艺术城市"与区域经济、文化产业发展相结合。

以"艺术城市"概念为指导，充分利用我国丰富的历史文化、人文文化遗存进行城市规划建设，将会让城市的形象更加鲜明、更加美好，将会产生一大批经得起历史考验的，又极具个性风格的艺术城市、文化城镇，必将使我们的民族文化升华，同时，也会给我们各个城市带来规模化的文化产业经济效益。

以"艺术城市"概念指导城市规划建设，是对我国城镇化由速度扩张向质量提升转型新模式的有益探讨。如何打造"艺术城市"特色县（市、镇）？首先，必须明确使命、价值和愿景；其次，制定出特色县（市、镇）主题文化发展战略；再次，将其分解为系统的、可执行的目标和方略；最后，实现打造"艺术城市"特色县（市、镇）的宏伟目标。

主题文化是形成"艺术城市"唯一性的文化形象和品牌概念。构建"艺术城市"主题文化的目的和战略意义，就是塑造"艺术城市"主题文化内核、铸造主题精神气质、张扬主题经济态势、彰显主题建筑风格，以此形成"艺术城市"历史文化、民族精神、社会经济、城市形象的高度统一和完美结合，形成"艺术城市"独一无二的形象和品牌，并拥有核心竞争力。

以广西灌阳县为例，创建"艺术城市"特色县，必须首先构建灌阳县的主题文化，从而使灌阳的形象和品牌鲜明地凸显出来，才能形成热点，吸引注意力，树立品牌形象和标志性符号。以灌阳县主题文化彰显灌阳县的特质，从而形成灌阳的特质资源，以此，在全球一体化的竞争中进行角色的全新定位，在差异化的竞争中获得独有的主题文化优势，进而在竞争中立于不败之地。

灌阳创建"艺术城市"特色县，就是一切以人为本，以自然为亲眷，引领发展潮流，从根本上超越城市的局限性，创建未来的城市。未来的特色灌阳，概括起来就是"山水画、田园诗、生活曲、梦幻情"，是"山水城市、园林城市、生态城市、森林城市、文化城市、创意城市、数字城市、度假城市、情感城市、友好城市、立体城市、幸福城市"集大成的特色城市。公共艺术代表城市的思想文化、价值观、特征和层次,是一种当代文化的形态,是城市的精神财富,也是一个城市发展成熟的标志。

拥有良好公共艺术的城市,才是一座能够思考和感觉的城市。它具有一股强大的力量,能够长时间地影响公众的精神状态与对周遭世界的认知。它也会成为城市身份的标识,在塑造城市的独特性格方面发挥重要的作用。

公共艺术设计,就是结合空间场地需要,结合自己的设计理念,给大众以潜移默化的审美影响。说大点,酒店、马路、广场、博物馆、公园等很多人去的地方都是公共空间。

四、美丽中国,赋能创意产业、创意经济

美丽中国也将是一个紧密联系经济和产业发展的理念,并施诸现实实践。毫无疑问,美丽中国将助力创意产业。创意产业是低碳、生态、绿色的无污染产业,是高效的、高附加值的高端产业,也是我国经济转型升级、实现科学发展的目标产业形态。也就是说,未来的创意产业将成为未来国民经济的支柱性产业,将成为推动一个个城市走向富足、雅致、艺术与美的产业。因为创意产业本来就是人类最接近于艺术的产业,是最时尚的产业,是最大众的文化产业,是最富于文化体验的产业,是创造和生发人们生存—生活意义的产业,是中国公民在新的发展基础上提升生

活质量的产业。

美丽中国将对文化服务和创意产业提出巨大的需求,美丽中国将开拓一个关于美丽的巨大"市场"。它将激发一大批新的文化创意诞生,催动一系列新的创意产品"出炉"。文化创意将装扮美丽中国,赋能美丽中国。从视觉传播到文化旅游,从影视戏剧到网络文化,从动漫游戏到体验经济,从休闲娱乐到健身养生,从创意设计到广告传播,全面助力中国文化创意经济的新发展。创意经济从未来时态走向现在进行时。

为什么说文化创意产业乃至创意经济将赋能美丽中国呢?创意产业、创意经济具有什么基本性质呢?

创意产业、经济的基本特点可以从创意需求、创意产品、创意人员等三方面来探索,包括需求的不确定性与产业的风险,创意产业的消费社会高层次经济形态特质,创意产品的多样性与差异性:纵向区别与横向区别。

1. 需求的不确定性与产业的风险

创意产业生产的产品不再是过去时代的基本的物质性产品,而是精神性、文化性、娱乐性、心理性的产品。随着人们生活水平的提高,对这种精神性产品的需求在总体上日益增加,需求量越来越大,这是创意产业发展的根本原因。但是对于每一个具体的产品,如电影、电视剧、广告片、MTV、动漫、网络游戏来说,这种需求又有很大的不确定性。每一创意产品对于消费者需求来说,存在着时尚潮流、个体嗜好、传播炒作、时机选择、社会环境、文化差异、地域特色等多种不确定因素,因而也大大增加了创意产品的风险。

从当代经济发展来看,创意产业无疑是风险产业,对创意产业的投资是一种风险投资。风险投资被认为是当代经济增长的发动机。它以知识创新与高新科技为支持体系,具有可能的高收益、高回报和高增长潜力的特性,但这种高收益也可能遭遇风险。即使是十分成熟的好莱坞电影,同一个著名导演,也无法保证他的每一部电影都能成功。成功与风险并存,这就是创意产业的魅力。

2.创意产业的消费社会高层次经济形态特质

当代创意产业的蓬勃发展,使得创意产品成了买方市场,而眼球和注意力则成了卖方市场,成了稀缺商品。创意产业的产品最忌讳沿袭陈规俗套,在总体上必须凸显产品独具的特色,才能"击中"人心,在市场上获得超值的效益。

创意产业的组织结构与交易过程是与消费社会的架构方式互为表里的。比如,创意产业的组织结构就十分强调创意群体的团队组合;创意产品的包装、复制、传播、销售(如软硬广告、签名售书、见面会、媒体曝光等)具有举足轻重的意义;而创意产品消费者的培育、涵养、组织(歌友会、影迷会、社区团体、俱乐部)则是供奉"上帝"的必修功课。

创意产业的文化性、精神性、流动性、易逝性和组织结构与交易过程的复杂性,表明了创意产业必然超越过去时代的产业水平和产业模式,而在一个更高的层次上展开。创意产业既要建立在现代企业制度的构架之上,又要具有对文化承传、精神创造、意境营构和可遇不可求的艺术天才及其灵感的追求。

3.创意产品的多样性与差异性:纵向区别与横向区别

创意产业尽管十分推崇创造者的个人创造力,但又不同于过去一些文学家、艺术家在象牙之塔中闭门造车的那种"独创性",不同于过去艺术作品如绘画完全由画家个人独自完成的情形。当代创意产品必须由创意策划、技术制作、传播操作、管理协调、商品销售等多方合作才能最终完成,是各方协同联合的产物。这只要看看一部最简单的电视剧片头片尾有多少参与创作的人员就一目了然了。

因而,创意产品的创作过程远比一般产品复杂。这就要求创意产品的所有创造投入都要达到和超出一般流水线上的熟练水平,才能生产出合格的创意产品。这样的创意行为才是经济学家所说的增值生产功能。在这种可增值的生产关系中,"如果要得到具有商业价值的产出,每个生产投入必须到位,或是生产行为至少达到精通或是超出精通水平。零的倍数仍然是零。迈克·科米尔称之为关联性生产理论"[1]。

创意产品具有创意的多样性和差异性。创意产业更多地具有文化艺术的特性,因而其风格、基调、艺术特色更多地具有多样

---

[1] 凯夫斯:《创意产业经济学——艺术的商品性》,康荣、张兆慧、冯晨 等译,商务印书馆,2017。

性与差异性。创意产品的差异性既包含纵向区别，又包含横向区别。

所谓纵向区别，是指产品与产品之间在产品水平、等级或质量上的区别，关乎产品的"原创性""技巧性"或艺术境界的评价。好莱坞的导演及制片人在任何时候都会对剧作家的好坏有一致的评价，能断定谁应属一流剧作家，谁应属二流剧作家。用经济学的术语来说，这些创意型的产品在纵向上（或本质上）是有区别的，这就是"一流、二流"特性。从根本上说，任何一个产品与其他产品都是不同的，而它们的不同将导致截然相反的结果。比如在同时播放的电影或电视节目中，观众会选取甲种作品观看，而不是选择乙种。因为在尝试了两个作品之后，买方认为甲种比乙种好，如果两种作品的销售价格相同，就没有人会买乙种。

而横向区别则是指不同类别、不同特色之间的区别。同样质量、同样水平的创意产品之间会因为消费者的习惯、偏爱而做出选择。两首歌曲，两部动作片，在消费者看来，其特点和质量可能相同，但它们又不完全相同。用经济学术语来说，它们具有横向区别。横向区别激发产品种类的多样性。激发艺术家从各种可能中做出选择，刺激消费者或中间商从一系列真正具有创意的产品中做出选择。

创意产品通常是横向区别与纵向区别的混合体。

正是这样一些特征，使文化创意产业成为美丽中国的擘画师。

五、结语

美丽中国，引领中国未来发展的关键词。

美丽中国，是一种信念，是华夏子孙万世不移的共同信念；美丽中国，是一个目标，一个宏伟的惠及子孙万代的目标；美丽中国，更是一种责任，崇高、务实。

美丽中国是一条通向未来的大道，而文化创意产业、创意经济则是实现美丽中国的现实路径。

以创意推动文化产业、以审美提升"中国味"[1]

——答《美术观察》问

一、"中国货"与大众文化的发展

吴彧弓（《美术观察》特约撰稿人、中国艺术研究院博士研究生，以下简称"吴"）：您曾在多篇文章中提及"互联网+"的"全连接、零距离"给新时代文化产业的发展带来无限可能，并指出最根本、最长远的发展方向是"文化+"。从2020年10月26日召开的中国共产党十九届五中全会提出到2035年建成文化强国的远景目标，"文化"一词也是"十四五"规划建议中的高频词汇。请您谈一谈在树立文化自信、建设文化强国的今天，如何更好地运用新科技、新媒介实现"文化+"，推动大众文化的发展？

金：近20年来，我一直在实践或者说推动"文化+"的理念。"文化+"有两个方面的重大意义：一是文化的生成性，即"+文化"，对科技等各行各业有着强大的助力作用；二是真正的"文化+"，即文化成为这个时代的主旋律，21世纪是走向文化的

---

[1] 本文原载《美术观察》2021年第2期。

世纪，文化的繁荣成为发展的最高目标。文化生发出无限可能性，推动世界和中国改变过去 GDP 的唯一发展模式，在相关事业和产业经济中注入文化元素。实际上，从党的十六大提出"文化事业""文化产业"开始，文化领域就加速发展，逐步形成经济建设、政治建设、文化建设、社会建设、生态文明建设"五位一体"的发展总战略。在创新、协调、绿色、开放、共享的发展理念下，我们坚持将文化的繁荣视为发展的最高目标。2020年，习近平总书记对文化又做出了新的指示：统筹推进"五位一体"总体布局、协调推进"四个全面"战略布局，文化是重要内容；推动高质量发展，文化是重要支点；满足人民日益增长的美好生活需要，文化是重要因素；战胜前进道路上各种风险挑战，文化是重要力量源泉。这就将我们对文化在国家发展中的重要性的认识提到新的高度。

今天，社会进入新的文化更宽泛、更繁荣的时代，人民群众也进一步在新的社会领域中适应了新的高科技发展、城市化发展与社区性发展，在物质满足的基础上要求获得更高的精神的、文化的、心理的、艺术的、美学的需求。2001年，我提出了文艺学的越界、扩容与文化的转向，引起了学界的讨论。其中，如何对待大众文化、青年流行文化，社会上有着不同观点。我们呼吁对大众文化加以关注，呼吁关注对现实问题的研究，比如新科技产生的一系列新文化形态的研究。

互联网时代的科技革命带来了巨大的变化和前景，包括云服务、区块链、大数据等一系列数字化、信息化变革带来了世界文化的新品质，这种变化是一种原有的带有物质性的科技力量和精神性的文明形态、文化形态的高度融合。随着高科技的兴起，整个文化产业借此发展起来，流行文化大量突破原来的界限，超越了以文学、绘画、雕塑等为主体的界限，让更多的现代艺术、现代媒介等现代文学、艺术，乃至相关文化产业形态进入当代社会生活。在新时代，我们需要运用新科技、新媒介研究现实课题，拓宽文化的延伸空间，推进大众文化的发展。

吴：今天，我们时时刻刻都能感受到全球化视野下的世界各国的文化，但近年来我们也看到，越来越多具有中国特色的本土文化及其衍生品受到大众的喜爱。您是如何来定义"中国货"的？您认为这些有中国元素的文化产业及产品的兴起，是否能成为大众文化发展的新趋势？

金：我把它叫作"中国潮"。历史上，在17—18世纪，就曾在欧洲出现"中国风"劲吹、"中国潮"澎湃的热烈情形。西方贵族迷恋于中国丝绸、瓷器等精美的中国货。今天国内兴起了一系列从中国文化中创造出来的新品牌、新思路、新形态、新平台以及新的传输、营销方式等，形成总体的"国潮"趋势。并且在"中国风""中国潮"的推动下，很多其他国家也发现了中国元素的重大作用。随着我国经济的发展、综合国力的提升、文化的进一步繁荣，"中国潮"的发展、"中国风"吹向世界的趋势不可阻挡。可以看到，传统文化的兴起使我们在文化、美学、艺术等创意领域有了大量可能性，而"中国潮"与文化创意密切相关的，恰恰也是与现实生活特别紧密的一些东西，比如汉服、旗袍等。再比如受大众喜爱的《清明上河图3.0》，就是中国元素在高科技赋能下的一种沉浸式体验形式。

更大的变化是如抖音（TikTok）、微信（WeChat）、支付宝（Alipay Global）等成为世界通行的运作方式，这才是"中国潮"兴起的基础。我国物质文化遗产和非物质文化遗产的保护和发展融为一体，是文化产业发展的强大动力。

吴：当下"中国货"的种类也有很多，有尝试引入传统与非遗元素，或与文博机构进行联名以增添其文化属性的潮流国货，也有通过展览、跨界合作等方式试图唤起大众回忆、重回主流视野的经典国货，还有将传承性文化资源进行当代转化、构建品牌的文创与非遗类项目。您对"中国货"的生产有哪些具体的建议？

金："国潮"的兴起带给中国人欣喜和爱国情感，传统文化能够在"国潮"中展示出来，创意、设计和工艺等成为我们值得骄傲的发展方式。需要指出的是，我们真正非常好的产品或者说服务方式、艺术类型还不够，向世界传播中国文化还有很长的路要走。需要特别强调的是，文化创意产业的核心之一就是创意。长期以来我们对创意设计的认知不够，但近年来对设计的期许，即"创意为王"的理念成为大家追求的方向——追求在中国传统基础上的原创。同时，发展过程要与国际步伐保持一致，国际发展的潮流中必须要有中国生产。一方面满足国内更高的对美好生活的需求；另一方面也要按照世界需求创造一些新产品，注重内容，比如李子柒的短视频赢得了无数国际友人的关注和赞许，这说明在做中国品牌、讲中国故事的时候，要以最时尚、最生活化、最令人喜爱的方式展示中国传统文化元素，体现中国原创。

吴：中国作为地大物博的多民族国家，各地域、各民族都有着多元而丰富的文化传统，您认为应该如何发挥中国本土文化的优势，创造更多具有中国元素的文化产品，使其满足人民日益增长的文化需求？

金：中国是一个地域文化、各民族文化特别丰富的国家，多年来全国各地都在大力推广文化，但每个地方文化的文脉是需要梳理的，需要一个"月映万川"的认识理念，找出某一地区、某一民族、某一文化中最具有代表性的"魂"，表达文化之"魂"的内核。文学和艺术创作中一直提倡"创意"，创意必须要有新的思考，其对应的英文 creative 是指一种艺术性的创新，也可以直接翻译成"创造性"，也与偏于产业和科技的创新性互为支撑。今天，创意被广泛应用到文化产业中。近年来，中国传统文化元素的使用是丰富的、多样化的，从城市面貌、地区传播、品牌形象等角度出发，我们需要经过筛选，经过现代创意让它产生新的变化，发挥文化传统文脉在新的历史条件下的新创造作用。

二、"中国味"与大众审美能力的提升

吴："中国味"可以描述为中国文化精神，也可以形容中国

特色事物，您认为什么是"中国味"？"中国货"与"中国味"的关系是什么？今天"中国货"的良好发展态势能对"中国味"起到怎样的作用？

金： 这些年，大家谈舌尖上的中国、舌尖上的味道非常多，实际上已经从"中国味道"的味觉体验上升为一种审美性的、传播性的、大众欣赏的"中国味"，那是一种中国风情、中国风骨、中国内在蕴涵。在艺术、美学等领域，味是历史悠久、对中国艺术有深远影响的重要概念，甚至是贯穿中心的概念。比如中国古代文论的"滋味说""味外之旨""味外之味"，形成了中国文艺的"意境论"美学追求。这是与西方趣味论不同的中国特色。这种从形而下到形而上的多层次的"味"，涉及哲学、伦理学、美学、艺术学等多方面的研究。从艺术角度来说，"中国味"的审美具有现实性，能够成为提高全民素质的一个重要的实践方式。

吴： 在众多"中国货"中也存在着一些问题和争议，比如一些"亚文化"、通俗文化下的产品，甚至打着"国"字旗号，却没有什么内涵，以至于误读中华文化的产品。您是如何看待的？

金： 当代社会发生的巨大变化，引起了一系列的文化领域的巨大变革，改变了世界文化的格局。过去我们确实存在过一个审"丑"时期，有一些恶俗的喜好。今天我们正在治愈，而治愈的过程一方面是融合传统文化的精华，另一方面是融入世界发展的潮流，在二者的基础上创造出当今的审美形象、审美作品。随着大众不断寻找"中国味"，其自身的审美趣味也在逐步提高。关于我们能不能研究青年流行文化、通俗文化，很多人有不同意见，我认为大众文化必须研究，对这些已经存在的社会现实需要予以关注。比如如何看待抖音，人们反对抖音的恶俗，也指出抖音对解放中国人长期以来压抑的民族心态有很大意义，它提供了扁平化的自我个性展示的平台。当然，审美趣味是分层次的。有人说中国人不读书，而事实上手不释"机"的中国人可能是世界上阅读最多的族群，尽管这种阅读知识停留在浅阅读层面。走向更高、更健康、更富于精神内涵的层次，还要通过深度阅读和学习来改变碎片化浏览的浅阅读方式。中国文化中强调更多的是审美趣味的健康，注入更多精神性、艺术性的历史文化内容。

吴：文化引领着大众审美的方向，那么如何提升大众审美能力、实现高质量的"中国味"？

金："中国味"的发展需要一个更好的审美教育发展过程。我欣喜地看到现在的孩子从小学习舞蹈、音乐、书法等，这些精神文化素质提升的训练和教育是非常必要的，但仅仅这些对于中国趣味的认识还是不够的。我们需要培养大众欣赏形式美的眼睛、欣赏音乐美的耳朵，当然还有其他除视听之外的审美培养，这是一个长期的过程。我赞成全民教育中推广各艺术门类，但我不赞成把它们作为衡量人发展的统一性指标，而要允许每个人有多样化的表达和自由的选择，提倡百花齐放、百家争鸣。

当然，美育是一种基本方式，但美育的方向不能偏。比如今天孩子们学习绘画，不能再强加给他们美术学院的教学方式，扼杀他们的天赋和本能，而要培养孩子们的想象力和创造力，以更大的宽容性和包容性让他们健康、快乐地成长。人在发展的过程中如何适应时代的发展，如何选择自己独特的审美爱好、审美趣味，是值得我们探讨的发展方向。

三、文化消费与文化品质

吴： 今天，大众更高的精神文化需求迅速生长，"80后""90后"乃至"00后"逐步成为文化消费的主体。您认为可以采取哪些方式，让年轻的一代更好地接受"中国货"的文化消费。

金： "80后""90后"甚至"00后"的年轻群体，追求时尚文化新潮流，新奇、新颖、新特，反叛、反抗、反向是他们鲜明的时代标记。他们的国际化程度越来越高，有很多人出国留学、旅游，对世界的认知越来越广泛，越来越清晰。年轻一代更加偏好个性化设计的产品和服务，我们要引导一代代的青年提高鉴赏水平和审美趣味，追求更高的消费质量。

吴： 新冠肺炎疫情的爆发给文化产业的发展带来巨大冲击，但与此同时，线上文化消费保持较快增长。在这些文化消费中，"中国故事"成为大众喜闻乐见的话题，"文化品质"成为大众关注的重点。请您谈一谈在后疫情时代，文化消费会有怎样的发展趋势，"中国货"如何跟进当下的文化消费趋势。

金： 当下，互联网带来了新的消费方式，即"新消费"。在新的科技革命基础上产生了更高更新的消费需求，网上购物和快递业务、交通出行的各种数据化方式等。以前我在国外博物馆看到展厅中有孩子席地临摹画作，把博物馆当作课堂，十分感慨。今天我在国内博物馆中也欣喜地看到了这一现象。这给孩子们种下了文化的种子，培养了孩子们的"中国味"和中国审美观念，也就形成未来走向高层次文化消费的可能性。

未来文化消费中的品质问题被提到了非常高的位置。一方面，产品本身要提升。过去的产品还处于杂乱无章、千篇一律或者缺乏创意的初级阶段，我们要强调服务型产品，提高体验式的大众消费水平。另一方面，要提升消费者的鉴赏能力。整体社会风气和精神文明水平得到提高，消费者才会对产品质量有更高的要求。

吴：随着全球化进程的不断深化，文化市场也日益国际化，"中国货"也在逐渐拓宽消费版图。您认为"中国货"应该如何走向世界？如何拉动文化消费的外需？如何向世界传播"中国味"？

金：进入国内国际双循环发展的时代，首先，要解决内循环的问题，创造出更多中国人民喜欢的、能够获得满足感的产品。其次，解决外循环的问题需要突破过去的瓶颈。对外文化消费在新时代不是输出，而是建立在交易、交流、沟通、对话基础上的"文化间性"的新格局。习近平总书记提出构建人类命运共同体，我们需要建立文明互鉴基础上的人类文明、文化共同体，把中国文化中最具有世界性、人类性的部分展示给世界。过去我们"走出去"一直是以宣传的方式，会受到西方一些意识形态方面的打压。而今天我们按照市场通行的规则"走出去"，消费时代市场化的方式可以成为未来走向世界的最重要的途径。

我国动漫产业的双重转化

——《动漫营销教程》[①]译者前言

党的十八大明确提出,文化实力和竞争力是国家富强、民族振兴的重要标志。要增强文化整体实力和竞争力,推动文化事业全面繁荣、文化产业快速发展。要促进文化和科技融合,发展新型文化业态,提高文化产业规模化、集约化、专业化水平。要构建和发展现代传播体系,提高传播能力。要扩大文化领域对外开放,积极吸收借鉴国外优秀文化成果。如何全面落实党的十八大的精神,真抓实干,不尚空谈,实现文化创意产业自身的升级换代,推动"文化走出去",是我国文化领域目前最重要的任务。

发展动漫产业是党和国家的既定方针。在党和政府大力推动下,我国动漫产业发展迅速,动漫教育也如火如荼,可以说取得了巨大的进步。但在此前选定的动漫游戏类教程中,绝大部分是动漫艺术类与动漫技术类教材,动漫创意产业经营管理类的教材严重不足。而目前我国动漫类教育的严重问题是学生毕业后难以适应市场的需求,对动漫作为创意产业的性质认识不清,在校期

[①] 凯伦·罗格斯特:《动漫营销教程》,苏锋、刘瑾、朱麟、罗小艺译,高等教育出版社,2021。

间，极少接触和了解动漫的经济和产业特征，也没有合适的专业教材和专业教师。《动漫营销教程》是国际推崇的经营类教材，是西方专业人员操作运营的手册，是相关专业经纪人、营销人员、制作人人手一册的实践指导书和行业入门书。

选择翻译这本教材的原因主要有两方面：

第一个方面，选择翻译这本教程，目的是提高管理水平，适应我国动漫产业"双重转化"的趋势需要。

当前，在世界范围内，由于计算机技术和网络技术的快速发展，世界正在进入"大动漫"时代。从动漫的种类来看，在传统的电影动漫和电视动漫的基础上，新的动漫形式，如手机动漫、手机游戏、FLASH动漫、网络动漫和游戏等不断出现。从动漫的功能来看，不仅满足了观众的观赏和娱乐的需求，还具备广告、演示和影视特效等功能，应用于影视、游戏、教育、军事、航天、建筑、医学及诸多商业领域，既渗透到人们的日常生活，又参与了奥运会、世博会和神舟飞船发射等重大活动。从动漫产业从业人员的数量来看，由于计算机硬件价格的降低和技术的普及，为更多的动漫人提供了就业机会，但同时也加大了产业内的竞争程度。从动漫产品的经营过程来看，动漫作品的制作、播出和消费技术的创新，增强了观众和消费者的参与性，出现了新的经营业态，推动了动漫产业的革命性转变。

与此同时，在我国范围内，由于体制的变革，从1995年以来，动漫产业开始了市场化的进程。2004年，我国政府将动漫产业的发展提升到国家战略的高度，此举极大地推动了动漫产业的发展进程。在近万家专营和兼营的动漫公司中，其中80%是在2004年以后成立的。但"井喷"式的快速发展缺少自然生长的萌芽期，没有经历长期市场的磨砺，在动漫公司的微观经营上先天地带有管理缺陷，出现了成长中的变形和膨胀。事实上，真正走向市场的产业发展也不过十年左右，这就使动漫产业的诸多方面能力还远不够成熟，经验欠缺。特别是对于具有艺术家背景的决策者和年轻企业家、创业者们来说，他们的管理水平急需提高；对产业整体来说，产业发展仍处在初期阶段，市场化的程度还比较低，还有待于国内、国外两个市场的检验。

因此，当世界范围内的动漫产业转型和我国范围内的市场化进程叠加在一起的时候，就形成了我国动漫产业的"双重转化"。所有这一切都决定了当下我国动漫产业的经营难度不仅远远超过历史上的影院时代和电视时代，也由于其兼具经济属性和文化属性，经营难度超过了同时期的一般产业，向艺术家主导的动漫公司管理团队提出了严峻的挑战。为了成功经营，动漫企业需要掌握更多的方法和技巧，提高企业竞争力，领先于竞争对手。

第二个方面，选择翻译这本教程，更高的目标是提高我国动漫游戏产业的管理水平，了解国际动漫产业的营销流程，以适应我国动漫产业"走出去"的客观需要，为我国由"动漫大国"走向"动漫强国"提供一个清晰具象的国际视野。

通常情况下，动漫企业可以在制作阶段、播出阶段和衍生产品开发阶段获得收益，以满足动漫企业正常经营的现金流量需求。在制作阶段，主要依靠我国动漫公司劳动力价格的优势，以外包制作的方式，获取国际市场的外包订单，满足动漫公司生存的需要。在播出阶段，主要通过电影院线、电视播出系统、手机通信系统和其他系统的播出，获取动漫节目的播出费，实现动漫产品制作的投资回收，完成动漫企业的投入—产出的良性循环。在衍生产品开发阶段，动漫企业将动漫形象的使用权授权给相关企业，收取授权费，扩大了动漫企业的利润来源。

走向国际市场的中国动漫产业，遇到的对手是来自世界各国的历经市场锤炼的行业内领先公司，这就迫使我国动漫企业必须在短期内超越先前的发展层次，迅速提高管理水平，向国际先进水平看齐，并在此基础上创造适合中国特色的新的发展方式。

但是，目前国内市场的经营环境并不理想，动漫企业的利润来源遭到破坏，造成了产业链条和价值链条断裂，对于动漫产业的发展起到强烈的抑制作用。具体表现为：在播出阶段，国内电影院线对于国产电影动漫片缺少足够的信心，在放映的档期和时间安排上没有给予应有的关注。国内电视播出系统的电视动漫片的播出费过低，通过电视播出只能收回小部分投资成本。而手机通信和其他新媒体系统的动漫节目的播出由于其技术进步的快速更新和经营模式的尚未成熟，无法成为动漫公司的主要经营方式和利润来源。在衍生产品开发阶段，由于一些地方保护主义和执法力度不足，盗版猖獗，严重侵害了衍生产品开发公司的利益，影响了经营衍生产品的信心，间接侵蚀了动漫公司的利润来源。总之，由于国内电视播出费低和知识产权保护不力，动漫企业无法通过播出环节收回动漫制作成本，更无法通过衍生产品开发环节收回动漫制作成本，影响了动漫企业的现金流量和利润来源，造成了行业内85%以上的公司处于亏损状态，很多公司处于生死的边缘。

在这样的背景下，一些动漫出品公司开始将目光投向国际市场，期望借助成熟市场经济条件下的电视播出体系和电影院线体系，收回投资成本，并取得合理的盈利，实现动漫企业经营的良性循环。无论是早期（20世纪90年代）的大连阿凡提公司，还是2000年以后的上海今日动画、央视辉煌动画和青岛欧亚世纪等公司，以及2011年夏季的北京青青树公司和马多浩斯公司，他们均以国际市场中的发达国家市场为主要目标市场，通过联合制片和预售的方式，成功地实现了"走出去"，向国际市场输出了《阿凡提》《少林小子》《三国演义》《魁拔》和《藏獒多吉》等动漫片，在获得融资的同时，制作了适应市场的畅销产品，降低了经营风险，而且传播了中华文化。应该说恰恰是这些企业实现了经济效益和社会文化效益的和谐统一，这也是我国发展动漫产业的初衷。

这本《动漫营销教程》针对动漫公司的特点，从人员、资金和技术等经营要素，以及制作、销售（国内和国际）等经营功能的角度分别提供信息，使动漫公司的经营人员更好地评估动漫公司所处的现状，制订计划，成功地经营动漫公司。可以说，《动漫营销教程》的翻译出版恰好适应了我国动漫业界渴望提高动漫企业管理水平，获得更多经营和管理知识，促进动漫产业转变增长方式和转型升级的需要。

这本教程的翻译出版可以帮助动漫企业经营者提高管理水平，促进产业升级，提高应对国际竞争的能力；可以帮助在校动漫专业学生树立动漫经营大局观，完善知识结构，适应产业发展的要求，为个人成长奠定基础；可以帮助学术界了解动漫企业的经营过程，找出动漫企业的经营特殊性，更好地开展针对性的学术研究；可以帮助政府部门制定相应的产业政策，引导和促进动漫产业的稳步发展。

据测算，我国专营和兼营动漫公司达到万家，员工人数达到20万人，每年大约以1万人的数量增长。高校动漫及相关专业学生激增，全国有447所大学设置动漫及相关专业，在校学生已达到46万人，每年毕业生有10万人左右。《动漫营销教程》的出版对于动漫企业经营者和员工、高校动漫及相关专业的学生、希望进入动漫产业接受非学历教育培训的学员、动漫产业研究人员、高校动漫专业教师、中央及地方社会科学院和艺术研究院的专职研究人员，以及与动漫游戏产业有直接关联的衍生产品开发行业，如玩具、服装、文具等行业的从业人员无疑具有重要意义。

本书的作者凯伦·罗格斯特（Karen Raugust）是一位自由职业咨询师，经常为 *Animation World Magazine*（《动画世界》）、

Publishers Weekly（《出版者周刊》）、*Billboard*（《公告牌》）撰稿，也是多部关于营销、娱乐和经营类图书的作者。他目前居住在美国明尼苏达州的明尼阿波利斯。

通过对当当网和亚马逊的中文和英文检索来看，目前国内外市场上出版和销售的与动漫相关的书绝大部分都是关于动漫制作技术的书，关于动漫企业经营方面的书极少。与同类出版物比较，本书是此类书的佼佼者，几乎无法找出本书的竞争者。在当前动漫教育迫切需要操作类经营性教程的现状下，翻译出版此书至少有抛砖引玉的作用。

月印万川：寻找城市之魂①

我多次乘坐高铁从北京南下，一路上路过很多城市。城市大多高楼林立，特别是那些住宅楼，二三十栋连片建设，密密的水泥森林。我忽然就会想起100年前有位年轻的诗人曾那么热烈地讴歌冒着黑烟的烟囱是"开了朵黑色的牡丹"，是20世纪的名花。到下一个城市，同样的建筑似曾相识，绵延不绝。再到下一个城市，依然故我。我突然发现，花开就有花落，而这些高楼则只有花开，没有花落。在未来的100年，它们将会这样尴尬着：没有特点，没有风格，没有辨识度，只有楼号1、2、3、4……我疑惑了，不是说建筑是凝固的音乐吗？那么音乐呢？它们共有一张图纸，它们叫"万科"，叫"碧桂园"，或者叫"鲁能"什么的。我们的城市都是亲兄弟，或者"孪生姐妹"，长得真像。

然后我不停地问，在这个世界上，比如在欧洲，我们能否找到哪怕两栋完全相同的建筑？在古代中国，我们能否找到一样的恭王府、一样的网师园或者拙政园？找到一样的城市：都是古都的西安与洛阳，都是都城的北京和南京，都是人间天堂的杭州和苏州，都是古镇的乌镇与周庄？

---

① 金元浦：《月印万川：寻找城市之魂·绪言》，广西师大出版社，2021。

一

从艺术史来讲，建筑是人类第一艺术。它的确是凝固的历史，凝固的音乐。

黑格尔曾这样谈音乐与建筑的关系："音乐和建筑最相近，因为像建筑一样，音乐把它的创造放在比例和结构上。"建筑的结构形成于数学和力学的创造，而建筑上的整体美观又与绝对的、简单的、可以认识的数学比例有着密切的关系。所以，所有建筑师都把比例作为建筑形式美的首要原则之一。

建筑的形式中满满地充溢着历史和文化。我想起当年在美学课上讲解古希腊建筑的三种柱式：陶立克柱式、爱奥尼克柱式和科林斯柱式。柱式的细部规定都记不清了，但柱式所代表的文化和历史，那男性的刚毅和女性的温柔却记在心间。男性的陶立克柱式是高大的、粗壮的、宏伟的；爱奥尼克柱式是女性的，是纤细的、轻巧的，还有精致的雕刻，好像女人的配饰；科林斯柱式的柱头则镌刻了忍冬草的形象，让我一直难以忘怀。

建筑形式中更是充满了韵律感。它的形式的和谐同音乐的和谐有共同规律。毕达哥拉斯测定，音乐的和谐同发声体的体积之间的一定比例有关系。他推定，音的高低同弦的长短有一定比例关系。人们把这个发现推广到建筑和雕刻上，认为建筑物的和谐，也决定了它的各部分的大小有某种可以用简单的数值或几何方法测定的比例关系。

艺术是独特的,所有的艺术都是唯一的。

它向我们昭示,今天,我们该要一个更艺术的中国,更艺术的城市。

也许,我的想象太过浪漫、天真。我们的楼房要讲性价比,我们的房地产商要超利润,我们的官员需要高政绩,我们冀望着尽快改变城市的面貌。于是便有了"千城一面"。

如同100年前工业化的浪潮中冒烟的烟囱被视为开了朵黑色的牡丹,今天,中国的城市化是21世纪全球最伟大的变革之一。新近的中国城市在大规模扩展与基建之后,进入新的城市文化、城市品牌、城市美誉度、城市影响力,以及城市历史与文脉、城市美学与艺术的城市之魂的发掘与寻找之中。

城市是什么?城市是迄今为止人类文明最集中、最丰富、最先进成果的创造之地、展示之地和应用之地。特别是工业革命以来,世界以百倍于前的物质产品的丰富性和精神成果的深刻性展现了人类前所未有的伟大的本质力量。我读马克思《1844年经济学哲学手稿》,他说:"工业的历史和工业的已经生成的对象性的存在,是一本打开了的关于人的本质力量的书,是感性地摆在我们面前的人的心理学。"[①]作为人类工业化时代的宣言,它揭示了城市与人的关系。人类每一座城市的今天,以及它的历史,都是人的社会实践的产物。马克思曾说过,蜜蜂建造蜂房,使得所

[①] 马克思:《1844年经济学哲学手稿》,中共中央编译局译,人民出版社,2000,第88页。

有建筑师都为之惊叹不已。但他又深刻指出：最蹩脚的建筑师从一开始就比最灵巧的蜜蜂高明的地方，是他在用蜂蜡建筑蜂房以前，已经在自己的头脑中把它建成了。劳动过程结束时得到的结果，在这个过程开始时就已经在劳动者的表象中存在着，即已经观念地存在着。①

人与动物的本质区别，就在于人的活动是有目的的、有意识的活动，在于他能按照人的需要去认识和改造世界。在马克思那里，城市作为一本现代工业的成果，像一本已经打开的书，展示了人在适应并改造世界过程中的本质力量——人类的思想、精神、观念、智慧、才能和技术。正是因为"我"，因为我的工作、我的奋斗、我的实践和我的生命的付出，才有了我们面前的美丽的城市。它就是活生生地摆在我们面前的一本积淀着历史、文化、人的生命的大书。

二

这本书②的内容，是我20余年来关于城市、文化和发展的一些思考片段集，是想通过对我国这一伟大的变革，做一个文化与美学角度的记录，做一个关于城市文明形态的探索，来展现这百年未有之历史性变革。

本书对北京文脉、上海魔都的魔性、杭州钱塘文化的三势共

---

①《马克思恩格斯全集（第23卷）》，人民出版社，1972，第202页。
②这本书指《月印万川：寻找城市之魂》。

潮、青岛时尚之都的构建、成都天府文化与新经济的共融、西安传统与城市的温度等进行了文化的深度探讨。

从"千城一面"的败笔到"如数家珍"的困境，如何破解此魔咒？

如何在洋洋洒洒的大千之城中突兀而出？什么是每一座城市最独特、最鲜明、最具影响力、最具发展前景的魂？

每一个城市的管理者都对自己城市的文化古迹、文化遗产如数家珍，跌入"资源魔咒"形成了"千长一词"，它是否已成为"千城一面"的固化思维？

每一个历史资源都无法舍弃，都是最好的，每一个今天的建设都是最成功的。但是，您是否做过各城市之间的比较？中国的，世界的，哪一个城市才是唯一的？哪一个才最能彰显城市的灵魂？

这一切，都是每一个城市管理者面临的紧迫选择。

我想起了"月印万川"……

佛教华严宗用"月印万川"和"海印三昧""事事无碍"来表达其宗教主体理念，于是"月印万川"就成了华严哲学的经典命题。《华严经》气势宏大、逻辑缜密，被认为是最能代表盛唐气象的哲学，并给其后的宋明理学以深刻的影响。

朱熹借用了佛教"月印万川"的譬喻来讲"理一分殊"的道理。他说："释氏云：'一月普现一切水，一切水月一月摄。'这是那释氏也窥见得这些道理。"(《朱子语类》卷十八）把"一理"比作天上的月亮，而把存在于万物之中的"万理"比作一切水中千千万万个月影，以此形象地说明"理"与万物的关系：理是唯一的，这唯一的理又体现在万物之中，是万物的本质；而万物并不是分割"此一个理"，却是分别地体现完整的一个理。"月印万川"本是佛教中的命题，"一月普现一切水，一切水月一月摄"，具体说是唯一的月映现在一切水中，一切水中映现的月都包括在唯一真正的月中。那个月就是"一理"。

月印万川，心珠独朗。一个城市无论有多少历史的、现实的圣典史迹，无论有多少自然的、社会的山水资源，总是千流一源、万法归宗、理一分殊、一以贯之。我们需要去寻找城市的文脉——那个城市唯一的"魂"。

如何找？面对经典，朱熹主张要"格物致知"。怎么格物？那就是通过努力探究而致知——掌握"物自身"，然后经由主体意念的"纯化"，达到进入"一理"的境界。而后将本心所具之理推广至万象之事物，就可体会事物本来所具之理。

三

我曾在一个关于城市的论坛上与旅居中国的英国学者贝淡宁（Daniel A. Bell）先生（他当时是清华大学的教授）谈论世界和中国的城市发展，聊到城市的精神。他会说中文，我们聊得很愉快。他说："我研究的课题是'城市的精神'，我和同事选取了九个城市来做探索。如何确定和认识城市的精神呢？作为大学老师,我们阅读过有关这些城市的很多东西,包括小说、诗歌、旅游指南等。我们需要研究每个城市的文化、社会、经济、规划设计,试图对这些城市的演变过程做出连贯的历史叙述。从原则上说,我们最好使用'硬'科学来描述价值观和城市。或者使用民意调查问卷,还有这个城市在预算中是怎样分配资源的……但我更想告诉大家的是,在写这部书的四年中,我们一直在这些城市的大街上闲逛,与人们交谈,听他们谈论建筑、纪念碑、街道、邻居街坊,就好像专门说给我们听似的。我们感受到了这个方法的价值。这似乎是一个主观性更强、缺乏哲学思辨设计的方法。在这样的闲逛中,我们听到了城市的故事和居民们的情感。它激发了我们的灵感……"

他告诉我,他和他的共同作者并不是第一批把逛街作为研究方法的社会学家和哲学家。他说他们的先导者是沃尔特·本雅明。我一下子便豁然开朗。作为一名美学与文化研究的学者,本雅明的书是我当年的必读课本。我立刻想到本雅明的"都市漫游者"这个概念。"都市漫游者"是法国诗人波德莱尔提供的一个意象,本雅明在《发达资本主义时代的抒情诗人》中对其做了进一步的描述与分析。"都市漫游者"在世界各个城市"漫游",在城市的人群中闲逛,以独特的观察方式对资本主义的完整性进行意向性抵抗。贝淡宁接过了本雅明的理论遗产,倾向于将他作为一种触摸城市脉搏的方法论资源。

其实,在中国文化研究兴起的十几年里,"都市漫游者"一直是一个很热门的观念、视角或形式。这些年来,以"都市漫游者"为名的著作纷至沓来,有文学的、文化的、艺术的,有理论的,也有散文的。十多年前,美国哈佛大学中国文学教授、著名学者李欧梵就写过一本书《都市漫游者:文化观察》。他也表达了自己的困惑:"我发现自己的中文文章有点精神分裂。我对于当代文化的关注,似乎已经超过学术研究的范围,而想亲身介入,用一种较主观的文体做文化批评,所以学术的深度不足。但另一方面我似乎又不愿意放弃学院中的文化理论,甚至在杂文中也引经据典,生怕学界同行以为我已沦落江湖,做不了学者。"[1]另一个著名的雕塑家王中就被描述为属于本雅明所说的那种"都市漫游者"。他喜欢用自己的双脚丈量城市,对城市有天生的敏感,总是能很快把握它的脉搏和灵魂。

与贝淡宁聊得不错,分手的时候,他让我等等,他回身拿出一本书送给我。书名《城市的精神——全球化时代,城市何以安顿我们》。封面上写着:

从耶路撒冷到北京,从香港到纽约,深入城市被遮蔽的内核,探寻凝聚理智与情感、光荣和梦想的真正精神。

打开,扉页上印着小小的三行字:

知行

Ideas spark future

洞察世界寻路中国

---

[1] 李欧梵:《都市漫游者:文化观察》,广西师范大学出版社,2003。

这是丛书的主旨。书的封底印着帕拉格·卡纳（Parag Khanna），他是《如何管理世界：描述下一次复兴的路径》的作者，对本书的评语：

在肤浅的排行榜和商业调查泛滥的领域，《城市的精神》代表了美学对商业的胜利。通过在九大城市散步和生活，贝淡宁和艾维纳解开了世界上最吸引人的城市的奥秘。这种令人羡慕的崭新方法比任何理论都更能说明问题。

另外一段评论是城市专家威托德·雷布辛斯基（Witold Rybczynski，《临时性大都市：城市观点》的作者）给出的：

虽然城市是通过建筑和物质外观区分开来的，但贝淡宁和艾维纳提出了令人瞩目的观点，即世界众多大城市及其居民能表达出自己独特的习性和价值观。《城市的精神》带领读者进行了一次范围广泛、魅力无穷的个人旅行。

总要问，什么是城市的精神、城市的灵魂？

回答该有成百上千种吧。

作家宋石男说："真正的城市精神，一定是自治、自由与自我的。它不是宏大叙事的行政精神，而是自下而上的市民精神。"

说得很深刻，很自信，也很未来。

酷之秀，文化事件与案例研究[1]

——与曾繁文先生的对话

曾繁文（中国人民大学文化产业研究院院长，以下简称"曾"）：金先生，您好。非常感谢您接受我们的访谈。从20世纪末开始，您和陶东风等一起成为中国"文化研究"的倡导者。你们从2000年开始主编《文化研究》辑刊；2004年，您主编了《文化研究：理论与实践》（河南大学出版社）一书；2005年，您又和陶东风一起主编了英文本《文化研究在中国》，在新加坡出版。其间经历了众多的批评、争论和对话。十多年来您也一直组织学生们进行案例研究，从讨论《大话西游》至今已有300个以上的案例在您的课堂上讨论过。我参加了其中一些讨论。同学们互相辩论，课堂生动，讨论有强烈的现实针对性，常常给我们惊喜和启发。我在讨论中学到了很多东西。这几年您又出版了一系列著作，其中一本《娱乐时代——当代中国的文化百态》是关于我国当下文化研究的，在这本书中探讨了一系列文化现象，您首先观察了这些年我国文化的"艺术事件"，您怎么看待这一系列"艺术事件"？所谓事件的含义是什么？

---

[1] 原文载于《四川戏剧》2017年第4期。

金：21世纪头十几年，是我国当代文化史上变革最快的时期。与文化现实关联最密切的文化研究也成为最前沿、最语境化的学术之一。在这样一个剧烈变革的文化转型期，时尚一浪一浪高速变幻，涌现了一大批令人目眩的"文化事件""艺术事件"。"事件研究"的范式是当代世界哲学大力推动的研究方法和理念，改变了过去不接地气的空中楼阁的惯有研究套路，更多地关注现实的变化。

从当代高新科技助力电影创意的《阿凡达》到《速度与激情》，科技与文化的密切结合，催生出崭新的文化艺术新类型、新业态。我国文化展现出前所未有的大跨度与新变化：从公共领域私人化看今天媒介素养的缺失，到消费时代人们凝眸时装的反思，从中我们透视消费社会的媒介的意识形态。

曾：的确，这些年我国文化领域出现了不少新的情况，我认为这在我国文化的巨大转型期发生是很正常的。人们的观念在变化，社会的分层在加剧，城市文化与乡村文化在角力，传统文化与时尚文化的冲突在所难免。这些矛盾必然反映到文化艺术领域。那么在您看来什么是审丑时代？

金：在当下世界美——优美、秀美、雅美、艳美、甜美、精美、媚美、谄美——超级泛滥的"美之腻"时刻，人们在审美过度疲劳之中，开始了大规模的审丑关注，"酷之秀"大行其道。过去一切美的固有标准都在被解构、被颠覆。过去几年，大批市民争看"西洋景"，之后"江南Style"走红全球，骑马舞风靡中国；前有审丑实践，后有"恶搞"彰显为"艺术"，成为流行的审丑时尚，而网络热词和诗词混搭则成了一种常态的网络"夜餐"。

曾：这些现象或事件包含了一种什么含义，审丑是一种对我们固有美学观念的破坏和亵渎吗？

金：我们不能简单地把这种审丑看成是对人类美学观念的亵渎，其实，审丑一直伴随着人类走过漫长的岁月，没有审丑，就没有审美，只不过在社会巨大转型的历史时刻，这种范式的"反常"突破了人们在常态范式时期形成的心理预期或审美习惯，故而大惊失色或者愤愤不平。而后时代的"新新人类"则将这一切审丑叙事视为"平常"。

从另一个角度看，酷所代表的文化是一种流行文化，如韩国影片《来自星星的你》。它就是一种与当今全球文化密切相关的文化艺术现象，也是市场条件下一种文化创意产业的发展方式，充满时尚感、新颖感和情感刺激。如韩流与酷韩国，酷日本与哈日一族。它采取浪潮式起伏运行的方式，有着明显的青年亚文化特色，它遵循"时髦引领—时尚蜂起—激情时狂—跌落无闻—时尚再起……"的现代市场运行法则。

曾：在当代"酷之秀"中，身体的转向与凸显成了这个时代最重要的时尚风景线。它究竟有什么重要的意义呢？

金：在当代文化研究中，身体的转向是一个重要的现实。身体的解放成了地球打开的潘多拉的盒子，消费作为我们这个时代的"唯一的神话"（鲍德里亚语），开启了消费身体的新时代。遍布世界的选美大战和全球女性的"苗条的焦虑"，不断让整个世界的精神罹患"焦虑症"。电影《一个购物狂的自白》将消费社会中人们所遭受的精神危机和媒介对主体意识的建构展现得淋漓尽致。在消费社会中，人们现实的需求被不断膨胀的内在欲望取代，在一种假象的幸福中得到仅是空洞的满足。消费的欲望由媒介制造的符号激发，媒介创造了一个超真实的世界。在这个超真实的世界中，人们所消费的只是媒介所承载的象征性的意义。时尚文化Lady Gaga的伪个性，消费社会中的芭比娃娃，在大众文化的场域中，时装作为时尚的典型代表，不仅是个性的张扬，在消费社会的魔咒下，也可以成为异化的工具，造成一种更深的沉沦。婚恋网站无疑是这个时代最火爆的"甜蜜产业"，在中国大地迅速崛起与突围；而奢侈品消费文化则彰显"人类新需求"——超越物质层面的精神的、心理的、文化的、时尚的"新需求"，都要求我们进行历史性的深刻反思。

网络游戏在这个空间中也占有十分重要的位置，随着玩家数量的逐渐增多，网络游戏中植入了越来越多的广告，我国游戏产业快速发展，成为重要的文化创意产业部类。在网络游戏重塑的世界中，人们在寻求现实的需求和虚拟的生产力之间的契合。它彰显了在网络空间的内在机制的操控之下，虚拟主体注定获取的只能是一种漂浮的身份。

曾： 在当代媒体革命的背景下，我国文化艺术领域发生了剧烈变化。在高新技术支持下，一批新的微方式、微形态迅速成长，改变了我国当前的文化生态。我注意到您最近对我国文化发展及创意产业发展技术背景的概括：新技术改变了我们的社会、经济、文化、生态，甚至改变了人类的生存方式。您把它概括为"大、智、云、移、自、小、微、新、特、融"。所谓社会发展的"大、智、云、移、自"，就是大数据、智慧城市、云计算、移动网、自媒体。所谓生存方式的"小、微、新、特、融"，就是小企业、微方式、新业态、酷特色、融思维。在这样的背景下，新媒介发生了怎样的变化？

金：新媒介凭借其不可抗拒的力量，营造了一个深不可测的巨大的空间。微博之力绝不是微薄之力，微信之信绝不是微微相信。在公共领域形成中，媒介改变着这个世界，也改变着人类的生存方式。"您的粉丝超过100名，您就好比是本内刊；超过10万名，您就是一份都市报；超过1亿名，您就是CCTV了！"微博上流传的这句话直接表明了"粉丝"的影响力，更成为众多"脖友"夜以继日"织围脖"的动力。在当代媒体中，"无粉丝，不品牌"。《连线》杂志的创始人凯文·凯利有一个著名的粉丝理论：如果您有1000名铁杆粉丝，您就可以保证您的成功。粉丝可以直接产生价值，粉丝可以引导消费，粉丝可以营造氛围，粉丝可以创造大量间接价值。

曾：是的，新媒介的产生和兴起也形成了自身不同以往的运营方式。粉丝经济的方式就是与新的媒介运营方式相协调的创新的成果。

金：重要的是，数字社会的来临宣告了传统时代一些文化方式的终结，世界成为一个景观的世界。在这个世界中，观看不再是被忽视的命题，而成为最主要的感受世界的方式。在创造的世界中，"互联网+"也越来越多地与"文化+"联系在一起。

我们进入了微时代。由微博、微信、微新闻、微电影、微视频、微小说、微动漫、微游戏等构成的微文化，成为一个急剧转型时代的公民文化的广阔交流平台，创造了新的公共文化空间、新的公共领域。以微信（公众号、朋友圈）为代表的微文化为世界带来了一个人人都能发声、人人都可被关注的时代。它让每一个个体都有了展示自己的平台，满足了草根阶层作为"沉默的大多数"想要表达、倾诉、宣泄的欲望。在微文化中，每个人都形成了一个"自媒体"，在这个"全民记者的时代"每个人都是信息的生产者和消费者。作为一种融媒体，微文化又把广播、电视、报纸、期刊、视频、社交网络等既有共同点又存在互补性的新旧媒体，在技术、内容、传播等方面进行全面整合，融而为"微"，实现信源通融、内容兼容、传播互融、利益共融。

曾：在这个奇异的世界中，观看的物质性已不再重要，"看"的动作被置于前列。作为草根文化的《大学生同居的事儿》随着网络传播而走红，最终在官方媒体的权力话语体系中获得了生存的空间，完成了权力话语从草根文化向官方电视台的转移。围绕江苏卫视的交友节目《非诚勿扰》形成了一个持续的、交织着各种话语冲突的媒介景观。对这一景观进行反思性的诊断，则不难发现媒介话语之下潜伏的社会规则、趣味和期冀。

金：媒介的传播还打破了公共领域和私人领域固守的领域，前些年"艳照门"和"杨丽娟"事件则显示了领域被打破后的双重危机，危机不仅体现了媒介本身的特性，也彰显了传播者与受众的素养在媒介空间中的缺失。最经典的"酷之秀"莫过于周杰伦。他含混不清的歌唱成了时代的一个潮流，围绕周杰伦而产生的"周杰伦现象"则成为值得关注的对象。它不仅有人们对"方式"后现代主义歌词的猎奇，在中西合璧的交汇点上达到一种心理上的满足，更凸显了大众文化运作的力量。最经典的是三次石破天惊的"英伦组合"，即周杰伦与宋祖英三度组合，以及周杰伦与宋祖英和多明戈联手，主流文化对流行文化进行收编，中国文化与西方文化日益融合。

当然，这一切变化的成因并不唯一，既有娱乐选秀与网络炒作的直接原因，也有中国社会处于巨大的转型期传统文化的变异、大众流行文化的大规模创意等，一系列新的社会元素万花筒般绚丽登场。

曾：多年来，您一直强调文化研究要进行案例研究或个案研究，您是出于什么考虑？您希望在学术研究中提倡一种什么样的学术风范和品格？

金：是的，我这些年特别关注文化艺术案例的研究。这些年文化研究的理论探讨非常多，做个案分析和个案研究的却非常少。这与西方形成了鲜明的对比。我一直致力于文化的现实化、案例化、实践化、生活化研究。因为飞速变化的现实给我们提出了一系列的问题，我们的学术研究就是要对这些问题做出解答。从学科特色上讲，当代文化研究是最语境化的，也是与现实贴得最近的人文研究。它关注当下、关注当下社会人文中的现实问题，力图给世界一个合理的解释。个案研究在当代西方的文化研究中占有很重要的地位，而在中国的文化批评中却很少运用。前几年参加中国文艺理论的年会，近400名与会者，提交给大会的文章几乎没有专门做个案研究的。这一方面是由于先前的批评范式只关注宏观整体的研究，习惯于"概论式"地从普遍性、一般性的角度来把握文化对象；另一方面是由于我们还不大会熟练地应用个案研究的方法（特别是考虑到在今天中国从事文化研究的主要还是一些文艺学专业出身的研究人员，人类学与社会学出身的反而很少）。中国的人文学界长期以来习惯于在抽象理论的层面上打转，把西方的各种理论比较来比较去，试图这样来进行理论上的创新。现在看来这样的理论创新之路是走不通的。我们尤其需要考虑：今天所谓的"理论"主要是从西方介绍来的，而西方的理论是产生于西方的语境中，带有自己特定的问题意识与理论传统，很难与中国的实际完全吻合。我们现在越来越感觉到一种新理论的生长点不是在书房，而是在生我养我的这片"田野"。国外人类学与艺术学中非常流行的"田野作业"和"社会调查"，在中国文化研究中一直比较薄弱。实际上即使是在西方，理论创新的途径也常常是在"社会调查"中发现的。比如布迪厄是在阿尔及利亚的田野研究中发现了此前的人类学中一系列二元对立模式无法解释那里的经验事实,这促使他创造出一套以"场域""习性""文化资本"等一系列概念为核心,旨在打破二元对立思维模式的社会理论。这个经验是非常值得我们借鉴的。我们只有在具体的经验研究、个案研究中才能发现西方理论是否适用于中国以及在多大程度上适用于中国,从而在中国本土经验的特殊性中检验西方的理论,并根据中国实践建立起自己的理论。这是我们提倡个案研究的主要原因之一。

曾:您一直提倡顶天立地的学术方法,一方面,要顶天,就是要有哲学理论思辨的高度,掌握逻辑的、概念演绎的研究高度,从抽象到更高的具体;另一方面,要两眼向下,向下层,向实践,向着具体项目和案例去研究。

金:是的,国内的文化研究需要从两个方面突破,这就是深刻的逻辑的形而上理论思辨和直面现实的细致具体的个案研究。那种不上不下,既无形而上,也无形而下,既无细致的学理梳理——理论概念的思维的逻辑推演,又无细致接地的个案"深描",却动辄要建构一个体系,列出1、2、3、4,再辅之以例证的简单枚举,这种普遍泛滥的论文"格式",确实需要改变了。

汹涌的热潮：
当前AR、VR爆发性增长的冷思考
——与朱宁嘉副教授的对话

朱宁嘉（上海交通大学副教授，以下简称"朱"）：视觉文化的发展日新月异。我知道前些年您一直在关注视觉文化，关注21世纪以来视觉文化的转向。目前，您又在关注视觉文化新的发展态势——AR、VR技术的高速发展。借助于当代高科技，视觉文化有了新的飞跃。现在，发展AR、VR已被正式写入国家《国民经济和社会发展第十三个五年（2016—2020年）规划纲要》中。该纲要明确指出："大力推进……虚拟现实与互动影视等新兴前沿领域创新和产业化，形成一批新增长点。"面对国家高度重视，并将其发展写入国家发展战略与产业规划，企业纷纷布局，您怎么看AR、VR技术应用即将出现的爆发性增长的现实？

金：是的，我的确一直在关注视觉文化的新发展。今天我们就聊聊AR、VR。作为一种全新的计算机高科技交互模拟系统，AR、VR技术在为客户提供颠覆性的模拟真实体验感的同时，也将给包括游戏、影视，甚至医疗、教育等领域带来革命性的影响。这次革命并非仅是先前的工业社会的延续和提升，实际上足以比肩文明史上的两大变革农耕革命和工业革命，将决定未来我们如何看世界。在此背景下，一方面，国内外科技巨头积极布局虚拟现实行业，硬件产品和内容的投入都将显著增加。据报道，未来这个行业的投资将持续大幅增加，行业增速有望提升至30%左右。另一方面，需要针对发展汹涌的热潮进行冷静的思考。

朱：是的，AR、VR的科技创新同样需要面对这样的问题，寻求自身及与其他行业结合的功能拓展和发展前景，包括AR、VR科技适应于可能承载的文化内容，及其与文化的融合等。

一、AR、VR面临着文化和科技的双重缺失

金：AR、VR在我国目前还处在发展初期，面临着文化和科技的双重缺失。

因为任何事物的发生、发展都有一个过程，需要时间进行完善。尽管自1962年，莫顿·海利希（Morton Heilig）发明了一款名为体验剧场的机械式的全景实感观影设备，至今已经经历了半个多世纪，但AR、VR技术目前都还处于它们自身发展的初期阶段。

肇始于20世纪美国的虚拟现实技术，目前在该领域的基础研究主要集中在感知、用户界面、后台软件和硬件四个方面，聚焦的主要技术是图形、图像处理技术和传感器技术，观测与体验的焦点是空间的动态性和时间的实时性。位于华盛顿的"虚拟美

国国家艺术馆",成功地让远在千里的人们可以在异地也能欣赏到馆藏的37500多件艺术精品。2014年,Facebook收购Oculus VR,索尼投入的Morpheus设备,HTC携手三星布局VR。Facebook和三星联合发布Gear VR头盔,Oculus也在不断改进用户体验。英国在VR软件和硬件整体综合技术开发、远地呈现、VR重构及建筑和科学可视化计算等领先欧洲。1993年,全球第一个跨媒体交互艺术研究中心在英国威尔士大学创立。2016年,英国一个团队已经设计出一架带虚拟现实属性的飞机。

朱: 国内互联网三巨头百度、阿里巴巴、腾讯纷纷关注与布局虚拟现实领域。2014年7月30日,百度新闻和百度百家主办的The Big Talk活动,邀请斯坦福大学的虚拟现实实验室的创始人杰里米·拜伦森,做了题为"虚拟革命的黎明"的讲演。腾讯则在2015年12月21日发布了"建设VR生态"的全套虚拟现实领域战略,即在未来将同时布局VR的硬件和软件,这是一个宏大而富有雄心的战略。阿里巴巴于2016年3月17日宣布成立VR实验室,推出的第一个项目是"造物神"计划,目标是联合商家建立世界上最大的3D商品库,加速实现虚拟世界的购物体验。

国内被东兴证券看好的、具有战略前瞻性,并且先行先动的其他四家公司:数码视讯、川大智胜、顺网科技和华力创通,分别在硬件设备领域、输入识别领域、虚拟现实整合推广领域和应用领域各有所长。从中不难发现,国内专注AR、VR技术的公司,主要工作不是技术的创新,而是AR、VR技术的应用与推广。即使硬件设备领域实力最强的数码视讯，其在增强现实战略方面，提出了低成本适配方案。

金： 相较国外研究和发展的现实，我们可以发现，AR、VR技术从理论向现实的创新与应用转变时困难重重，如产业链的配合不足、开发难度大、制作成本高等。它既要面对自身硬件开发完善的难题和硬件设施应用的环境生态问题，又将面对硬件与内容结合的创新问题，且各种问题的解决都需要巨额资金的投入。就VR硬件自身的完善开发，光学技术、沉浸式方案、跟光学配合的结构设计、软件开发工具包、针对开发者提供的开发者工具等，缺一不可。做不好基础工作，就无法给开发者提供很好的适用性，体验就不可能做好，平台也就无从谈起。这也就是自1993年《走进奇妙的世界——浅谈虚拟现实技术》一文发表，"虚拟现实"概念进入国人视野至今，在被预测为AR、VR爆发性增长元年的2016年，虚拟现实的穿戴设备局限在有限的几款上面，唯魔镜特别风光的原因。

朱： 昂贵的AR、VR开发技术，让许多应用设备的成本居高不下，建设一个可穿戴AR、VR设备的大型消费平台的道路困难重重！基于AR、VR科技实现在硬件上与国外存在相当大的距离这一现实，企业往往就会放弃对AR、VR技术的硬件创新，试图将内容嫁接到可购买的技术上。但是，以虚拟现实游戏开发为例，其制作成本也不是一般人能够承受的，因为虚拟现实内容的制作是以场景或者说以规模计算，而不是以影片常用的时长计算，个人开发者只能望而却步，甚至部分中小型公司也不敢轻易尝试。

金：要实现真正的AR、VR体验，既要有硬件设施应用的环境生态创建，又要有软件和内容的场景与规模创建。在AR、VR内容这一方面，无论国内还是国外都还处于起步阶段，资源还相当贫瘠，即在AR、VR技术爆发性增长前夜，面临着科技和文化的双重缺失。

二、AR、VR的热潮何以涌起

朱：国内外何以会迎来AR、VR技术的爆发性增长热潮呢？既因为意识到AR、VR技术革命将给人们看待和体验世界带来颠覆，又因为其能满足人性发展需求。自摄影、电影和电视的陆续出现，从视觉领域反映生活移情想象的能力伴随科技的发展日益提升，人与自然的交互也由想象转化成虚拟现实，即由从前想象的思接千载、视通万里到电影创建，世界电影史上第一部公开放映的电影《火车进站》，吓得观赏的人们几欲离席。人类与虚拟现实的交互迈进一大步，科技与艺术携手，真正在眉睫之前，卷舒风云之色。今天，AR和VR则更进一步，让现实与虚拟世界重叠，人们可以跨越时空，进入虚拟世界，并与虚拟世界里的人与物交互。VR能够让人身临其境，更加真实地体验，无疑具有巨大的市场。如何正视AR、VR技术面临的科技和文化双重缺失，摆脱热潮背后发展的核心难题？

金：如何正视AR、VR技术面临的科技和文化双重缺失？首先需要我们从观念层面消除以往将科技与内容分别对待的错误认识。明确文化与科技是互为依存和互相促进的，我们既不可能有缺失内容创意的科技创新，也不可能有缺失科技创新的内容创意。文化和科技是互为依存和互相促进的。

AR、VR技术，作为一种全新的计算机高科技交互模拟系统，理论上可以和生产与生活的一切领域融合。非艺术的生产生活领域，包括医学、军事、制造、航空航天、房地产、考古、教育等和艺术领域的设计、游戏、影视、旅游、博物馆，都将成为AR、VR技术创新的重要内容驱动。因为依托现实的生产生活的特定需要，对AR、VR科技应用提出了围绕这些特定的需要而进行适合各自发展的创新要求。

朱：我非常同意您的观点，就设计、游戏、影视、动漫、旅游、博物馆等艺术领域的虚拟与增强现实的开发而言，除了上述内容创新，即实现行业的融合跨界外，有不同门类艺术产品本身内容生产与表达的创新。开发一款可用的虚拟现实游戏，增强游戏的沉浸式效果，需要开发者精心调配游戏中的各种设定，对虚拟环境表示的准确性、虚拟环境感知信息合成的真实性、人与虚拟环境交互的自然性、场景的实时显示性、图形的随时生成性这些兼顾内容的技术创新，都提出了相当高的要求。AR、VR技术创新有特定内容的创新需要，从而获得了真正原创的目标与动力。

金：是的。没有特定与原创内容的要求，技术创新将变得盲目而缺乏动力；而兼顾内容的技术创新，不只为新生活方式的创造提供可能，也为新兴产业与新经济增长点的跨界融合寻求技术支持，还为艺术内容创造提供构想基础与平台。文化为科技创新提供内容驱动，而科技为文化融合与表达探索创新可能。在目前实践中，AR、VR技术在国内营销领域已经初露锋芒。

三、突破技术创新的难点，满足广大观者的内容需求

朱：学习、模仿与移用都不是问题，问题是中国有世界最大的市场，对于中国的中小型企业而言，就可能成为最大的陷阱与诱惑。对国际先进科技及内容的创新，只要模仿学习一点点，就可能获取足够的利润，就无须冒创新的风险。

在技术创新的艰难与市场诱惑的双重夹击下，在趋利避害的选择中，在AR、VR技术发展热潮中，我们整体呈现的发展战略是：科技与内容的分离发展，着重布局内容产业。这也是我们需要摆脱的热潮背后发展的核心难题。

金：短时期着眼，这个发展战略有它的合理性。因为在产业生态不完善、技术创新成本高昂的现实面前，发展是硬道理。利用中国的广大市场及概念利诱引发的新兴需求，采用内容生产移用国外创新技术，短期内不只可以让企业获利，也将刺激消费者为内容买单的欲望，还将激发开发商的兴趣，为技术创新吸引资

金支持。这既是新兴技术的学习与追赶，又为新兴技术的国内应用的生态改善、观念普及与体验应用做些基础性工作。

虽然机会存在于需求增长的地方，但是，科技发展的方向转向哪里，社会能否获得更可持续的发展动力，需要一种胸怀全球、引领世界潮流的文化来引领，而不能仅仅局限于企业自身市值的扩大，着眼于眼前需要的满足。即从长远的和国家发展战略着眼，无论是缺失内容创意的技术创新，还是缺失技术创新的内容生产，都是需要冷静思考与对待的。

朱：缺失技术创新的内容生产，不可能有真正的内容创新。不由让人想到摄影技术的出现，不只贡献了摄影艺术，还为传统的绘画艺术开辟了新的发展道路。印象绘画为人类开辟了艺术创造的新空间和人类想象的新方式。保罗·瓦莱里在《无处不在的征服》中指出，古代的美的艺术即将发生深刻的变化，即我们的手段与其所能达到的适应能力和精确性深受现代科学和现代实践的制约。现代美学的重大变化之一，就是现代科技对于内容生产越来越具有决定性的作用，AR、VR技术创新的缺位，终将影响内容创意空间的开拓。因为内容创新的开启，艺术的想象失去了具有制约作用的AR、VR技术的依托。

金：缺失内容创意的技术创新，或许在短时间里，可以让企业自身的市值得到增加，满足于国内市场的低端消费。但也就此无力从国际分工产业链的困局中摆脱出来，最终丧失的不只是科技创新的可能，也丧失了专属自己的本土文化的创新。即我们不只丧失了创造新兴文化的可能，也将面对丧失新兴的产业和新的增长点的现实，还终将丧失我们在世界范围内可能和应该有的大国引领作用。因而，我们说缺失内容创意的技术创新，是无所依凭的创新，终将丧失前进的方向和发展的动力。

软件与硬件分离发展及着力内容布局的发展战略：一方面，AR、VR 技术实现在中国实践中致使技术与文化的双重缺失；另一方面，文化企业对国外技术的模仿与追赶，必将重蹈我国文化产业被困于产业链底端的困窘历史，最终丧失中国文化产业在全球应有的引领作用。因此，解决问题的关键是不因技术创新的艰难而畏惧，不因有世界最大的国际国内市场而受诱惑。我们要相信，随着产业链的完善，各巨头投入的持续加码，开发者们的自我学习进化，AR、VR 当下所面临的各种困局均会在发展的时间洪流中得到解决。重要的是我们不能迷失发展的方向，要在某些领域增强引领世界潮流的主体意识与创新勇气，努力行走在科技与文化双向融合的发展道路上。真正的热爱是不问前路的坚持。

案例：盲盒批判[1]

——中国潮流玩具的IP配方分析

盲盒已成为当前我们不得不关注的重要文化现象，"盲盒化"也已成为我国当前文化产业和文化消费的重要模式。许多滞销的商品经过"盲盒化"的创意包装，产生了良好的经济效益，并成为形成国内大循环、国内国际双循环新发展格局的有效抓手。盲盒模式的时尚化创新推动了商业盈利、消费升级、业态转型。盲盒消费背后的动因是"型动力""盲刺激""买上瘾"的循环，这三种动因分别与造型配方、门店配方、玩法配方相辅相成。造型配方基于用户需求的"三一律"，利用造型色彩搭配治愈孤独，利用多元系列角色满足多元体验欲望。门店配方基于选址和展陈，利用"盲然"与盲从心理，刺激消费。抽盒体验配方则分层用户欲望，利用四种配方提高用户感知获益。最后，面对创意枯竭、生态恶化、扩张陷阱等挑战，态度有三：一是造型配方应回归用户生活本体，推动善循环；二是商业联动保护盲盒生态，减少恶循环；三是扩张中应慎重使用影视IP转化策略，预防恶循环。

---

[1] 本文与桑子文共同完成。

一、盲盒风潮：起于青蘋之末

盲盒源于国外，前身是扭蛋、手办、福袋，发扬光大于中国。新浪微博上仅"盲盒"单个标签的阅读量就有2.5亿次，抖音平台上以"盲盒"为标签的有20万个视频，播放量52.4亿次。现实提出了新的课题，我们必须予以回答。本文将以盲盒Molly为例做重点阐释。

盲盒具有审美、收藏、社交、投资、仪式感等多重价值，其中又以泡泡玛特生产的爆款盲盒Molly最为突出——Molly是一个有着湖蓝色大眼睛、金黄色卷发的可爱女孩。由于闲鱼App等二手交易市场对盲盒隐藏款的追捧，原价59元的隐藏款能卖到2000元以上，反映了盲盒在年轻人中的受欢迎热潮，甚至引发了舆论对炒鞋、炒盒的担忧。

根据天猫2019年8月发布的《95后玩家剁手力榜单》可知，盲盒已经成为"95后"玩家为主的青年烧钱最多、消费频率最高的潮流爱好。那么盲盒究竟如何定义？泡泡玛特对"盲盒"定义为：惊喜玩具，里面随机装着一个此系列的公仔形象，不同系列有不同的形象，只有打开才会知道自己抽到了什么公仔形象。盲盒最大的二手市场闲鱼App在报告中定义为：一种潮流玩具，里面装的是一款表情呆萌、设计时尚的人偶玩具，但购买时不确定会买到什么。

盲盒内产品采用的是聚氯乙烯（PVC）材质，重量轻、便携，每个盲盒公仔重量约为30—40克。端盒12个仅有600克左右，在单个和整盒购买时都非常方便。作为原材料的PVC塑料在淘宝的价格为10.5元/公斤，开模成本和工艺难度较低，因此大规模生产更方便。不计设计、营销等制作流通费用，以40克为公仔重量基准来算，1公斤PVC原材料可以生产25个毛坯公仔，单个公仔原材料成本约为0.4元。如若含包装整体制作采购，单价约为13元[①]。普通小型盲盒的销售价格一般为59元/个，溢价达到353%之高。

盲盒销售的超级利润吸引了各大品牌机构。以名创优品（Miniso）为代表的生活潮流经营厂商开始推出盲盒，价格19.9元/个，仅为泡泡玛特盲盒售价的1/3。款式也以"萌"为特点，单系列数量大幅减少，仅4个。

故宫文创也积极推出故宫IP盲盒系列，比如2020年的中秋限量潮玩预售（整盒6个120元），推出飞天猫、赏月猫、捣药兔、折桂猫、捞月猫、探月猫、嫦娥猫（隐藏款）。

二、"盲盒化"创新影响

（一）企业影响：盲盒创新赋能企业起死回生

2010年成立的泡泡玛特是盲盒产业中的头部企业，在销售盲盒前也遭遇过经营危机。泡泡玛特起初定位于连锁潮流百货商

[①] 雷玄：《"潮物"消费引监管预警泡泡玛特盲盒发烧友变投诉者》，《中国质量万里行》2019年第12期，第74—76页。

店，因市场同质化严重以及品牌的认知度、认可度较低，其业绩惨淡到甚至快要倒闭。泡泡玛特利用盲盒改变了"玩"，不变的是"具"。盲盒成就了泡泡玛特，泡泡玛特也成就了盲盒，独特的潮流创造配方产生了Molly等风靡当下的IP，实现了盈利倍增。

北京大学毕业的CEO王宁在2015年遭遇发展瓶颈时，在微博中问粉丝"销售什么比较好"时，大量用户评论说"Molly"[①]。后续泡泡玛特便在2016年推出了首款盲盒。泡泡玛特拥有知名爆款IP，如Molly、Pucky、Dimoo等，利用IP孵化、饥饿营销、娱乐体验等策略，推动了销售升级，2019年"双十一"成为天猫玩具大类销售冠军，200多万个盲盒线上销售一空，销售额为8212万元。其自有平台注册用户320万名，产品复购率高达85%。截至2020年8月31日，其主要平台关注情况分别为抖音102万人、新浪微博64万人、天猫旗舰店231万人。

2014年，其营业收入仅为1703万元，2017年至2019年，营业收入分别为1.58亿元、5.14亿元和16.83亿元（表1），2019年的营业收入增幅达到227.2%。净利润从2017年的156万元增加至2019年的4.51亿元。而Molly玩具IP的销售收入在2018年和2019年分别占总收入的62%和32%，尽管2019年的营业收入占比下降，但营业收入仍处高位，为4.56亿元。

---

① 《盲盒：是成年人的玩具，还是年轻人的"智商税"？》，https://zhuanlan.zhihu.com/p/84961997，访问日期：2020年12月23日。

表1 泡泡玛特2017—2019年渠道营业收入占比

序号	渠道	2017年营业收入/元	占比/%	2018年营业收入/元	占比/%	2019年营业收入/元	占比/%
1	零售店	101005000	63.9	248257000	48.3	739690000	43.9
2	线上渠道	14854000	9.4	102886000	20.0	539201000	32
3	机器人商店	5568000	3.5	86431000	16.8	248554000	14.8
4	批发	29884000	18.9	51329000	9.9	110467000	6.6
5	展会	6763000	4.3	25608000	5.0	45522000	2.7
	总收益	158074000	100.0	514511000	100.0	1683434000	100.0

资料来源：根据泡泡玛特在香港交易所官网发布的2020年招股书内容制作。

IP是其业务的核心，覆盖潮流玩具全产业链的一体化平台得以建立，包括艺术家发掘、IP运营、消费者触达及潮流玩具文化的推广，这些都激发了用户对潮流的热情，为用户带来快乐和美好。2017年1月，泡泡玛特登陆"新三板"，随着扩张速度加快，其已不满足于中国大陆市场的融资体量。2019年8月，泡泡玛特退出"新三板"。2020年6月，泡泡玛特变更名称为泡泡玛特国际潮流集团，拟登陆港股市场。

泡泡玛特将盈利能力归结为搭建了一个IP开发与运营、艺术家发掘、线上线下全渠道营销和潮玩文化推广构成的全产业链平台（如图1）。官网显示，截至2019年12月，泡泡玛特的线下门店达到114家，拥有825台机器人商店，覆盖全国57个城市。

海外市场也在不断拓展，已拓展至韩国、日本、新加坡及美国等21个海外国家及地区。

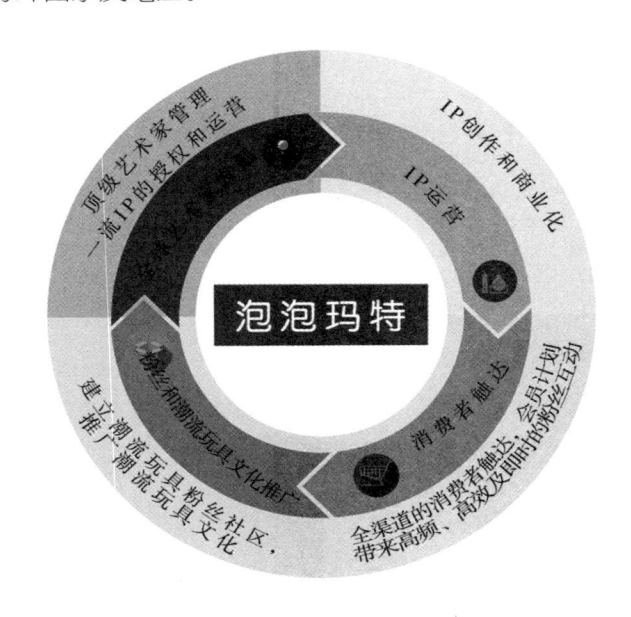

图1　泡泡玛特的四大业务矩阵

（二）用户影响：盲盒赋能文化消费创新升级

1.社交分享：分享欲望，裂变多元体验

社交平台的分享对盲盒起到了重要作用。2017年至2019年泡泡玛特三年合计的广告及市场推广费用仅为6010万元，广告年均投入仅占每年总收入的2%。而盲盒用户在社交平台的自发分享创造了病毒营销的效应。截至2020年8月31日，抖音平台上"盲盒"和"拆盲盒"标签分别有20万个视频数、52.4亿次播放量与9万个视频数、15.6亿次的播放量。而"泡泡玛特"

"泡泡玛特盲盒"的标签播放量合计高达9亿人次。

"二级传播"理论认为,意见领袖对于受众的信息接收起到了至关重要的作用,社交平台的意见领袖和用户通过分享盲盒产生了强烈的社交快感,并愿意持续分享传播。这也能解释为什么泡泡玛特的新浪微博关注数、天猫旗舰店关注数并不高,但是通过社交分享实现的病毒营销,推动了其2019年总收益达到16.8亿多元。

网络知名KOL(关键意见领袖)及用户一般会使用小红书App,以图文形式展示娃墙,小红书App上以Molly为主题的笔记有8万篇。许多用户会在UGC分享后对特定盲盒"种草",表示喜爱并进行后续购买。

2.二手交易:规模流通,成就二级市场

用户在购买和收藏时存在交换和转让诉求,闲鱼App根据趋势推动盲盒交易成为千万级市场。二手交易有两方面的主要需求:一是市场用户为获得隐藏款而带来的"盲盒过剩"会自动流入二手市场;二是拆盒付费意愿弱、价格敏感度高的用户愿意购买特定的款式。2019年闲鱼App上有30万名盲盒玩家进行交易,每月发布闲置盲盒数量较一年前增长320%,最受追捧的盲盒价格狂涨39倍,盲盒已然成为年轻爱好者的一种社交货币。[①]普通款价格一般会回落1/3左右,39元左右即可成交。

---

① 张妮娜:《闲鱼上的盲盒经济:最受追捧的盲盒狂涨39倍》,https://www.doit.com.cn/p/338059.html,访问日期:2020年12月2日。

盲盒隐藏款价格暴涨动因有两点：一是消费者信息匮乏，缺少市场的整体产量规模和价格对比的认知；二是供应商利用信息不对称诱导存量市场，制造交易增量[1]。闲鱼App推出这份报告存在消费诱导性，当大部分以收藏为主的消费者知道盲盒在二手市场巨大价格差异后，会倾向于二手交易。虽没有中间商赚差价，但带来了巨大流量。

3.改娃需求：求异心理塑造改娃市场

"改娃"成为Molly粉丝追求的视觉奇观。"改娃"标签在抖音平台上有12亿次播放量及近3000个视频，而改娃Molly则有200多个视频及649万次播放量。这种需求源于统一售卖的角色无法满足用户对多元角色的需求，大量的用户会选择"改娃"，将通常的Molly形象手工改为理想中的角色。这些改娃的目标又和流行文化密不可分，比如葩趣用户Evnsvn就对Molly进行甄嬛系列改娃。她回顾了电视剧《甄嬛传》，基于甄嬛不同时期的经历和服饰造型设计了十个形象，包括少女、舞者、菀嫔、甘露寺、纯元皇后等。这些改娃产品会在葩趣、闲鱼App上公开交易，用户除了购买现成品的方式以外，可以把底娃买好并配置齐全，邮寄给改娃设计者，付费改娃。

（三）市场影响："盲盒化"升级新业态

盲盒机器人商店成为重要销售渠道。这类盲盒销售机器普遍

---

[1] Ruth Towse：《文化经济学教程（翻译版）》，意娜，吴维忆 等译，高等教育出版社，2019，第152页。

放置在人流量较大的商业综合体或地铁站中。比如韩国潮流品牌 Line Friends 就学习盲盒机器人销售方式，将 Line 系列的各类产品（水杯、发卡）放置在机器中，消费者付款后即可由机器人随机抽取一个产品。

各行各业也采用"盲盒化"策略针对年轻人进行产品销售。比如书店针对读者用户的需求，推出了图书盲盒、图书福袋等方式，隐藏图书部分或全部信息，由商家选择图书或搭配文创产品售卖给读者。2015年，先锋书店推出两种盲选图书的形式：一是红色纸盒包裹三本书，售价99元；二是文创产品系列搭配一本作家签名图书，售价158元。后者销量远超前者，时至今日已经成为重要的营销途径[1]。但是必须看到，"轻"一定是盲盒产品的重要配方，读者均不愿意购买三本合装的图书盲盒，最重要的原因是图书太沉导致体验糟糕。

天猫在"双十一"推出了抽奖活动，其中就有3万份天猫公仔盲盒。除了这样的线上盲盒，淘宝盲盒机器通常会以统一包装的盒子配有不同的产品，供消费者扫码付费后选择。这些产品更加多元，符合淘宝的特点，包括口红、手机外壳、零食、钥匙扣、充值卡等。体育球队为吸纳粉丝、增强黏性，也推出盲盒衍生品。2019年6月，国安俱乐部推出徽章盲盒，以球队各赛季服为设计创意，每枚18元。

---

[1] 刘洋：《"盲盒"经济在图书营销中的创新应用——以南京先锋书店"盲选图书"为例》，《出版与印刷》2020年第2期，第19—23页。

三、"型动力""盲刺激"与"买上瘾"的动因配方

盲盒消费经历了三个阶段,包括购买前、购买中、拆盒后,而随着消费者第一次购买盲盒,便启动了三种心理动因A、B、C循环及相应的行为循环(见表2)。

表2　用户线下购买盲盒的行为流程

阶段循环	动因循环	用户行为流程循环
购买前	A"型动力"	1.主动或被动接受社交分享,潜意识认可盲盒造型 2.有计划参观或无计划路过线下门店 3.观赏娃墙、公仔等不同系列,无意识沉浸在门店快节奏的音乐背景中
购买中	B"盲刺激"	4.(线上或线下)排队等候,不自觉地观看他人选盒 5.一个人时摇盒听盒,掂量重量;与他人同行时,会聊天研究 6.选定若干盲盒,或端盒(12个),或端箱(144个) 7.免费注册会员,付费积分离开 8.拆盒(冒险),部分用户会拍视频分享 9.抽中(幸运),抽不中(找机会再抽),部分用户社交分享
拆盒后	C"买上瘾"	10.回到住所,布置娃墙,或作为礼物赠送给朋友,社交分享 11.多余盲盒,闲鱼App二手市场交换,社交分享 12.选择DIY改娃或购买改娃,社交分享 13.购买最新系列或复购已有系列

资料来源:作者观察用户行为后整理制作。

(一)"型动力"消费形象

盲盒公仔一般体积较小、形象很萌、色彩柔和,具有很强的治愈效应。生产厂商一般以系列为单位进行产品设计上市,造型

可爱，携带轻巧，价格便宜，置放简易。定期更新的造型维持了消费新鲜感，推动消费者持续购买心仪产品。作为文化产品的典型代表，生产成本与社会劳动生产率无关[①]，消费者并不考虑实用功能，更多考虑审美、收藏、社交等感知价值。这些造型构成视觉满足和角色代入，满足了用户的扮演欲。

1."型"定位：基于用户需求的"三一律"设计

Molly爆款现象的核心为其造型配方。这种造型配方以IP设计为核心创意，与美食博主李子柒IP创意配方有相似也有差别。这两个IP分别作为视觉和影像潮流，均为女性方向的作品。但李子柒以古风美食短视频起步，形成了特色的视频生产、平台传播和电商运营这三种配方，形成了"跨平台广告分成+电商线上销售"的盈利模式[②]。

以Molly盲盒为例，它具有一个本体三种特点的"三一律"：统一本体、形象多彩、角色多样、系列多元。这种造型配方是基于用户定位制作的，年轻女性用户为其主要目标消费群体。Molly满足了用户的一颗少女心，萌娃设计配方具有治愈效应。数据显示，18—24岁的消费者占32%，25—29岁的消费者占26%，70%的用户为女性。按职业划分，白领占33.2%，25.2%为学生。

2."造色"配方：造型色彩搭配，治愈孤独

[①] 桑子文：《解析文化经济学的赋能路径》，《中国国情国力》2020年第8期，第38—39页。

[②] 桑子文、陶亚亚：《李子柒IP运营的盈利模式研究——基于"配方式媒介"视角的分析》，《山东大学学报（哲学社会科学版）》2020年第2期，第40—48页。

一般一套盒子会围绕大眼睛、柔色彩、微笑唇等特征配方来进行造型设计，体现萌娃治愈的可爱感知，比如Molly、Dimoo等均为大眼睛，柔和色彩主导。造型本体最典型的特点就是"大眼睛"，这和动漫人物设计具有相似性，合适比例的大眼睛让公仔显得非常萌，甚至是丑萌，也构成可爱的形象。

除了萌物的可爱感，Molly的色彩发挥了重要作用。Molly的每款色彩都遵循了设计界的三色原则，意为一个设计作品的颜色需限制在三种颜色中，这样可以突出重点。三色搭配比例为：主色75%，辅助色20%，点缀色5%。具体选用的色彩均为高明度、高饱和，配合不同的光，对冲击个体视觉发挥了强大力量，不同的配色满足了不同的消费者安全舒适、呼唤爱情、回归自然、充满力量等多层次的情感需求。

人物与色彩主要治愈的是孤独。如今，孤独成为一桩生意[1]，源于中国进入特定社会阶段。据民政部数据显示，2018年我国单身成年人口高达2.4亿人，其中超过7700万成年人是独居状态，预计到2021年这个数字将上升到9200万人[2]。心灵孤独成为集体现象，而这部分单身群体的购买意愿极强，每月可有近千元的支出用于精神消费，相对便宜和数量可观的盲盒消费成为排解心灵孤独的最便捷方式。Molly则从另外一种角度，用人性凝视的绿色目光缓解了年轻人现实的孤独。

---

[1] 桑子文：《孤独是一桩生意》，《中国青年》2013年第3期，第63页。
[2] 吴文武：《2.4亿单身人口背后的单身经济"巨型蛋糕"》，https://www.thepaper.cn/newsDetail_forward_8246960，访问日期：2020年12月11日。

年轻人在现实中接触单一，诉求亲密关系。Molly 重新定义了当代"亲密关系"。尽管《单身社会》一书认为，独居生活的兴起成为一种具有革新力量的社会现象，改变了人们对于个体和亲密关系的界定，改变了人们成长成年的方式[①]。奥地利经济学家熊彼特预言了"中产阶级家庭的解体"，年轻人拒绝婚姻，却无法拒绝亲密关系。亲密关系的需求并没有消亡，正如花出去的金钱从未消失，只是换了一种陪伴我们的方式。

Molly 的摆放位置在用户心中如此多元，通过查询 Molly 的买家秀，这些亲密位置包括工位电脑屏幕下，随身携带的透明"娃包"，家中浴室、卧室梳妆台、客厅、柜子里等。在"葩趣"App 的展示中，用户会专门为 Molly 准备一个玩具房间，设置灯光。大部分用户由于买的较多，需要用透明亚克力盒子把 Molly 单独列格放起来。通过这些放置实现时刻陪伴，在互相凝视中建立亲密关系。

3. "系列"配方：系列角色多元，满足欲望

Molly 已经推出的形象系列中，其产品线包括公仔（小型）、徽章、人偶（中型）、礼盒。这些系列包括一天、小鸟、西游、婚礼、艺术大亨、开心火车、宫廷、校园、生肖、职业、朋克等内容。从29元的徽章、59元或69元的公仔，到199元、399元、499元的人偶和礼盒，价格定位用户需求精准，层次清晰。联名款的收藏价值更高，比如哈利·波特联名系列。

[①] 艾里克·克里南伯格：《单身社会》，沈开喜译，上海文艺出版社，2015。

这些不同的角色定位不同的文化需求。年轻人渴望社会分工单一，渴望多元角色。这一代年轻人接受了过度教育和校外补习，虽多才多艺，但最终只需要从事简单的、流程化的社会分工工作，从传统的农民、工人变成了Word、Excel、PPT工人。在单一的社会分工现实下，年轻人渴望多元角色，Molly的不同角色满足了年轻人的渴望。

比如Molly校园生活系列就包括幼儿园、英语老师、班长、校长、校草、艺术社、音乐社、考试生、生物社、乒乓球社、天文社、毕业生、Kenny老师（隐藏款）。这些角色诚如法国哲学家雅克·拉康的镜像理论，用户欣赏不同角色时镜像投射于自我想象中，满足了不同角色体验的需求。"娃墙"又成为Molly爱好者们追求的"密集"效果。

Molly每一个系列中一般有12个常规加上1个、2个或6个隐藏款，比如职业系列中有绿色小画家、红色小画家、白色宇航员、橘色宇航员、灰色侦探、棕色侦探、彩虹款小丑、经典款小丑、粉色工人、蓝色工人、红色厨师、黑色厨师、法官（隐藏款）。6个隐藏款比较少见。（见表3）

这些角色放置后构成了密集统一的视觉奇观。盲盒的包装包括长方形纸盒、银色非透明包装袋，拆盒后内部还会配有一张公仔的卡纸说明。盲盒包装正面应用的是隐藏款形象，而不是其他非隐藏款的形象。这种包装配方有两方面原因：一是盲盒包装与盲盒公仔形象相一致，集中摆放具有视觉美感，而不是杂乱感；

案例：盲盒批判

表3　Molly系列及其价格

序列	类型	系列名称	具体盲盒	隐藏款	分类	单价/元
1	徽章	蒸汽朋克	兔子、狐狸、熊猫、西部牛仔、鳄鱼绅士、章鱼、柴郡猫、旅行、狐狸女孩、白兔、朋克	月球宇航员、马戏团	12个常规+2个隐藏	29
2	徽章	花童系列	二月公主、三月公主、四月公主、五月公主、六月公主、七月公主、八月公主、九月公主、十月公主、十一月公主、十二月公主、牛奶小花童	一月公主	12个常规+1个隐藏	29
3	公仔	一天系列	猫咪开餐、电影时光、很久很久以前、放松时刻、泡泡浴、早安、快点吃、卜卜、电视机、艺术时间、冰激凌、好梦	您肚子饿不饿	12个常规+1个隐藏	59
4	公仔	小鸟系列	小孔、小猫头、小鸦、小麻、小葵、小相思、小爱、小仓、小燕、小金刚、小鸥、大咀	鸵鸟小王子	12个常规+1个隐藏	59
5	公仔	西游系列	孙悟空、唐三藏、猪八戒、沙和尚、铁扇公主、牛魔王、红孩儿、白骨精、蜘蛛精、白龙马、龙王、六耳猕猴	如来佛祖、金色师徒四人、金色白龙马	12个常规+6个隐藏	59
6	公仔	婚礼花童	同序列2	同序列2	12个常规+1个隐藏	59
7	公仔	艺术大亨	小苏五号、小苏五号黄色、小凡、小凡棕色、小卡、小卡绿色、小毕、小毕红色、小达、小达棕色、小茉莉、小茉莉橘色	风和日丽	12个常规+1个隐藏	59
8	公仔	开心火车	公主粉、公主蓝、巧克力杀手、番茄杀手、宇航员棕、宇航员粉、海女蓝、海女绿、歌女白、歌女Molly蓝、空姐蓝、空姐红	小画家	12个常规+1个隐藏	59

173

续表

序列	类型	系列名称	具体盲盒	隐藏款	分类	单价/元
9		宫廷系列	獬豸、甪端、凤凰、瑞鹿、吉象、行什、立鹤、蝙蝠、金狮、金龙、麒麟、霸下	格格	12个常规+1个隐藏	59
10		校园生活	幼儿园、英语老师、班长、校长、校草、艺术社、音乐社、考试生、生物社、乒乓球社、天文社、毕业生	Kenny老师	12个常规+1个隐藏	59
11		生肖系列	鼠、牛、虎、兔、龙、蛇、马、羊、猴、鸡、狗、猪	凤凰	12个常规+1个隐藏	59
12		职业系列	小画家绿色、小画家红色、宇航员白色、宇航员橘色、侦探灰色、侦探棕色、小丑彩虹款、小丑经典款、工人粉色、工人蓝色、厨师红色、厨师黑色	法官	12个常规+1个隐藏	59
13		蒸汽朋克	同序列1	同序列1	同序列1	69
14	人偶（定向款）	哈利·波特IP	哈利·波特、赫敏、罗恩	无	3个常规	199
15		BJD娃娃	潮流您今天很好看、寿司喵、克拉拉、中国风粉裙及红裙	无	4个常规	399
16		TV时间系列	粉裙	无	1个常规	499
17	礼盒	蒸汽朋克	同序列1	同序列1	同序列1	499

资料来源：根据泡泡玛特天猫旗舰店数据整理。

二是统一采用隐藏款形象作为外包装，可以让消费者生成心理暗示，有可能抽中心仪的盲盒甚至是隐藏款盲盒，比如Molly蒸汽朋克系列中隐藏款为蒸汽月球宇航员露娜，形象印在包装盒上，集中摆放时构成了密集统一的视觉奇观（见表4）。

表4　盲盒产品配方的正面及负面清单

序号	类别	正面清单	负面清单
1	造型	具备大头、大眼睛、无脖子、微笑唇等基本萌元素，服饰姿势变化多，植入现代生活	设计中含骨感或丰腴等成年人世界的审美元素
2	色彩	遵循三色法则，采用高明度、高饱和色彩	不遵循三色法则，色彩艳丽、设计杂乱
3	身份	每个公仔有特定的身份名称和完整长段的角色说明	仅有人物身份名称，缺少完整、长段的角色说明
4	尺寸	小型高5—9厘米，中型高14—16厘米	尺寸过大，超过手掌大小
5	重量	公仔重量较轻，仅在30—50克	重量过重，不适合便捷携带
6	功能	专注于艺术品传统的视觉享受功能	设计增加灯光、人工智能等电动机械功能
7	出新	定期持续上新，具有明确的发售日历，不限联名款	更新频率慢，发售无预告，不购买知名IP授权
8	数量	保证产品的稀缺性，控制市场投放数量	无限制投放，导致产品泛滥

（二）"盲刺激"消费体验

1."盲"定位：基于"盲然"与盲从心理的利用

一方面，一无所知的"盲然"是消费新常态。开盒前无法知晓盒内产品，能否爆出心仪形象或隐藏款全凭运气，这种不确定性收益反馈机制，是盲盒玩家上瘾的重要属性[1]。拆盒面临未知

---

[1] 季如意：《互联网传播视域下"盲盒热"消费心理分析》，《东南传播》2020年第1期，第117—119页。

造型时,刺激和激动心情让用户多巴胺分泌增加,产生愉悦心情。这种"产品抽奖"的体验在中国有历史传统,如买彩票、邮币卡等,更明显的是从买小浣熊干脆面集水浒卡开始,到《非常6+1》等综艺节目中砸金蛋和网易游戏推出的阴阳师手游中抽取SSR人物角色等。为集齐所有款式,"端箱"成为一种常态,用户在一整箱中抽中的概率为0.69%(1/144)[1],需花费近8500元。

另一方面,盲从心理(也称从众心理)被商家充分利用。商业机构设计门店配方,引导消费者形成盲从的心态,自觉或不自觉地进行购买。"拥挤"在寻常商店中是糟糕体验,而在盲盒商店中,则成了最佳属性。当一群人在挑选时,消费者会从众购买,尤其是新款发售时的排队抢购,将盲从心理运用到极致。

2.选址配方:综合体负一层(B1)销售、金角银边小铺面

2012年以来,随着国内经济增速下行、线上销售挤压线下销售的空间,门店零售大环境基本上处于逐年放缓的趋势中,以百货、街边店为代表的线下实体店的压力巨大,整个零售市场个别细分领域异军突起,但整体呈现中低速增长的常态,零售市场也逐步从做大蛋糕步入切分蛋糕的存量竞争阶段。

线下门店由两个配方主体构成:选址配方和展陈配方。盲盒销售以线下门店为根基,店铺销售是核心的营收渠道。如泡泡玛特2017年零售店渠道营业收入占比63.9%,尽管2018年、2019年

---

[1] 胡小媛:《最高翻39倍,"投资盲盒"正在掏空很多人的钱包》,《现代商业银行》2019年第22期,第89—91页。

占比有所下降，但仍然分别为48.3%和43.9%（见表1）。从消费体验而言，店铺仍然是消费者购买时的重要场景。

盲盒销售门店的配方设计中会重点考虑流量。在城市化过程中，商业综合体由于丰富的商业业态和一站式消费体验成为各类人群的首选。为凸显潮流定位，捆绑商业综合体进行销售，形成了捆绑效应。具体会选择商业综合体的负一层（见表5），这一层一般为地铁出入口或人流量大的地方，店面成本远低于地面一层的店铺成本。2017年，泡泡玛特发行股票筹资660万元开设30家门店，每家店成本（租金、装修、人员工资及其他费用）为20万元[①]。

以上海环球港店的选址为例，环球港是上海面积最大的商业综合体，其负一层通向金沙江路地铁口，有13号线、3号线、4号线地铁，人流量大，具有超强的形象展示作用。地面一层均因"人气旺"成为消费者从众购买的重要诱因，这种一层选址也会定位在知名的商业步行街，比如成都门店选址就在宽窄巷子步行街上。这种店铺选址也体现在机器人商店的布置中，以上海大华虎城为例，机器人商店布置在B1层入口处（表5），人流量大、曝光度高。

店铺选址方法有"金角银边草肚皮"的俗语，金角的铺位是首选，街角汇聚四方人流，便于寻找，顾客立足时间长，展示面

[①]《泡泡玛特：2017年第一次股票发行方案》，https://guba.eastmoney.com/news, 870578, 738982038.html，访问日期：2020年12月23日。

表5　泡泡玛特门店的楼层选址数量统计

门店所在层数	数量/个	比例/%	门店所在层数	数量/个	比例/%
B2层	5	2	4层	5	2
B1层	97	45%	5层	5	2%
1层	79	37%	6层	3	1%
2层	12	6%	8层	1	0.5%
3层	6	3%	9层	1	0.5%

资料来源：基于泡泡玛特官网显示门店（214家）统计测算，截止时间为2020年8月28日。

大，品牌曝光度高，因而成为连锁企业关注的金角位置。银边是指街两端处于人流进入的端口，距离金角不算远，在用户的接受距离之内。这种选择也符合泡泡玛特的定位——潮流制造。

铺面面积一般集中在10—30平方米。一方面是降低成本的需要，另一方面是遵循潮流玩具等快速消费产品的销售规律，店面拥挤、摆放密集等"缺点"反而构成了视觉奇观，吸引人流，10人以内在店就显得人气旺。

3.展陈配方：密集视觉奇观，统一"上展下卖"

展示中需要安排三个典型单位：大型盲盒，展示产品，在售盲盒。大型盲盒会放在进店前的橱窗、门口等最显眼位置。在布置中遵循"造神"原则，大型盲盒是小型盲盒放大若干倍，构成视觉奇观。

展示产品一般放在用户无须抬头或低头的平行视线范围内，

密集展示各个产品系列，进店前的主展位均展示爆款 Molly 系列，主展位背后的位置一般会留给 Dimoo、Pucky 等其他 IP 产品，这些产品的影响力相比 Molly 较弱，一般只展示一个系列，与其他 IP 组合摆放。Molly 系列的展示会把 7—8 个爆款系列陈列在亚克力透明盒子中，放置在成人平行视线高度。每个系列的隐藏款也展示于其中，通过密集摆放带来了视觉满足感。在售盲盒一般放在展示产品之下的位置，高度一般在 1.2 米左右，成人用户或低龄儿童用户均能方便拿到摇盒或把玩。这是针对用户体验的流程而设计的，在展示产品的观看体验后可以直接做出购买决策。

这种"上展下卖"的柜台展陈方式不仅延续到了机器人商店中，而且也成了其他潮玩品牌遵循的经典展陈配方，比如名创优品等。收银台位置放在了店铺中间或靠里的位置，给盲盒产品留出了最大的展示空间。

展陈时还包括氛围配方。一是照明亮度高于其他店面，让产品显得更加闪闪发光，增强用户对产品价值的感知。这也符合常人对闪闪发光的产品会具有较高价格的认知，来承载盲盒 59 元的感知价值。二是音乐节奏快。如同快速消费品店一样，泡泡玛特门店会播放节奏明快的歌曲，制造轻松氛围，加快消费者决策速度。

（三）"买上瘾"消费成瘾

1."瘾"定位：基于欲望分层的感知获益

德国哲学家康德对"欲望"的定义是"把精神表象转化为现实具象的原因和能力"。以泡泡玛特为代表的盲盒供应商,用其商业意志把消费者的精神表象转化成精确分层的消费欲望(见表6)。Molly的眼睛是绿色的,Molly大眼睛直视前方这样的姿态重复着"您在凝视Molly,Molly也在凝视着您",这种造型关照了用户"被看见"的欲望。当用户购买系列集中盛放在一个位置时,便有了来自"Molly军团"的凝视。

表6 盲盒"欲望"的分层及用户感知价值对比

层	欲望	心理满足	感知价值	感知损失
1	扮演欲	"演一演"镜像满足	满足心理角色扮演的欲望,实现特定角色的镜像满足	造型缺乏治愈或不匹配心理角色,心理预期得不到满足,出现失望感
2	集齐欲	"全家福"圆满满足	满足系列角色集齐的圆满感	系列集不齐时,出现孤独感、残缺感、遗憾感
3	分享欲	"瞧一瞧"社交满足	具有拆盒、遛娃、娃墙展示、二手交易等社交分享感	没有发朋友圈"宣告占领",会出现冷清感
4	手工欲	"动动手"手工满足	突破现代同质化的键盘劳动,手工改娃,实现创造感	收藏公仔具有同质感,缺乏差异性和独特感

游戏属性是盲盒产品最重要的特点之一,围绕"抽盒体验"这个核心配方,商业机构基于场景精准设计产品体验,进行产品设计和渠道拓展。用户对盲盒的复购率居高不下,这种基于游戏属性的消费成瘾行为有三种动因。第一,盲盒价格一般在100元

以下，价格较低，消费者可以负担，重复购买。第二，人性中有着追求圆满的心理，这也称为"全家福效应"，集齐所有角色成为刚需，"遍插茱萸少一人"造成了遗憾心理，具有残缺感。为了集齐一整套、增加抽中隐藏款的概率，用户呈现出不停买、端盒买、成箱买等"类赌博"的消费上瘾行为。第三，二手交易市场对隐藏款热推，产品溢价过高。泡泡玛特的潘神圣诞隐藏款（原价59元）在闲鱼App卖到2350元的高价，狂涨39倍；Molly胡桃夹子王子隐藏款均价1350元，上涨22倍。尽管隐藏款涨幅很高，但仍在用户可承受的价格区间中。

2.线上抽盒配方：复刻线下，还原体验

线上抽盒程序"抽盒机"盛行，它将"抽盒体验"线上化，在微信小程序、淘宝App中均可以使用。消费盲盒时，用时最长的环节即为拆盒前的抽盒过程，消费者会不停地摇动不同的盒子听声音、比重量、摸厚实度等来判断款式。这种程序设计的配方让线上盒中款式始终保持了神秘感。

在抽盒程序首页最上方，弹幕不停播放"恭喜×用户抽到×"。这种弹幕设计一方面充分迎合"Z世代"用户对弹幕的亲近感；另一方面制造"中奖"心理，引导用户认为"我也能抽中心仪的款式"。

（1）盲盒选取复刻了线下相同的体验。选定一个系列的盲盒后，每一款盲盒按顺序售卖，只有这一整盒全部被卖完后，才能继续抽下一盒。程序页面只展示一套12个盲盒，每个盲盒有数字编号，用固定编号保证抽盒内容的一致性。

（2）抽盒动作复刻了线下抽盒的动作。抽盒程序模仿线下抽盒动作，像古代占卜前摇签筒的动作，选中一个系列的盲盒需要手机摇一摇，然后程序提醒"根据本少女多年抽盒的经验，这里面应该不会是×"，只给两次机会排除。

（3）抽盒等候复刻了线下排队的机制。抽盒需依次排队，制造饥饿营销。线上抽盒前设计了排队机制，需要等线上另一个用户抽盒结束后才能进行抽盒。在普通系列或往期爆款页面没有太多人排队，最拥挤的时段是在新盒线上发售时，抽盒同步在线人数过多，排队机制能够发挥维持秩序作用。

3.机器抽盒配方：盲盒装置，重塑体验

机器人商店避开了扭蛋机、零售机等机器售货的缺点。一方面，扭蛋机高度太低，而泡泡玛特用户一般为15岁以上的人，所以机器人商店必须具有一定高度。另一方面，零售机取货体验差，只有"扑通"的掉落声，取物需大幅弯腰，更缺少"抽取"商品的仪式感。从成本方面考虑，机器人商店体积小、占地少，没有店面租金、人员等沉没成本。每台成本（含生产、租金、维护）约为5万元，每月能带回数百万元的利润[①]。从用户需求来说，满足了无线下店的区域用户需求，可以在线下实现抽盒。

机器人商店本身就是"盲盒"，超越盲盒，自构为一种装置

[①]《泡泡玛特：2017年第一次股票发行方案》，https：//guba．eastmoney.com/news，870578，738982038.html，访问日期：2020年12月23日。

本体，与盲盒一道，构成了法国哲学家吉尔·德勒兹所提出的"装置中的装置"[①]，利用时尚感、等待感和仪式感的设计占领用户视觉。一是制造时尚感，机器商店整体为亮黄色，采用"上展下卖"的展陈配方，展示透面7列×7行的盲盒矩阵，配合超级屏幕展示。二是制造等待感，用户选取系列货品后，不同于传统零售机立刻掉落货物，而是由机械手缓慢地挪动抓取盲盒并放置在出货口。三是制造仪式感，出货口设计成了方形平台，在开启时有五彩灯光。这三种特别的感知价值让用户更愿意拍摄小视频或发图片进行分享。

4.盲盒直播配方：美人之美，融入生活

淘宝直播的盛行也改变了盲盒玩法，让盲盒成为一种生活方式。如果单单直播卖盒、拆盒，仅能够维持用户热度，新鲜体验较差，需要耳目一新的体验。比如×年8月30日淘宝直播中，泡泡玛特针对女性用户美甲的需求，设置了美甲师专场，在女主播介绍盲盒的同时由美甲师给女主播做美甲，让Pucky形象的美甲全流程出现在女主播的手指甲上。有很多女性用户就在评论中发出"Pucky太可爱了，哪里可以做这款美甲"的呼声。

5.付费权益配方：权益迭代，增强黏性

传统会员体系仅有消费积分体系，如消费1元累计1个积分、20个积分抵扣1元现金、生日当天双倍积分等。而随着用户对抽

[①] 查尔斯·J.斯蒂瓦尔编《德勒兹：关键概念》，田延译，重庆大学出版社，2018。

盒体验要求越来越精准,在2020年6月24日泡泡玛特推出"优享卡",优享权益包括12个热门新品盲盒、24张线上抽盒显示卡(预知款式)、72张抽盒提示卡(排除款式)、200元渠道消费券。这些权益原价值为2468元,售价仅为699元/年。显示卡与提示卡针对单个会员限量,无法单独、规模化购买,避免了"氪金玩家"对盲盒生态的威胁。如要免费获得显示卡和提示卡,需要完成线上的各类任务获得积分,进行兑换。这也是平台设计玩法时增加用户黏性的需求。

四、盲盒策略:"善"与"恶"的较量

(一)创意枯竭:造型配方回归生活本体,推动善循环

泡泡玛特2020年2月新发AYLA动物时装系列与知名"娃社"Doll Chateau2017年发布的数款娃娃在服饰、造型与配色元素上高度重合,且买家实际拿到的成品也与展会版本在做工与细节上颇有差距,品质下滑。截至2020年2月19日,微博上关于"泡泡玛特艾拉兔抄袭"话题阅读量已达858万次。这次舆情问题除了伦理问题以外,反映了IP设计创意面临的核心挑战:创意枯竭。

设计一个爆款容易,持续设计出爆款最难。Molly设计师王信明在泡泡玛特还拥有2%的股权。作为公司股东,他与公司利益高度捆绑,公司发展为其创作提供了经济保障,但是由于设计师年龄增长、创作动力受限,或多或少影响IP的推陈出新。

2017年至2019年Molly分别推出了7个、6个、5个系列，出新频率逐年降低。Molly创意枯竭表现为造型缺少创意，系列定位过于单一冷门，没有根据用户生活做造型创新，如朋克系列的暗黑风转向偏于小众的欧美女性需求，而没有关注中国大陆本土女性用户需求。

2020年8月新发的Molly"一天系列"的创意引来市场好评。Molly不再扮演"别人"，而是回归自己。早安、快点吃、卜卜（拉便便）、电视机、艺术时间、冰激凌、好梦等角色都高度匹配受众日常生活。如角色"猫咪开餐"匹配撸猫生活，"电影时光"匹配看电影吃爆米花的时间，"泡泡浴"匹配用户浴缸泡澡的场景等。恰如2020年火热的综艺节目《乘风破浪的姐姐们》中所唱的《玫瑰少年》袒露出"别让谁去改变了你，你是你，或是你，都行，会有人全心地爱你"。以此，IP设计回归用户生活本体，有效应对了创意枯竭挑战，实现创作与审美的善循环。

（二）生态恶化：商业联动保护盲盒生态，减少恶循环

1.维护创造稀缺IP的"创意池"

商业行为的源动力是"创造稀缺"，包括艺术品稀缺、艺术家稀缺、用户稀缺、体验稀缺等四个方面[1]。但是以造型创意为核心的盲盒科技含量低，各类机构的大量模仿和盲目生产使得各类盲盒充斥市场，一定程度上造成了"劣币驱除良币"效应。比

---

[1] 桑子文、金元浦：《互联网+、文化消费与艺术电商发展研究》，《山东大学学报（哲学社会科学版）》2016年第5期，第41—50页。

如泡泡玛特的竞品"盒屯"复刻了泡泡玛特的线上抽盒程序,名为"拆盒机",其机器人商店也应用泡泡玛特的选址配方,放在综合体B1层电梯口,机器设计除色彩外一模一样。当体验同质化后,应维持稀缺创造的生态。

这种创意池的核心应保护设计师创意的良性转化,推动设计师积极试验新品,在市场考验和试错中积累创意设计经验,注入IP优质配方积淀的创意池。

2.联合二手交易平台化解炒作

IP的创意造型推动盲盒产业的爆发式发展,但也因市场炒作破坏盲盒产业生态,引发了监管预警。面对二手市场(如闲鱼App)存在的隐藏款炒作问题,一方面,盲盒生产商应协同闲鱼App等第三方机构,形成商业联动的生态机制,避免出现第三方为提高自身流量而人为炒高盲盒价格的盲目行为。另一方面,运营中在推出新系列或IP时应确立常规款与隐藏款的恰当比例,并适时调整,避免盲目发行,也培育消费者理性消费的观念。

(三)扩张陷阱:慎用IP多元转化策略,预防恶循环

泡泡玛特联合创始人司德预见"未来泡泡玛特也许会成为中国的迪士尼"。这意味盲盒产业将在IP形象的多元转化方向发力。迪士尼以影视作品为核心IP,利用迪士尼乐园、玩具、服饰、生活用品、IP授权等产品矩阵实现了超级利润。但是光看迪士尼的成功会存在"幸存者偏差",盲盒企业面临着扩张风险。

商业扩张中应谨慎使用IP多元转化策略。以迪士尼为代表

开展的IP多元转化是重资产模式，而非泡泡玛特目前销售盲盒的轻资产模式，一旦转型IP重资产开发，企业性质就发生了变化。IP多元转化能够推动IP出圈，拓展用户群，一旦转化失败容易造成原有忠诚用户流失，造成IP品牌的损失[①]。比如同类动漫形象经营方"同道大叔"IP转化就是前车之鉴。

2016年，美盛控股收购同道大叔公司创始人蔡跃栋股权后，大力转化同道大叔12星座IP形象，与100家企业开展过形象授权、商品授权以及跨界营销等。但数据显示，2017年同道大叔公司营业收入约为6700万元，而2018年1—10月营业收入锐减至约4700万元，减少了约2000万元，从盈利665万元变为亏损164万元。这意味着，仅通过消耗IP价值的轻资产运营、脱离核心创意配方的IP转化是没有生命力的。

五、盲盒批判：盲盒到底可以"疯"多久

盲盒的蜂起席卷世界，来势汹涌。然而，任何盲盒都有生命周期，任何用户也有消费周期，任何爆款的配方会形成模式，但唯一不变的都是青年赶潮人的心理需求——时尚。

什么是时尚的生命周期？

当代文化的消费依赖一种时尚逻辑。时尚的波浪式曲线构成了当代文化运作的基本律动。法国批语家罗兰·巴尔特曾沉迷于

[①] 桑子文、金元浦：《网络文学IP的影视转化价值评估模型研究》，《清华大学学报（哲学社会科学版）》2019年第2期。

服装时尚的研究。他说，所谓时尚就是生产集团为促进服装消费的加速更替的一种策略。时尚的逻辑是物的购买永远大于消耗。大得越多，时尚就越见其"火"。

盲盒成为时尚，时尚给盲盒商品附加了文化的、艺术的快乐游戏——猜谜和赌一把的价值。这些价值寄附于使用价值之上，创造出了增值的价值，从而使生产—交换过程活化、加速，让存在库房里的滞销品瞬间火爆。

时尚文化如何刺激需求？那就是通过制造时尚浪潮来推动商品营销。时尚有一个发展序列，可以分为时兴、时髦与时狂三个阶段或三种形式。时尚浪潮兴起的初期阶段被称作时兴，这可以说是一种时尚青少年的消遣方式。因为好奇，因为喜欢，兴味横生，不知不觉地进入一种"投入状态"，即所谓"着了道儿"。继而，时兴进入时髦，情绪被进一步唤起。时髦的普遍认同使追求本身成为一种愉快的方式，时尚男女在时髦的浪潮中获得一种心理的满足。当追求时尚达到狂热而不理智的状态时，时尚便演化为时狂。那是一种令卷入者亢奋不已的激奋状态，他们在互相激荡中使情绪白热化，并迫切地寻找一种发泄渠道。盲盒时尚中的"盲盒女孩"就是这种"时狂中人"。与之相应，盲盒时尚浪潮兴起的这段时间，盲盒商品光辉四溢，身价百倍，而时尚的浪潮一过，便会偃旗息鼓或者一落千丈，被迅速抛到价值交换的市场网络之外，无人问津。时尚造成的就是这种速生速朽的"梦幻"式价值，而文化市场则通过时尚的迅速代换来形成一个个消费高潮。互联网时代商家的时尚创意,通过有目的、有步骤地"制造"时尚来"制造"和"激发"消费者的需求,并大力推动这种浪潮式时尚,形成一浪高过一浪的激情消费。"闲暇的人不得不接受文化制作人提供给他的东西"。

盲盒到底能"疯"多久?盲盒生命延续的方式就是不断地"迭代",不断进行配方的调整,或者干脆被下一个创意时尚爆款替代。

二编

5G时代中美文化创意经济比较[①]

在中美贸易战激战之际，了解中美文化创意产业前沿领域的发展状况，是文化创意行业人士必不可少的功课。同时，中国的文化创意经济也需在"知己知彼"基础上了解世界，寻找中国特色的文创发展的光明之路。

一、5G技术，启动一个全球竞争的新时代

本文的首个重要判断是：随着5G技术的成熟与开始应用，一个全球竞争的时代来临了。根据美国的相关预测，到2021年，5G连接的数量预计将达到1.25亿个，甚至高达2亿个。到2025年，5G订阅的数量预计达到26.1亿个。同年，在5G移动基础设施上的支出将达到23亿美元左右。5G的特性如高可靠性、超低延迟、高带宽和移动性，展示了前所未有的超高功能。随着5G无线网络的巨大能力将世界各种各样极为多样的装备连接到互联网，大数据、人工智能、物联网、云服务将比以往更快速，更便捷，更容易。5G时代，几乎所有产品，从可穿戴产品到汽车产

[①] 本文写作于2020年4月，以《全球竞争下5G技术与中国文化创意产业的融合新发》为题目发表于2020年第5期《山东大学学报》。

业，再到医疗诊断机器，都可以借助其应用程序发挥更加强大的功能。当然，从中国目前5G的连接来看其速率已大大提高。

然而，事实是，中国2020年已建造了约70万个5G基站，超出了中国最初打算安装50万个5G基站的计划。中国工业和信息化部副部长刘烈宏说，该数量是2020年全球其他地区安装的5G基站数量的两倍以上。工信部2020年10月透露，中国有超过69万个5G基站正在运行，已连接超过1.6亿个设备。刘烈宏透露，有超过1.8亿个设备连接到5G。为了在全国范围内全面覆盖5G，中国将需要安装1000万个5G基站，这将需要约2万亿元人民币（约合2800亿美元）的投资。

5G无线移动技术是采用与此前技术完全不同的新的方式来解决未来社会广泛的使用需求的业务模型，它将建构一个全方位的移动和连接的社会。因此，5G技术将在社会经济变革、提高生产力、实现可持续发展、大幅提高生产效率、大力提高社区整体福祉方面发挥重要作用。5G技术将带来更广泛的连通性，更大的移动通信容量，将实现新能力的巨大增长。通过提供更大的进出量、更少的等待时间、超高的可靠性、更精微的连接密度和扩展的移动性范围来增强性能。网络架构的端到端转换将为5G提供必要的灵活性，以优化网络的运行，并适应更为广泛的各种需求，以建构未来更完善的服务体系。随着5G的出现，产业链将利用强大的技术能力和更紧密的集成来开发新产品和新服务。值得期待的是，5G将为技术和商业创新创造一个生态系统，这将从根本上改变整个垂直市场,如汽车、能源、食品和农业、城市管理、政府运行、医疗保健、制造业、运输业等。5G 时代是一个跨越众多领域的融合发展的时代。

5G 时代是一个全面创新的时代。在过去的若干年里,手机已从根本上改变了人们的工作、生活和娱乐的方式。从 1G 到已广泛使用的 4G 智能手机,到今天 5G 的全球应用,我们所在的地球发生了根本性的转变。

5G 时代又是一个充满竞争的时代。美国将中国认定为全面竞争的对象。我国在 5G 领域成为先行者,触动了美国政府的神经,于是对中国采取了全面打压的战略和策略。从当下的现实来看,在这一重大变革中,美国这一次并未优先。

二、游戏产业,全球上升幅度最大的文创产业

游戏是近年来全球上升幅度最大的文创产业。相比动漫、电影、电视诸类型,游戏在中国一直是被边缘化的,中国人一直有玩物丧志的文化传统观念,加上一些少年沉迷于游戏,中国政府一直没给游戏好"脸色"。直到游戏成为电竞,并且在亚运会拿到金牌,以及王思聪的战队在国际比赛中获奖,游戏、电竞脸上才稍稍有点暖色。

在美国,视频游戏市场的价值估计为 176.9 亿美元,这已经很了不得,而整个全球视频游戏市场在同一年的价值为 750 亿美元。在美国,软件制造的收入大约是视频游戏行业收入的一半;

而硬件、配件占其余的份额。在2009—2016年，物理视频游戏销售下滑的同时，数字格式的份额在增长。2009年，80%的视频游戏是实物拷贝，20%是数字游戏。2016年游戏已经有很大一部分是数字发行。当代世界市场上最大的游戏公司主要包括索尼、暴雪、艺电和育碧等公司。仅举几个例子，2016年索尼电脑娱乐有限公司找到了游戏公司名人堂，名人堂游戏收入为78亿美元，仅次于腾讯102亿美元的游戏收入，而微软的年收入为13亿美元，任天堂的收入为60亿美元。2015年49%的美国消费者说他们一生中至少玩过一次电子游戏。男性仍然是主要的游戏玩家。尽管有一段时期女性游戏玩家的比例有所增加，但男性似乎还是把男人看作游戏玩家。美国游戏玩家平均每月花29个小时玩游戏机。27%的控制台用户平均花费3—5小时在这个设备上玩游戏。尽管2012年的消费者支出迅速下降到207.7亿美元，但2016年关于游戏消费支出的数据显示，该行业的消费者支出再次回升，数字增长到304亿美元。美国电子游戏销售的快节奏游戏似乎是2016年美国视频游戏中最受欢迎的视频游戏类型。购买最多的类型是射击游戏，占所有购买游戏的27.5%，紧随其后的是动作游戏，第三是角色扮演游戏，占12.9%。自从2008年以来，互动游戏的实体零售额达到了的峰值，给美国经济带来了大约117亿美元，美元的销售数字一直在下降，2015年的结果表明，计算机和视频游戏的销售额达到了53.1亿美元。分析表明，电脑游戏占了整个数字的3.11%，其余的则归功于电子游戏。此外，诸如订阅、数字全游戏、移动应用程序等类似的格式增加了99亿美元的销售总额。2015年的零售总额中有31%是由实物格式的游戏生成的，69%是由数字格式的游戏生成的。一年后，实物格式与数字格式销售比率变为26：74。美国游戏市场占全球游戏市场的近23%，其中2015年的市值超过710亿美元。相比之下，中国市场的估值为91.5亿美元，日本游戏市场预计将达到120.6亿美元。在全球层面上，控制台和网络游戏一直是业界最重要的收入来源。2017年，美国销售的所有电子游戏的11.6%是体育游戏。电子游戏产业中，视频游戏可以在计算设备上操作，例如个人电脑、游戏控制台或移动电话。根据平台不同，视频游戏可以分为计算机游戏和控制台游戏。然而，近年来，社交网络、智能手机和平板电脑的出现引入了诸如移动和社交游戏等新的类别。今天的电子游戏提供了逼真的图形和模拟现实，这在很多情况下是惊人的。电子游戏是10亿美元的生意，已经有很多年了。2016年，美国的电子游戏市场价值176.8亿美元。重要的是，第一代游戏玩家现在已经拥有了巨大的消费能力，因此，尽管在孩子们中的普及率很高，但电子游戏不再仅仅被视为儿童游戏。事实上，人们发现视频游戏在美国的老年人中越来越受欢迎。娱乐和精神敏捷是老年玩家们为什么选择这种娱乐的主要原因之一。在视频游戏行业的众多代表中，有三大公司已经有几十年了，在2016年处于领先地位，这三大公司是索尼、微软和任天堂。

移动游戏手机媒体正风靡我们的生活。美国千禧一代使用移动设备的时间从2012年的107分钟增长到2017分钟到223分钟。在2016—2019年间,美国的移动互联网使用时间从每天的155分钟增加到190分钟,这意味着三年内有22.5%的增长。预计移动网络使用时间大约占14.2%,剩下的移动互联网时间在App中使用。手机游戏极大地促进了移动媒体使用率的高速增长。在全球层面上,2016年该行业创造了356亿美元的收入。此外,2016年计算出谷歌游戏商店和苹果App Store从移动游戏获得的收入分别占这些应用商店总收入的90%和80%。与所有游戏一样,数据显示,截至2016年,亚洲仍然是基于手机游戏收入最大的地区,北美洲是第二大移动游戏领域,创造了69亿美元。截至2016年底,全球移动游戏用户平均每月活跃用户数为28亿个,高于2015年度的27亿个。2016年初发现,美国玩家每月平均玩3.6次手机游戏,每天玩1.3次游戏。美国人没有玩物丧志的道德束缚,玩游戏者的增长被看成是走向普及的常态。

再看中国。据《2020年中国游戏产业报告》可知,从近几年的大数据来看,游戏行业依然保持着高速增长,2020年的实际销售收入为2786.87亿元,比2019年增加了近500亿元。值得注意的是,2020年,中国自主研发游戏国内市场实际销售收入2401.92亿元,比2019年增加了506.78亿元,同比增长26.74%。自研游戏的收入中,中国移动游戏市场实际销售收入2096.76亿元,海外市场实际销售收入也达到了154.50亿美元(约为1009

亿元人民币），比2019年增加了38.55亿美元，同比增长33.25%，继续保持高速增长态势。2020年，中国自主研发移动游戏海外地区收入分布中，来自美国市场的收入占比为27.55%，蝉联第一。来自日本、韩国的收入占比分别为23.91%和8.81%。三个地区合计贡献了中国自主研发移动游戏海外地区收入的60.27%。中国自主研发移动游戏在海外地区收入分布中，策略类游戏收入占比为37.18%，射击类游戏收入占比为17.97%，角色扮演类游戏的收入占比为11.35%，三类游戏合计占比达到66.5%。

这说明在移动游戏领域，国内的手游研发体系已经处于国际第一阵营，不仅可以在国内创造市场价值，而且可以在全球市场与其他国家共分蛋糕。同时，2020年，中国游戏用户数量保持稳定增长，用户规模达6.65亿人，同比增长3.7%。这恐怕与电竞作为体育项目让很多家长放松了管制，公众对网络游戏产业的认知和理解也发生了很大变化有很大关系。随着新的消费时代来临，北京、上海等地的"90后""00后"成为中国文化娱乐消费的主体人群，他们在经济独立后，自主意识加强。同时，随着云计算及5G等新技术的加入，网络传输技术水平不断提高，网络游戏迎来了产业高质量发展升级换代的新阶段。

三、传媒和娱乐业，全球新格局正在形成

美国的传媒和娱乐业，经历了近百年的发展，在全球有着无可争议的霸主地位。对于蓬勃兴起的中国传媒和娱乐业，如何清

醒地分析和借鉴其发展的成功经验和失败教训，构建与人类命运一致的中国特色、中国传统的传媒和娱乐业，是我们必须要认真思考和实践的一课。

据普华永道会计师事务所发布的《2016—2020年娱乐及媒体行业展望》，2016年全球媒体和娱乐业市场收入达到1.9万亿美元，预计增长近5%，到2017年达到2万亿美元。2016年美国媒体和娱乐业市场收入达7120亿美元，展示了美国文化的独特的重要贡献。中国1900亿美元，成为仅次于美国的第二大市场，第三是日本1570亿美元，德国970亿美元，英国960亿美元。法国排在第六位，达到693亿美元。相比之下，六大拉丁美洲国家的媒体和娱乐业市场在2016年增长到960亿美元。

美国拥有全球最大的电影娱乐、音乐、图书出版和电子游戏市场。传媒和娱乐业主要是由大企业、小企业，或独立工作室，与数字和技术部门合作来主宰。行业呈现多样化形态。美国传媒和娱乐市场包括电影、电视节目和广告、流媒体内容，音乐和音频录制、广播、图书出版、视频游戏及辅助服务和产品。最大的美国传媒娱乐公司（以2016年的收入计算）横跨四个广泛的产业领域，包括企鹅兰登（图书）、索尼（音乐）、迪士尼（电影）和微软（视频游戏）。许多公司进行了跨界融合，提供了跨传媒和娱乐各部门的众多服务。据当下娱乐和媒体估计，美国的传媒和娱乐产业的收入到2022年预计将达到8300亿美元以上。

传媒与娱乐行业在2015年最新的可用数据中，核心版权产业让美国GDP的增值达到1.2万亿美元以上，占美国经济的6.9%。2012—2015年，核心版权产业的年平均增长率为4.8%，而整个美国经济增长率仅为2.1%，其相对于整体经济增长率，增长了127%。此外，核心版权行业的工人年平均薪酬为67715美元，远远超过了支付给其他美国工人的平均薪酬。另据国际知识产权联盟（IIPA）报告，美国海外市场版权产品为1770亿美元，较上年同期大幅增长。与其他行业相比——化学品（1358亿美元）、航空航天产品和零部件（1346亿美元）、农产品（629亿美元）和药品（583亿美元）——传媒与娱乐业的出口量更高。行业领袖们努力阐明：核心版权产业对美国经济具有十分重要的意义。

在中国，娱乐业或泛娱乐的分类是一个存在争议的行业概念，中国的小娱乐业的分类主要是传统的线下服务行业，包括为娱乐活动提供场所和服务的部门，即歌厅、舞厅、音乐茶座、台球厅、高尔夫球场、保龄球场、网吧、游艺场等娱乐场所。

泛娱乐行业则包括传统的文化娱乐行业（如传媒、影视、音乐、文学、动漫），在互联网特别是移动网高速发展的形势下，中国娱乐业的内涵也在发生变化，新业态、新模式显现，如近几年兴起的VR、AR、MR的体验项目，3D、4D体验场景，短视频，网络直播，网络小说，云游戏等，体现出鲜明的线上特征。

中国传媒与娱乐业呈现跨界融合与线上线下融合的"双融"特征。跨界融合指娱乐业与媒体、电影、电视、动漫、音乐与文学阅读等融合，与旅游、休闲、游艺、餐饮、体育等融合，形成

"边界作业"的合力。线上线下的融合表现为线下娱乐实体场景与线上新形态的融合。

据艾媒咨询所做的《2019—2020年中国文娱行业细分领域融资数据分析》，2019年从细分领域看，媒体以30.2%的占比位居文娱行业细分领域首位。其次是影视（19.0%），动漫（16.8%）和短视频（12.3%）分列第三、第四位（图1）。艾媒咨询分析师认为，文娱产业中，媒体仍占据文娱投资细分领域的头部地位，影视、动漫在数字技术帮助下，优势明显。移动互联时代，短视频、直播等新业态、新模式备受投资市场青睐。

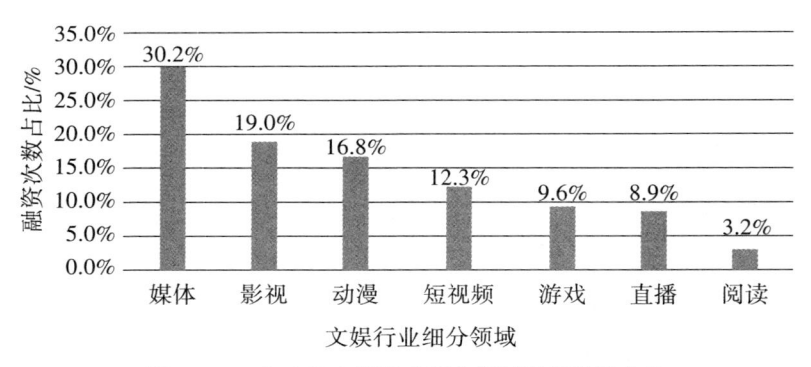

图1 2019年中国文娱行业细分领域融资次数占比

资料来源：剁椒娱投、艾媒数据中心。

2020年，线上文化娱乐大幅增加，发展迅速。以短视频为例。据河北自媒体联盟整理发布的《2020年中国短视频行业的发展现状》可知，从2016年起，短视频平台开始初步探索广告、导流电商、品牌活动等多元变现模式。随着短视频流量井喷、营销效应显著，一两年内将在商业化发展上取得重大突破。短视频用户规模迅速增长。截至2018年12月底，我国短视频用户规模达6.48亿人，同比增长58.05%，高出长视频用户0.36亿人，网民使用比例达78.2%；2019年6月，中国短视频行业的用户规模达8.57亿人（图2）。短视频总月活跃用户达5亿人，用户每日使用时间达1小时，使用时长占总上网时长的11.4%，超过综合视频，成为仅次于即时通信的第二大应用类型。

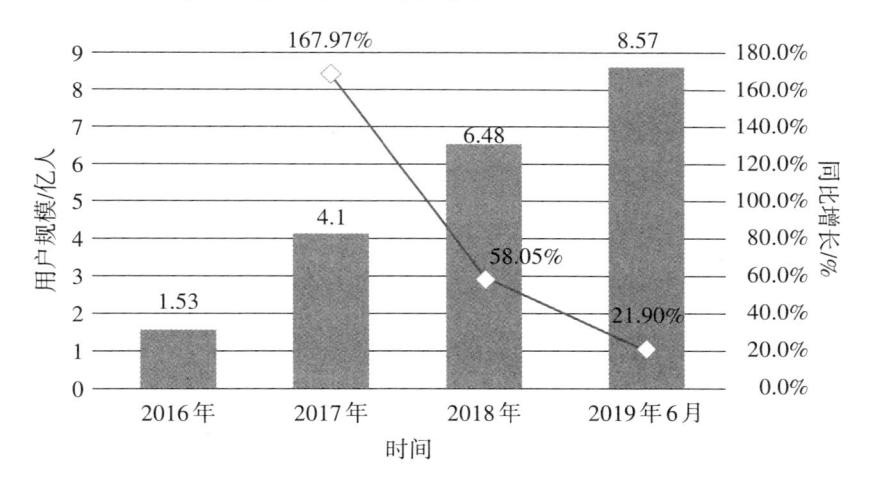

图2　2016-2019年我国短视频用户规模情况

再如数字音乐，根据艾瑞咨询发布的《2019中国数字音乐产业研究报告》，我国"当前音乐的传播和储存形态已经全面进入数字化时代"。以腾讯音乐为例，由于受到疫情的影响，引发机构和消费者走向线上，腾讯音乐平台在2020年第一季度总营业收入达到了人民币63.1亿元，较2019年第一季度同比增长10%。中国在线音乐的使用率在互联网在线应用中上升到了第四。在线音乐成为网络消费者生活中的必需品。

四、电影：一个爱与恨、增长与衰落的样本

根据好莱坞电影公司的总结，2017年美国和加拿大电影的观众数量下降到了一代人的最低水平。电影的持续发展乏力，致使电影公司度过了惨淡的一年。2017年美国和加拿大（北美地区）的影院入场率下降了5.8%，降至12.4亿人次，这是自1992年以来票房最低的一年。2017年票价平均上涨了3.2%，收入超过110亿美元，但仍低于2016年的纪录。由于持续疲劳和电影总体阵容的下滑，加之像美国奈飞公司（Netflix）这样的娱乐消遣消费，导致观众大量流失。

当然2017年也有亮点，就是《星球大战：最后一个绝地》年底前票房达5.3亿美元，成为美国国产电影揽金头牌。即使它是好莱坞最受欢迎的故事之一，也无法逆转夏季开始的衰退。彭博情报分析师Geetha Ranganathan表示："如果2018年的指数再次下降，电影行业应该担心，尤其是即使今年的电影制作势头更为强劲，但电影观众数量的减少，将预示着该行业可能会持续衰退。"除了上座率外，影院连锁店和大型制片厂也在整合。在过去的一个月里，CiNe World Group PLC同意以36亿美元的价格收购富豪娱乐集团（美国2号连锁店）。沃尔特·迪士尼公司也达成了一项协议，以524亿美元的价格收购了包括电影制片厂在内的二十一世纪福克斯公司的娱乐业务。据彭博社报道，如果投资者有一线希望的话，那就是好莱坞2017年的好电影将带来好

的回报，票房收入估计为113亿美元。而且需要特别指出的是：在其他国家的电影市场，比如在中国，美国电影正在持续显示其霸业，在当地的大片中，好莱坞的电影票房又创造了新纪录。

1995—2018年，根据票房总收入（以10亿美元为单位）的统计数据，北美最流行的电影类型是冒险类，票房收入总计583.9亿美元。这一数据是基于总共975部冒险电影，其收入占27.04%的市场份额而得出。紧随其后的是动作片，票房总收入为394.5亿美元。截至2018年4月，三部全球票房收入最高的电影中，没有一部是喜剧。《阿凡达》是最成功的电影，在票房收入上增加了28亿美元。《泰坦尼克号》位居第二，获得了22亿美元的票房，《星球大战：力量觉醒》排名第三，增加21亿美元。1995—2018年，戏剧和喜剧也排在北美洲电影发行数量排行榜首位。美国共发行了2150多部喜剧和4700部以上的剧情剧。票房收入所产生的金额，仍然是电影产业衡量电影商业是否成功的最重要的指标之一。

美国电影使用六个不同的标准来识别。从1995年开始，每部电影都根据以下属性进行分类：创意类型（事实、当代小说、幻想等）、来源（书、剧本、原创剧本等）、流派（戏剧、恐怖、纪录片等）、MPAA（美国电影协会）评级、制作方法（实况演播、数字动画等）和分销商。美国市场图表提供了对这些类别的逐年市场趋势的分析。例如，看恐怖电影收入是如何变化的，数字动画、真人秀和电脑三维动画电影的出现，以及R级电影的衰落（可能的反弹）。依据六大标准——分销商、来源、创意类型、流派、制作方法、MPAA评级，整理一年来的相关数据，便可查看电影某个特定类别的年度趋势。

来看中国。

据中国国家电影局2019年12月31日晚发布的数据，2019年电影票房达642.7亿元，同比增长5.4%。统计数据显示，我国电影票房市场近年来保持高速增长的态势，观影人次从2012年的4.4亿人次，增长到2018年的17.16亿人次，年均复合增长率达到25.5%。国内电影票房从2012年的170.7亿元增长到2019年642.7亿元（图3），年均复合增长率达到20.85%。中国电影产业在国民经济新的发展形势下实现了快速增长。以电影票房收入衡量，我国电影市场已经成为仅次于美国的全球第二大电影市场，银幕总数居全球领先的地位。

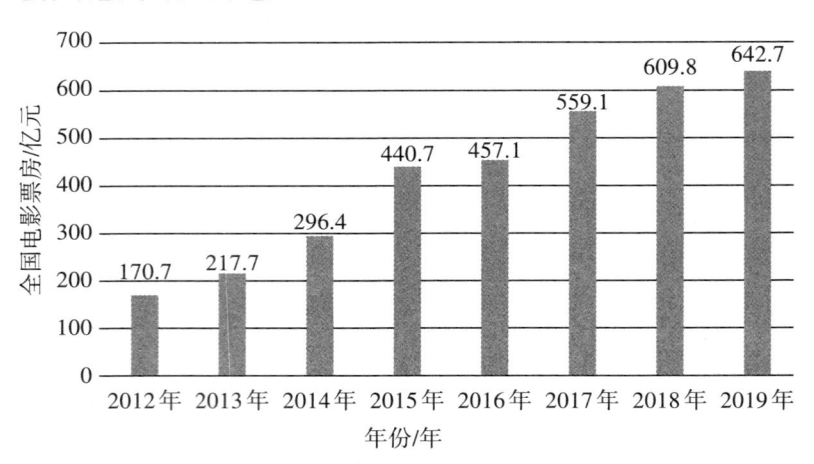

图3 2012—2019年全国电影票房变化图

资料来源：中商产业研究院。

在全国电影总票房中，2019年国产电影总票房411.75亿元，同比增长8.65%，市场占比64.07%。城市院线观影人次17.27亿人次，较2018年略有增长。2019年新增银幕9708块，全国银幕总数达到69787块。银幕总数全球领先的地位更加巩固。

优质内容成为市场发展的核心驱动力。2019年，整体来说票房前十名的电影都具有很好的观影反馈，如《哪吒之魔童降世》（豆瓣评分8.5分）、《少年的你》（豆瓣评分8.3分）、《流浪地球》这类爆款，对电影的票房贡献超过65%，表明内容为王才会有强烈的口碑效应。2019年票房前十名的影片中，国产影片占八部。全年票房过亿元影片88部，其中国产电影47部。前八名中，作为中国科幻电影元年代表的《流浪地球》，国产动画《哪吒之魔童降世》，《我和我的祖国》《中国机长》《攀登者》等展现了中国电影从创意、制作到观众的观影体验，都发生了不小的变化。比如动画作品《哪吒之魔童降世》以近50亿元的票房站稳了全年票房的冠军，赢得了跨年龄观众群的喜爱。对以46.18亿元的票房成为亚军的国内首部科幻大片《流浪地球》，观众和评论家都表达了对此新类型片的兴趣与宽容，表明了中国观众观影视角、评判标准的新取向。对现实题材《我和我的祖国》《中国机长》的热烈关注，显示了中国观众既有对当下现实的切身关注，也有对过往"向后看"的宫廷历史作品的反思。这些都证明，一个新的审美趣味、审美视角的变革正在形成。

与美国相比，从中长期来看中国电影票房仍将维持较高的增长速度。但从中国人均观影次数和每百万人口票房金额来看，与北美地区仍然存在较大差距。随着中国居民消费水平的不断提高和电影审美观赏力的提升，中国电影发展的前景依然十分光明。

五、出版产业正掀起数字化变革的大潮

我们十分关注美国电子出版产业的发展，特别是数字化的变革。

随着全球越来越多的人上网，数字出版行业已经跟上了最新的技术发展潮流。2015年的数字媒体收入在美国达到了近300亿美元，是中国的两倍多，几乎是英国的六倍。游戏占据了美国数字媒体市场的最大空间，该行业的收入在2016年达到了近116亿美元，预计将在2022年进一步上升到137亿美元。2016年视频点播行业的收入103亿美元，预计到2022年将稳步增长到131亿美元以上。之前，人们主要阅读纸质书和杂志，现在他们中很多人已经转向阅读电子书和电子杂志。在2017年的调查中，20%的受访者表示比起阅读纸质书，现在已经更多选择阅读电子书。另外有23%的人说他们既读纸质书也读电子书。电子书用户的平均付出在2016年达到57.55美元，并预计在2022年增长到60.69美元。同样地，电子杂志的每个用户的平均付出2016年为28.95美元，预计2022年将增加到31.24美元。预计电子书市场在未来几年将保持相对稳定，收入仅会有小幅增长。相比之下，电子行业2016—2022年的收入预计要翻一番——从12亿美元到22亿美元不等。因此，预测显示，数字出版业作为一个整体，2022年将

在美国创造将近89亿美元的收入。

与纸质书的销售相比,全球电子书市场是一个无缝的国际市场。对于作者来说,向不同国家的读者出售电子书就像在本国销售一样容易,读者可以毫无障碍地获得文本阅读。今天,只要点击一个按钮,任何一个作者都可以在12个国家特定的亚马逊商店、36个国家特有的KOBO电子书商店和超过40个特定国家的苹果电子书商店中同时买到他们想要的任何类的书。迄今为止,大多数非英语电子图书市场仍处于初期阶段。在美国以外的其他四个主要的英语市场也处于市场的初期阶段。在这些市场中,正如我们所看到的,新书购买的很大份额已经数字化了。而且,我们也看到,非传统的供应商在这些国家的电子书销售中占了很大比例。这意味着其他数字市场也被传统出版业统计数据低估。回到2015年11月,我们深入了英国的亚马逊。在审查世界第二大英语市场的销售量是如何被出版商突破的时候,我们第一次看到了这个市场的巨大非传统份额。2015年10月,当我们用涉及面很广的报告来描述在苹果、巴尼斯和诺贝尔、科博和谷歌的电子书销售时,发现独立的出版不仅仅是一个电子书零售商的巨大市场,更代表了一个全行业中传统方式的衰落。

即使在电子书不断增长的今天,由于各种遗留的历史的和教育的原因,纸质的印刷书销售仍然是销售的大头。在过去的几年里,传统出版商在很大程度上能够掌控数字化带来的冲击,让他们的企业适应变化了的图书销售格局,并取得了不同程度的成功。

在中国,这一数据也得到了某种程度的证实。

近年来,我国新闻出版产业收入逐年增长,根据国家新闻出版署公布的数据显示,2019年中国新闻出版产业实现营业收入18896.1亿元,同比增长1.1%(图4)。从新闻出版业收入构成来看,印刷复制实现营业收入13802.63亿元,占营业收入的比重为73.04%,是新闻出版业的主要收入来源,其次为出版物发行,营收占比为16.92%,图书出版和报纸出版营收占比分别为5.24%和3.05%。[①]

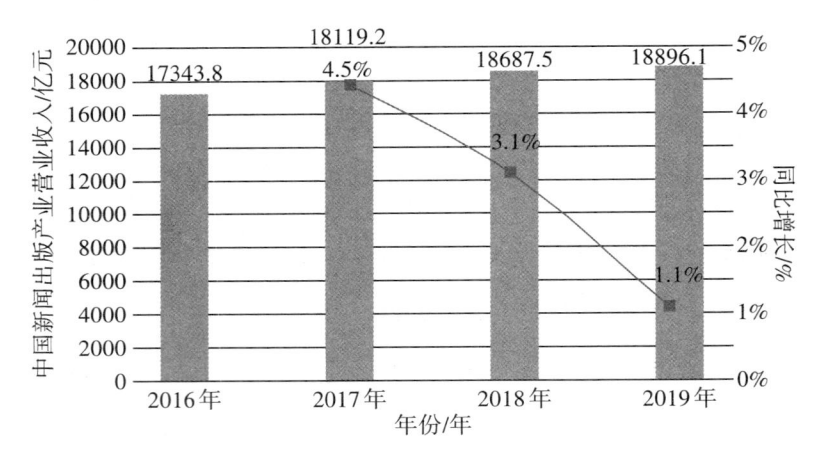

图4 2016—2019年中国新闻出版产业营业收入情况

资料来源:国家新闻出版署、前瞻产业研究院整理。

目前,中国进入了互联网大数据的新时代。第46次《中国互联网络发展状况统计报告》显示,截至2020年6月,我国网民

---

① 《2020年中国新闻出版产业市场现状与发展趋势分析 数字出版产业加速发展》,https://new.qq.com/rain/a/20201123A03FDV00,访问日期:2020年12月27日。

规模已达9.40亿人，相较2020年3月增长3625万人。[①]互联网已经彻底渗透到人们工作、学习和生活的各个方面，几乎所有人都离不开互联网。网络阅读、移动阅读、网络学习、网络工作成为常态。而传统纸介质出版物日益衰落，新兴数字出版发展已是当下现实。2019年，全国共出版图书、期刊、报纸、音像制品和电子出版物450.70亿册（份、盒、张），较2018年降低3.1%。而电子出版物2.9亿张，增长了13.1%，占0.7%，传统介质出版物中仅有图书出版数量有所增长。与此同时，从各类别产业营收增速来看，电子出版物的营收增速最快，达8.56%，图书出版物的营收增速和出版物发行的营收增速位居二、三，分别为5.59%和2.57%。[②]

根据中国新闻出版研究院数字出版研究所公布的数据显示，2018年国内数字出版产业整体收入规模为8330.78亿元，2019年中国数字出版产业实现营业收入超过9800亿元，数字出版产业营收再创新高。

未来怎么样？中国传统媒体与高科技支持的新媒体进行全面融合，产品融合、渠道融合，逐渐演变为平台融合、生态融合，成为发展新阶段。

[①] 《第46次中国互联网络发展状况统计报告：2020年我国网民规模达9.40亿》，http://vr.sina.com.cn/news/report/2020-12-03/doc-iiznctke4518677.shtml，访问日期：2020年12月26日。

[②] 《2020年中国新闻出版产业市场现状与发展趋势分析 数字出版产业加速发展》，https://new.qq.com/rain/a/20201123A03FDV00，访问日期：2020年12月27日。

六、知识产权是个十分关键的问题

与出版相关,知识产权是个十分关键的问题,成为美国重点关注的领域。在美国,起初许多对作者、版权和知识产权问题感兴趣的学者都是技术人员,他们也非常关注互联网隐私问题,如安全、监控、公司越权使用公民信息和信息泄露等,反映了电子前沿的伦理文化的基本主题。世界知识产权数据表明,2016年,来自中国的申请人提交了约126万份同等专利申请,超过了美国(52万多份)、日本(45万多份)和韩国(23万多份)申请的总和。自2012年超越日本以来,中国一直是专利申请的最大来源国。但是,应该指出的是,来自中国的所有申请中约有96%是在中国提交的,只有4%是在国外提交的。相比之下,美国居民在国外的专利申请数量是中国居民的四倍多。在国外申请的数量占日本和美国申请总量的43%左右,前20个来源国中有12个位于欧洲。他们的总等效专利申请总数为523605个,略高于美国申请总数。除中国、印度、伊朗和俄罗斯外,前20个均来源于高收入国家。

在中国,各行业对知识产权十分重视,已经形成了保护知识产权的普遍形态。这是中国改革开放以来内部与外部新发展环境的要求所致,特别是在高科技和人文领域的原创日益增多的情况下,知识产权的保护成了社会发展的必选"科目"。据《2019年中国知识产权发展状况评价报告》可知,2010—2019年,中国知识产权综合发展成效显著。报告指出:"2010年以来,全国知识产权综合发展指数稳步上升。回顾国家知识产权战略实施以来,特别是党的十八大以后,我国知识产权事业发展产生了巨大变化,取得了历史性成就。总体来看,国家知识产权战略的实施对我国建设创新型国家、建立知识产权强国产生了重大而深远的影响,发挥了积极而重要的作用。"

报告显示,我国知识产权运用效益日益凸显,有力促进了经济社会发展。2018年我国专利密集型产业增加值达到10.7万亿元,占GDP的比重达到11.6%。2018年版权产业的行业增加值占GDP比重达到7.37%,较2010年提升0.8个百分点。我国知识产权综合发展指数稳步上升。

从国际比较来看,报告显示,我国知识产权发展水平稳居世界中上游,排名已从2014年的第二十位快速跃升至第八位。报告选取知识产权能力、知识产权绩效、知识产权环境三个一级指标进行评价。其中显示,2018年,我国知识产权发展状况总指数下的这三个指标分别处于世界第五位、第三位和第二十三位。与2017年相比,知识产权能力、绩效两个指数排名保持稳定,环境指数上升一个位次。

中国正在致力于加强知识产权发展环境的改善。中国目前发展所处的阶段,在知识产权的市场环境、法制环境、文化环境上尚有一些短板。要补齐这些短板:一方面,我们要苦练内功,完善国内市场;另一方面,要看到西方多年来形成的固有成见,要在国际商务和文化交流中逐步改变这种被歪曲的形象。

七、移动社交媒体：将世界放在自己的平台上

毫无疑问，美国 Facebook 与 You Tube、Twitter 等是世界上成熟的网络社交媒体。同时，中国网络社交媒体也在迅速崛起，成为中国创意产业最新发展的重要领域。

根据皮尤研究中心（Pew Research Center）的一项新调查可知，截至 2017 年 8 月，67% 的美国人说，他们至少在社交媒体上获得了一定量的新闻。这是自 2016 年初以来社交媒体影响力增长的情形，当时正值总统初选，62% 的美国成年人阅读了社交媒体上的新闻。总体而言，这种增长是由年龄较大、受教育程度较低和非白人的美国人大幅进入社交媒体所推动的。这项研究是皮尤研究中心社交媒体趋势课题组 2017 年 8 月 8—21 日对 4971 名美国成年人调查的结果。在该中心的首次调查中发现，超过一半（55%）的 50 岁以上的美国人在社交媒体网站上获取新闻。这比在 2016 年所说的 45% 的人数高出 10 个百分点。同时，那些 50 岁以下的人群比他们的长辈更多地从这些网站得到消息。此外，约 74% 的非白种人在社交媒体网站上看新闻，相较于 2016 年的 64% 也有所增长。而社交媒体的使用率，也在未受大学教育的人群中增加，从 2016 年的 60% 上升到 2017 年的 69%，上升了 9 个百分点。换句话说，在至少拥有大学学位的人中，社交媒体新闻的使用反而略有下降。

根据统计，在美国市场的引领下，北美洲拥有世界上最高的社交网络普及率。2017年，全球的社交网络平均普及率为37%，北美洲的社交网络普及率在66%左右。在美国，81%的人口有社交媒体的参与和使用的经历，这意味着在2016年全国大约有2.07亿个社交网络用户，美国成为世界上拥有社交网络用户数量第三的国家，仅次于中国和印度。美国对未来的预测是十分乐观的，显示了未来几年社交网络用户数量会不断增加。到2021年，美国社交网络用户的数量预计将跃升至约2.17亿个。Facebook是迄今为止在美国最受欢迎的社交网站，其次是YouTube和Twitter。2016年的美国互联网用户中约有79%的用户使用Facebook，该国仍然拥有世界上Facebook用户最多的市场，印度和巴西市场正在迅速缩小差距。Facebook用户转向社交网络平台的原因不同。常见的日常活动包括阅读或更新Facebook，并访问公司的Facebook页面。事实上，许多用户转向Facebook进行产品研究，大约45%的25—34岁的Facebook用户使用该网站来了解新产品。在年龄组中，20—29岁的人在美国的Facebook用户中占了近30%。尽管Facebook无处不在，但其他社交网站也在年轻人中获得了空间，特别是Instagram和Snapchat在年轻的美国互联网用户中不断扩张。在18—34岁的美国人中，39%的人是Snapchat用户。Snapchat也是美国青少年的首选社交网络平台，因为35%的美国青少年说Snapchat是他们最重要的社交网络平台。在美国，年轻人主要是访问平台，从他们认识的人那里看到快照和故事，或者和他们认识的人聊天。Instagram在年轻的社交媒体用户中也很受欢迎。大约53%的18—34岁的美国人使用照片共享应用程序。Instagram在美国青少年使用量中排名第二，美国的青少年中有将近1/4的人认为该应用程序是他们2016年的首选社交网络平台。

现在越来越多的美国人在多个社交网站上看或听新闻。美国人不仅在社交媒体的使用量上有了一定的增长，而且比以往任何时候都更多地从多个社交媒体网站获取新闻。大约26%的美国成年人从两个或更多的网站得到消息，从2013年的15%增长至2016年的18%。Instagram、Snapchat和Whats App的新闻用户都在多个社交网络平台上获取新闻；至少90%的新闻用户在至少两个社交媒体网站上得到新闻。在重叠发生的地方也有一些有趣的区别，他们往往看哪个站点更倾向于共享用户。例如Instagram的新闻用户比LinkedIn的新闻用户更喜欢关注与选择在Snapchat上获得新闻，占到其用户的40%。相比较而言，Facebook拥有最庞大的新闻用户基础，它与其他社交媒体网站重叠，大约一半（至少48%）的其他网站的新闻用户也在Facebook上获取新闻。

当然，许多消费者仍然从更传统的平台获得新闻。在社交媒体上获取新闻并不意味着其他更传统的新闻途径被忽视。许多社交媒体新闻用户也从其他各种平台如电视、报纸等上获得新闻，尽管各站点用户之间存在一定的差异，例如，Twitter新闻用户与Facebook或You Tube的新闻用户相比，认为新闻网站和应用程序更容易得到新闻，但这些平台的新闻用户更容易从本地电视获得新闻。

中国的移动社交媒体发展规模庞大，发展迅速，分布基本均匀。

据艾媒咨询数据显示，2020年中国移动社交用户规模突破9亿人。在5G、人工智能等技术的推动下，移动社交的服务形式呈现多样化特点，能够满足用户的个性化、多样性需求。中国移动社交行业稳健发展，用户渗透率将进一步增长。

从2020年中国移动社交用户年龄分布数据来看，37.9%的移动社交用户年龄分布在"85前""85—90后"，"00后"也是移动社交软件的主要使用者，占比分别为15.9%、18.2%。这一数据表明，中国使用社交软件的用户各年龄段大致平衡。

艾媒咨询评测数据显示，在功能多样化测评维度上，微信凭借其完善生态能力位居榜首。艾媒咨询分析师认为，微信作为头部社交应用，用户基数大且活跃度高，产品迭代快速，在功能场景覆盖上更为广泛。2020年1月19日，腾讯公司高级执行副总裁、微信事业群总裁张小龙披露了微信的最新数据：每天有10.9亿用户打开微信，有3.3亿用户进行了视频通话；有7.8亿用户进入朋友圈，1.2亿用户发布朋友圈，其中发布照片6.7亿张，短视频1亿条；有3.6亿用户读公众号文章，4亿用户使用小程序。微信的普及，公众号和朋友圈的简洁设置，形成了中国的主体社会交往和公共空间形式。网民在这里看新闻、读文章，发表看法，相互交流，秀照片，视频通话，兴趣盎然，乐此不疲。各种朋友圈、QQ群已形成相对稳定的网络社区。特别是文化、艺术与社会科学的研究者，也通过这种社交媒体的形式传播理念，相互交流，发表意见，同时普及学术。

从抖音（TikTok）、快手等社交媒体用户应用的目标来看，娱乐、兴趣、猎奇等为首选要素。2020年，据中国移动社交用户态度数据显示，41.8%的移动社交用户社交态度以兴趣为主，偏好娱乐、内容驱动、乐于表达等因素也是影响用户使用社交软件的态度之一，分别占36.9%、32.1%、28.6%。①

八、智能手机与移动服务赢得了互联网发展的新未来

2021年，世界上3/4的人口使用手机，在许多国家，互联网普及率接近100%，阿拉伯联合酋长国位居榜首，紧随其后的是冰岛和挪威，朝鲜也已接入互联网，全球移动用户的总数迅速接近50亿人。GSMA Intelligence 和 Ericsson 报告了独特用户和活跃移动连接的数字，它们之间略有不同，但总体趋势是明确的：移动电话现在是全球大多数人日常生活不可或缺的一部分。最新数据表明，超过一半的世界人口现在在使用智能手机。随着智能手机的价格在全世界范围内持续下降，便捷的互联网接入将变得更加便于全球连通。事实上，在2021年的深入剖析的国家中，只有尼日利亚记录了低于50%的移动渗透率。不可避免的是，从地区到地区和从国家到国家的情况不同，但区域移动连接率与我们

---

① 《移动社交行业数据分析：2020年中国41.8%用户社交态度以兴趣为主》，https://www.iimedia.cn/clo61/76612.html，访问日期：2021年2月23日。

所看到的互联网和社交媒体渗透的模式相似。

在一个可以用手机支付的世界里,智能手机的拥有量是常态,移动社交媒体的使用量也在上升,这并不奇怪。Instagram 照片可以在远足者到达山顶的时候从一个偏僻的山顶传出去;CEO 们可以通过 WhatsApp 讨论一个关键的商业计划,比如一个版块、一个飞机,无须见面,不同地区的 CEO 只需走进自己的会议室就可以了。

关于在线游戏和与社交媒体上的朋友聊天只能通过桌面电脑来进行的记忆正在消退,因为手机让我们能随时随地享受娱乐。根据 2017 年 5 月的一项调查,阿根廷 44% 的手机流量花在社交媒体上,美国的这一数字为 25%。另一项研究显示,通信和社交应用软件是美国手机流量耗费第二高的市场。Facebook 目前是美国最受欢迎的社交应用程序,尽管在 2018 年春季的美国公民中有 22% 的人对平台有非常不利的看法,但在市场渗透率方面,YouTube 却只损失了 1%。对于市场领导者和初创企业来说,考虑第二屏幕用户的活动是很重要的。一项 2017 年的调查显示,81% 的美国智能手机用户在餐厅吃饭时使用手机,92% 的人在购物的时候使用手机。这些数字十分重要,因为以这种方式完成多种任务的用户可能会以不同的方式参与内容。因此,努力提供一个流畅、高效的相关内容和有针对性的广告的用户体验是维持和提高用户保持性的关键,尤其是在那些同时执行多个活动并且可能更难参与的人中。

截至2018年，Tumblr在美国的平均会话持续时间最长，为25分钟。在同一个市场上，Facebook、Snapchat和Instagram的平均每天花费的时间是5.2分钟以上，网站通过各种活动来增加他们的用户参与时间。相反，美国成年人每天使用手机短信应用的平均时间是10分钟。高度关注美学和视觉吸引力内容的移动社交媒体网站备受关注，尤其是Instagram，其中2017年在美国有8550万个用户。在美国，每天花费在Instagram的时间从2014年的18分钟上升到2017年的25分钟。

智能手机比普通手机具有更先进的计算能力和连接性，在20世纪90年代末进入消费市场，但在2007年苹果引入iPhone后，才获得了主流的普及。iPhone通过提供用户友好的特性，如触摸屏界面和虚拟键盘，使整个行业发生了革命性的变化。Android运行的第一款智能手机在2008年底被引入了消费市场。自那时以来，智能手机行业一直在稳步发展和壮大，无论是在市场规模还是在型号和供应商方面。2018年世界上约有1/4的智能手机用户在中国产生，而中国超过45%的人口已经会使用智能手机。仅在2016年中国的智能手机市场就有超过1336亿美元的市场规模。中国的主要智能手机供应商占有10%以上的市场份额，世界最主要的智能手机供应商分别是华为、苹果、VIVO和OPPO。截止到2011年，诺基亚是全球领先的智能手机供应商，拥有24%的市场份额。三星在第一序列拥有一席之地，大约有全球第五的出货量。然而今天，这一格局发生了重大变化，中国手机占有越来越大的份额。苹果是全球第二大智能手机供应商。仅在2016年苹果就在全球销售了超过2.1亿部iPhone。其他著名的智能手机供应商包括华为、联想和小米。当谈到智能手机操作系统时，Android在2010年的第四季度占据了一个明确的市场领先地位，并且从那时起才进一步巩固了它的领先地位。截至2016年第四季度，超过80%的智能手机在运行Android操作系统。苹果的操作系统iOS是它的主要竞争对手，大约占其15%的份额。2017年，超过1/3的世界人口拥有智能手机，高于2014年的21.6%。西欧成为智能手机普及率最高的区域市场，其近65%的人口拥有智能手机，是2012年的两倍。在美国北部，2017年的人口中有64%的人拥有智能手机，这个数字从2014年开始增加到13%。智能手机普及率的最低区域市场是中东和非洲。在2016年，将近15亿台智能手机卖给终端用户，而2010年的用户数量不到3亿台。2016年的两个最受欢迎的智能手机操作系统是Android和iOS，在2016年的第四季度向全球的终端用户销售了4.297亿个组合。谷歌支持的Android在2016年的第四季度占据了81.7%的全球市场份额，而苹果的iOS占据了18.3%的市场份额。全球市场上领先的智能手机供应商是三星和苹果，他们在2016年底之前占据了大约18%的份额。

随着移动设备的日益普及，移动通信技术的需求在世界各地持续快速增长。例如，全球移动数据流量从2016年的7兆字节增加到2021年的49兆字节。截至2017年6月，全球范围内移动无线订阅的数量已达到77亿个左右，GSM、LTE和HSPA技术几乎占据了所有的连接。预计到2022年全球移动用户总数预计增长到90亿人以上。仅在美洲，每100个居民的手机订阅数量就占到了2017年的114%。如今，移动用户大多数是智能手机用户，在2017年大约有23亿人使用智能手机。三星在过去几年一直是全球领先的智能手机供应商。2017年，苹果、华为、OPPO和小米在智能手机出货量方面位居三星之后。移动通信行业以巨型电信跨国公司为主。全球领先的电信品牌有：美国电话电报公司、威瑞森通信公司，中国移动、Xfinity、沃达丰和德国电信。两家美国公司位居榜首：AT&T品牌价值约1150亿美元，紧随其后的是Verizon，价值约890亿美元。

　　根据德勤2017年的调查，移动世界的发展势头依旧强劲，但也在不断发生变化。人们使用智能手机的习惯正在形成，现在，我们倒是对安全、隐私和手机过度使用等表示不断增长的担忧。尽管某些技术和政策可能会对其有所控制，但我们无法阻止这些游戏者利用手机及其连接服务来获取潜在利益。尽管如此，仍然存在许多问题：用户态度如何随着这些创新而改变？运营商、原始设备制造商（OEM）和App开发商在新产品、服务的推出和应用方面将扮演什么角色？他们会如何对待消费者？毫无疑问，移动世界正在发展，且越来越复杂，越来越有吸引力。

　　那么，中国的情况如何？

　　近年来，随着中国智能手机市场日趋饱和，消费者对新设备的需求放缓。根据中国信通院数据显示，2012—2014年，国内智能手机出货量增速大幅下降，2019年国内智能手机出货量3.72亿部，同比下降4.7%。2020年11月，国内智能手机出货量2771.0万部，同比下降17.0%。2020年1—11月，智能手机累计出货量2.71亿部，同比下降21.1%。

然而，中国5G手机的出货量增长，表明我国网民对最新技术的追捧，已成为一种潮流。根据中国信通院的统计，自2019年7月以来，除2020年2月受到新冠肺炎疫情的明显影响外，5G手机出货量整体保持上升趋势。2020年11月，国内市场5G手机出货量2013.6万部，整体智能手机出货量仅为2771.0万部。2020年1—11月，国内市场5G手机累计出货量达到1.44亿部（图5）。

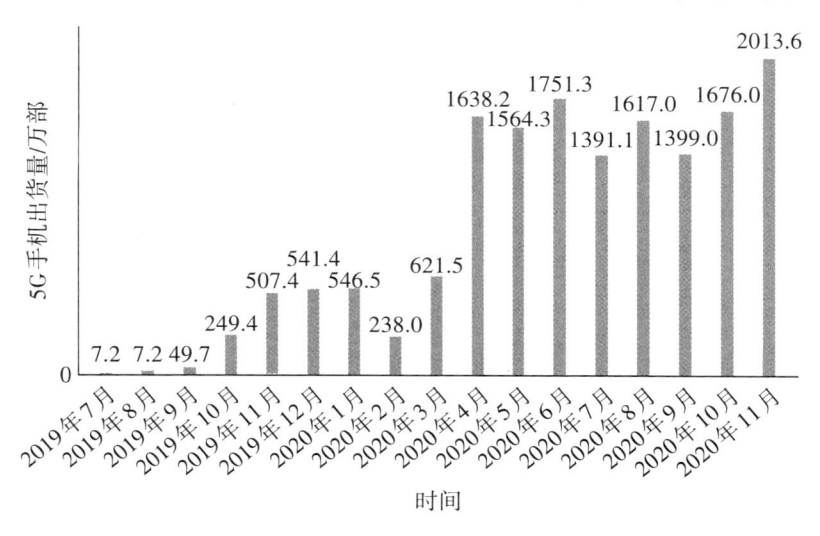

图5 2019年7月—2020年11月中国5G手机出货量

资料来源：中国信通院、前瞻产业研究院整理。

据前瞻研究院报告，2019年7月，中国5G手机仅占整体手机出货量的0.2%。仅一年多的时间，国内5G手机规模快速扩大，到2020年11月，国内5G手机占整体手机出货量的68.1%。目前国内手机市场主要以5G手机为主，随着未来5G时代的进一步发展，5G手机占比还将继续扩大。

5G手机逐渐成为主流。自2019年4月，华为通过中国第一部5G手机认证以来，中国通过认证5G机型数量呈现快速增加趋势。根据中国质量认证中心中国国家强制性产品认证（CCC）证书查询，2019年全国共有79款5G手机机型通过CCC认证。截至2020年12月中旬，中国通过CCC认证的5G机型数量达到440款。

2019年，中国5G手机上市新机型仅为35款，占整体手机上市新机型的6.11%。到2020年11月，5G手机上市新机型16款，占同期手机上市新机型数量的53.3%。2020年1—11月，5G手机上市新机型累计199款，占比47.7%。国内新手机开始以5G手机为主，5G手机逐渐成为主流。[1]

从2020年全球智能手机出货量来看，根据Digitimes Research公布的数据，2020年全球智能手机出货量为12.4亿部，与2019年相比下降8.8%，5G手机销量却大幅提升，2019年全球出货量仅为2000万部，到了2020年达到2.8亿—3亿部。2020年销售前

---

[1] 周嘉瑜：《2020年中国智能手机行业市场现状及发展趋势分析5G手机逐渐成为主流》，https://xw.qianzhan.com/analyst/detail/220/201229-od6c3b9a.html，访问日期：2021年2月16日。

六的手机品牌也被公布，分别为三星、苹果、华为、小米、OPPO和VIVO。OPPO再次拿下第五，其Reno5系列销量喜人，还拿下了51周的销售冠军。

从目前的发展来看，中国国内具有实力的智能手机品牌四面开花，在全球手机影响力与销售量上都展示了强大实力，但面对三星和苹果，还是存在差距。特别是美国对华为无端打压，断供芯片，使得华为不得已出售了子品牌荣耀。华为2020年全年出货量1.87亿部，只占了全球手机市场14%的份额，而与2019年相比，份额下跌了21%，也就是说华为在2020年丢掉了超过一半的市场份额。小米在2020年的表现却相当抢眼，1.45亿部的出货量，使得小米在全球手机市场拿下了11%的份额，同比增长17%。最值得一提的是真我（realme）这个品牌，虽然2020年的手机出货量只有4240万部，市场份额仅占3%，但是增长确是相当惊人的，同比65%的增幅，也是realme能够挤进全球前十的主要原因。

在全球排名前十的手机品牌中，有一个中国品牌在国内默默无闻，这就是传音。这个手机品牌并没有在国内销售，但是它是非洲地区最受欢迎的手机品牌之一，被称之为"非洲手机之王"。作为国产品牌，它避开了国内手机市场的激烈竞争，把市场选择在了非洲。事实证明，这个战略决策是十分明智的。

5G时代的来临，给全球智能手机市场带来了更激烈的竞争。许多令人兴奋的技术——人工智能和机器自主学习、虚拟现实和增强现实技术、5G和自动驾驶车辆等的辉煌前景就在眼前，我们正处于新一代手机成熟的前夜，将迎来智能手机产业新的增长高峰。

　　做了以上的分析和比较之后，我希望给读者一个更简洁的提示。5G时代的惊涛已经拍岸而来，这是一场告别一个时代的根本性变革；新业态的社交媒体像龙卷风一样漫天而来，既是社交工具，又是遨游商海的大鲸；过去的印刷出版已然日薄西山，新时代的出版产业正掀起数字化变革的澎湃大潮；5G手机正引领人类开辟文化的新纪元，移动服务则赢得了互联网发展的新未来；最是游戏惹人怜，看似嬉戏玩闹，不入法门，实则是文化创意产业的新科探花，潜力无限。

中韩内容产业的合作发展

中韩两国毗邻而居,地缘上紧密相邻,相隔咫尺。文化上同脉同枝,儒家文化深入血脉。历史上友好交往源远流长,自东渡求仙到济州岛的徐福,到金身坐化九华山的新罗王子金乔觉;从在唐朝求学为官的"东国儒宗"崔致远,到东渡高丽、开创孔子后裔半岛一脉的孔绍;从在中国各地辗转27年的韩国独立元勋金九先生,到出生于韩国的《中国人民解放军军歌》作曲者郑律成……中韩两国相濡以沫、友好交往的佳话俯拾即是。

1992年中韩建交以来,两国秉持互尊互信、聚同化异的大原则,把握合作共赢、共创未来的大方向,尊重彼此核心关切,照顾对方舒适度,在外交、文化、经济、科技、环保等相关领域进行深入的合作和交流,共同发展,携手进步,促进两国乃至整个亚洲地区的共同繁荣、和平稳定。进入21世纪,两国交流更上台阶,在多领域开展互助合作,形成休戚相关的利益共同体,为双方的高速发展创造了崭新的历史条件。

2015年2月25日,中韩两国草签《中国—韩国自由贸易协定》(FAT),开展更为全面的经济合作,同时也提供了两国在娱乐文化领域长期交流与发展的法律依据和保障,为中韩文化产业的深入发展交流创造了千载难逢的良机。3月份，韩国文化体育观光部访华，并与中国文化部、国家新闻出版广电总局等相关部门在北京举行海外文化内容协商会议，为建立中韩文化产业共同发展基金并切实推进各领域合作进行深入探讨。中韩文化领域的合作正在进入一个新的发展阶段。

一、中韩两国文化产业发展面临新机遇

（一）中国文化产业飞速发展

文化产业是中国符合全面、协调、可持续的科学发展观的朝阳产业，是中国未来经济增长的主要动力。

近年来，各式文化产业园区纷纷上马，大型国际文化会展、赛事积极开展，特别是由于互联网、移动互联网技术的成熟，中国政府提出"互联网+"，为文化产业指明了新的发展趋势和方向。在市场领域，文化产业的并购整合加速，大型文化企业拥有资金、人才等诸多资源优势，通过投资、收购不断完善自身产业链条，开拓市场渠道，尝试不同文化领域的业务整合；中小型文化企业面对不断变化的市场环境努力完善自身的生存之道，推动文化与相关产业的融合，特别是加强与互联网、移动互联网产业的融合。

在政府的大力引导下，社会资本逐渐向文化产业领域流入，2007—2014年，8年间有多达93支文化产业综合股权投资基金发

起设立，仅2014年一年便新增加51支文化产业投资基金。①众多文化产业投资基金为文化产业发展提供了必需的资金保障。尽管供需相差依然很大，但已使中国文化产业在数年间有了跨越式的进步和发展，并推动文化产业与相关产业的融合加速，尤其在当前经济增长放缓的市场背景下，文化产业逆势上扬，年增加值屡屡取得新突破，占第三产业增加值比重逐年上升。

面对文化产业的飞速发展，中国亟须引进文化产业的先进发展经验，发挥政府的调控作用，引导市场自主建立科学、有序、高效的文化产业市场秩序，加强文化产业核心的自主生产能力，促进文化产业与各领域的充分融合，发挥文化产业的整体带动作用，创造新的经济增长点。

（二）韩国文化产业出口力度凸显

韩国在已故总统金大中提出的"文化立国"发展战略指导下，举国扶持文化产业。2004年，文化产业已成为韩国第二大出口创汇产业，韩国也成为世界文化产业领先国家。据统计，2008—2011年，韩国文化产业出口规模以年均22.5%的速度飞速增长。2012年出口额达到46.12亿美元，同比增长7.2%，创历史新高，贸易顺差达29.38亿美元。其中，电影、音乐和游戏业增长最为显著，分别达到27.5%、19.9%和11%。出口产业中，游戏业多年来一直是主要行业，占据大半壁江山，2012年占文化产

---

① 《2014新增文化产业基金51支 移动互联网投资炙热》，https://www.chycci.gov.cn/news.aspx?id=7838，访问日期：2015年1月20日。

业出口总额的 57.2%。①

影视综艺是韩国文化产业的名片，尤其是韩国电视剧在精品路线及韩国政府的多方扶持下风靡全球，在文化渊源较为相近的中国和日本更是掀起了收视狂潮，2005 年湖南卫视播出的韩剧《大长今》以超过 4% 的平均收视率、超过 17% 的收视份额稳居国内收视率榜首。针对年轻观众的青春偶像剧《蓝色生死恋》《冬季恋歌》《浪漫满屋》等作品均获得了巨大成功。韩国经济研究院在《韩流现象与文化产业战略》报告中指出，单单一部电视剧《冬日恋歌》，及其主演韩国演员裴勇俊为韩国带来的经济效益就超过 3 万亿韩元（约 29 亿美元）。

游戏产业是韩国文化产业的另一支柱行业，同时韩国也是世界上最重要的网络游戏生产地之一，每年出口规模达 10 亿美元以上。根据韩国文化体育观光部和韩国信息产业振兴院合作发刊的《2014 年韩国游戏白皮书》统计，韩国游戏市场 2013 年首次出现衰退，但依然有 97198 亿韩元（约 92.2409 亿美元）的市场规模，尽管 2013 年韩国 PC 网游市场规模同比下降了 19.6%，达到了 54523 亿韩元（约 51.7523 亿美元），占游戏产业总收入的 56.1%，但手游市场规模达到了 23277 亿韩元（约 22.0945 亿美元），同比增长达到了惊人的 190.6%，占游戏产业总收入的 23.9%，成为韩国网络游戏行业的新增长点。

---

① 《韩国：文化出口势头强劲 发展特点值得借鉴》，http://finance.china.com.cn/roll/20141027/2753698.shtml，访问日期：2015 年 1 月 25 日。

韩国文化产业贸易出口的强势必然面临未来发展的转折，韩国文化产业需要找到新合作伙伴，通过产业发展经验以及产业发展模式的输出，加强跨文化合作，发挥国内文化创造的优势，利用不同的文化资源开拓国内文化生产渠道，增强文化内容创作能力，加强文化产业持续发展的能力。

二、中韩两国文化产业的合作走向深入

中韩两国在文化产业领域已经建立起较为深入、全面的合作机制，从政府到市场，中韩文化产业的合作在逐步加强。

2013年11月，中韩两国在首尔签署了《中华人民共和国文化部和大韩民国文化体育观光部关于文化产业合作的谅解备忘录》，根据该备忘录，中韩两国每年轮流举办中韩文化产业论坛，该论坛已成为当前中韩文化产业交流与合作的重要机制和主要渠道。

就知识产权领域，涉及影视剧制作、综艺节目制作、游戏开发、动漫设计等多个行业。中韩合作制作的影视剧及综艺节目如《晚秋》《重返20岁》和《奔跑吧，兄弟》《叮咯咙咚呛》等，深入中韩两国文化内涵，探索中韩两国不同观众群体的特点，成为中韩两国知识产权交流合作的典范。通过相关知识产权的购买、技术人员的合作、知识产权的本土化开发、中韩文化资本的深度合作，中韩两国已创造出良好的经济效益和社会效益，避免了韩国影视剧单向输出的弊端，奠定了在知识产权领域进行更深层次

合作的基础。

韩国SK集团将中国视为全球化市场的中心,中国文化产业进行深入合作。作为韩国的民间企业及中国政府的合作伙伴,与中方共同举办了"感知中国—韩国行"活动,加强了两国的民间文化交流。并于2010年与成都市政府共同签署《东部新城文化创意产业综合功能区合作谅解备忘录》,联手在成都打造文化创意产业园,共同探索文化创意产业园的发展模式和对文化产业主体的培育孵化。

中韩两国不仅有"中韩影视文化产业论坛""中韩文化创意产业发展论坛"等交流活动,在资本市场中也有许多文化产业相关合作。

据统计,2014年,中国文化企业对韩国文化企业的投资总额达到6.96亿美元,仅次于对美国文化产业的投资总额。

表1　2014年中国文化企业对韩国文化企业的投资

投资方	标的方	金额/亿美元	占股
腾讯	CJ Games	5	28%
腾讯	4:33 Creative Lab	0.18	20%
腾讯	PATI Games	1.1	25%
搜狐	Keyeast	0.15	6%
华策影视	NEW	0.482	15%
顺荣股份	EST Soft	0.048	—

（一）腾讯对三家韩国游戏企业进行投资

腾讯是2014年国内文化企业对韩国文化企业投资的主力，分别对三家韩国游戏开发企业进行了投资。其中，对CJ Games进行5亿美元的有偿增资；与LINK共同对4：33 Creative Lab进行1.1亿美元的战略投资；对PATI Games进行0.18亿美元的战略投资。

1. 对CJ Games有偿增资

2014年3月26日，腾讯发布公告称，斥资5亿美元收购韩国游戏公司CJ Games28%的股份。交易完成后，腾讯成为CJ Games的第三大股东，CJ Games母公司CJ E&M的高级顾问房俊爀和CJ E&M将分别成为其第一和第二大股东，二者分别持有CJ Games全面摊薄后35.88%和35.86%的股份。在此次战略重组中，CJ Games收购和合并了CJ E&M旗下的游戏发行部门Netmarble，以使游戏开发和发行发挥最大的协同效应，合并后的新公司暂定名CJ Netmarble。2013年，CJ E&M集团的销售额达人民币98亿元，营业收益达人民币3.3亿元，与2012年相比，分别增长了23.1%和50.1%。其中CJ E&M旗下CJ Games2013年业绩增长134%，《全民砰砰砰》等手游产品2013年销售额达28.4亿元，营业收益达3.8亿元。CJ Games公司把本次交易中获得的资金积极投资于领先的游戏开发商，以获得有竞争力的游戏产品，增强其竞争力，并为国际市场的拓展打下稳固基础。CJ Netmarble还与腾讯就《翻滚吧！骰子》《全民砰砰砰》等游戏签署了服务协议。

CJ Games 公司首席执行官权宁植表示:"腾讯此次投资是出于对 CJ Games 游戏研发能力的高度认可。我们将借助腾讯服务数以亿计用户的平台,以及其游戏行业的专业洞见,促进 CJ Games 移动游戏在全球的发展。CJ Games 和 CJ Netmarble 均希望通过与腾讯的合作进一步提升业务竞争力,成为走出韩国的全球网络游戏公司。"

2. 对 PATI Games 进行战略投资

2014年9月,腾讯以第三者配股有偿增资的方式向 PATI Games 投资 0.18 亿美元。PATI Games 是韩国人气游戏《I Love Coffee》《I Love Pasta》的研发商。通过本次投资,腾讯成为 PATI Games 的第二大股东。这是腾讯2014年3月斥资5亿美元收购韩国游戏公司 CJ Games 的 28% 股份后,再一次在韩国市场的行动。PATI Games 相关负责人表示,这次投资加快了公司进军海外市场的步伐,让 PATI Games 在手游市场竞争环境中获得了新的发展动力。

3. 对 4:33 Creative Lab 进行战略投资

2014年11月,韩国游戏工作室 4:33 Creative Lab (以下简称"4:33公司")宣布与腾讯及 Line 达成合作伙伴关系并获得两家公司的投资。4:33公司成立于2009年,在移动游戏方面有着出色表现,其代表作为冒险类游戏《德莫罗城堡的秘密》。为与 4:33公司达成合作伙伴关系,腾讯和 Line 与韩国当地风险投资公司 Korea Investment Partners 成立了联合企业,向 4:33公司投资约 1200 亿韩元（约合 1.1061 亿美元），以获得约 25% 的股权。对 4：33 公司来说，与亚洲两大移动平台运营商达成协议将为其进入快速发展的亚洲移动游戏市场铺平道路，这其中自然包括中国和日本市场。

Naver 发言人称："我们希望借助 Line 移动平台向全球市场推荐更多韩国游戏，近期针对韩国游戏公司的投资是我们努力的一部分。日本市场有很多用户愿意掏钱消费游戏产品，这个市场尤其值得期待。同时，我们也期待与 4：33 公司有更多合作机会。"

（二）搜狐入股 Keyeast

2014 年 8 月，搜狐集团与韩国娱乐传媒公司 Keyeast 签署战略合作及投资协议。Keyeast 投资涉足领域包括经纪公司、新人发掘培训、影视制作、有线电视频道 DATV 和 KNTV、餐饮、音乐、游戏，旗下代表艺人有裴勇俊、金秀贤、林秀晶、金贤重、李炫雨等。

此次搜狐集团向 Keyeast 注资 150 亿韩元（约 0.15 亿美元），将持有 Keyeast 约 6% 的股份，成为裴勇俊之后的第二大股东，裴勇俊的股份从原有的 31% 降至 29%。通过本次战略投资，搜狐成为 Keyeast 在中国的唯一网络合作伙伴。通过搜狐的注资及战略合作，Keyeast 也将加快进军中国市场的步伐。Keyeast 选择与搜狐集团成为战略合作伙伴的原因是 Keyeast 长期以来寻求并运营的产业与搜狐的多元化产业完全吻合。虽然成为 Keyeast 的第二大股东，搜狐集团并不会参与公司的运营。但是，搜狐平台拥有了Keyeast公司制作产品的优先购买权。与此同时，Keyeast在中国市场的宣传和商业机会，搜狐集团也可以参与。而搜狐视频的多档娱乐节目也有机会走出国门，在韩国本土进行前沿的报道。

目前，娱乐仍然是搜狐的重点发展方向，张朝阳表示，在收费平台做起来之后，搜狐也将进入电影市场。而关于搜狐未来的投资方向，张朝阳称，搜狐会成立战略投资部，但是规模会比较小，并且未来的投资和收购主要还是围绕搜狐的几大主营业务进行，包括搜狐新闻客户端、搜狐视频、畅游、搜狗。

（三）华策影视入股韩国NEW

2014年10月初，华策影视表示拟斥资3.23亿元获得韩国Next Entertainment World Co., Ltd（以下简称"NEW"）15%的股权。11月下旬，华策影视宣布收购NEW15%的股权，已完成过户事宜，成为其第二大股东。2014年12月15—16日，NEW在韩国纳斯达克挂牌向公众认购，最终上市时间确定为当月23日。股权投资完成后，双方着手组建合资公司，据消息，资本金不超过603万元，各持股50%。公司主营开展影视娱乐传媒事业，NEW在中国的电影和电视剧业务，将以合资公司为主体开展，原则上五年内双方合作达到每年制作不少于两部电影。

NEW是韩国四大电影发行公司之一，最近三年来，该公司在韩国电影发行市场上均占据前四的地位，以电影观众人数统计，2013年市场占有率达到18.4%；以票房统计，NEW的市场占有率高达29.4%，是韩国本土票房份额最大的公司。

对华策影视而言，此次投资旨在加快海外战略布局，并加强电影业务，同时进一步吸取国外影视产业成功发展经验，整合国际资源，以提高公司核心竞争力。华策影视海外战略布局首选韩国，相信与此前中韩两国正式签署的《中华人民共和国政府与大韩民国政府关于合作拍摄电影的协议》有关。未来双方的合拍片有望享受国产片待遇。华策影视总经理赵依芳此前还曾公开表示，为进一步拓展国际业务，公司未来将与包括 NEW 在内的多家韩国公司尝试共同打造"亚洲传媒集团"，作为中韩双方影视合作的大平台。

（四）顺荣三七游戏入股韩游公司 EST Soft

为了提升软件研发的竞争力，获得更多的精品游戏，2014年12月，顺荣股份公司控股子公司三七游戏的控股子公司 ENP，收购韩国上市公司 EST Soft 共24.25万股股份。ENP 希望以此进一步拓展海外市场，引入精品游戏。

根据公告，每股转让价格以 EST Soft 于12月24日终盘价为基础，91%的折后价为成交价。ENP 购入 EST Soft 一般股24.25万股，每股买卖金额为21658韩元，股份转让金总金额为52.53亿韩元。ENP 于12月30日前支付全部股份转让金。不过，2013年实现营业收入365.33亿韩元，净利润亏损38.75亿韩元；2014年一至三季度实现营业收入302.39亿韩元，净利润亏损23.49亿韩元。业绩并不理想。

EST Soft 成立于1993年，一直被公认为韩国软件行业的创新领导者。该公司已于 2008 年 7 月在韩国资本市场 Kosdaq 登陆。公司的主要业务包括提供 PC 用户日常使用的诸多软件服务、网络存储服务和经营互联网搜索门户网站 Zum.com, 韩国 90% 以上的 PC 用户都在使用该公司的软件产品。另外, 公司自主研发的大型多人在线网页游戏 CABAL Online (《惊天动地》) 在韩国、美国、欧洲和亚洲都拥有很好的口碑。

除此之外, 顺荣股份还表示, 此次投资将为公司拓展海外业务提供平台, 进一步拓宽公司产品的推广渠道, 扩大市场覆盖面, 提高公司国际化服务能力和水平, 继续深化和巩固公司在行业的市场领先地位, 促进公司国际化游戏平台整体战略目标的实现。

三、中韩文化内容产业的合作

依据前文所分析的中国内容产业发展现状及政策形势可知, 未来的中韩合作可以考虑以下内容并在选择合作对象及方式上有所区分:

(一) 文化交流及公益类项目

1. 建立中韩两国知识产权资源库

中韩两国就知识产权已有深入的交流与合作, 在 2013 年 12 月 9 日, 第十九次中韩知识产权局局长会议上, 中国国家知识产权局局长田力普与韩国知识产权局局长金荣敏分别代表双方签署了《中华人民共和国知识产权尚与大韩民国专利方知识产权领域全面合作谅解备忘录》。在此基础上,可以进一步考虑"中韩产权资源库",深化双方知识产权的合作与交流,发挥知识产权在文化产业领域内的核心作用,带动如电影、电视、设计等文化行业的共同发展。而知识产权保护、开发的经验一直是中国欠缺但又十分想发展的领域,这一点从中国政府对外资开放鼓励的行业领域设定就能看出来。

"中韩产权资源库"着重整合中韩两国在外观设计、电影、电视、动漫、游戏等内容产业行业的相关知识产权,推进相关知识产权的创造、运用、保护、管理。建立专利审查便利通道,简化专利申请、产权使用授权审查、专利复审的流程,提高相关知识产权的使用效率及创造力。

通过建立"中韩产权资源库",首先,可以通过减少产权矛盾、简化产权应用的行政环节来提高产权资源在两国间的流通效率,提高文化产业的生产能力;其次,减少因产权而产生的市场纠纷和因产权纠纷而引起的溢价收购等行为,减少市场资源的浪费,优化文化产业发展的资源使用渠道。

2. 开展系列中韩文化交流项目

通过贯彻"加强双方人文交流"的共识,对两国内容产业相关资源进行发掘,两国优秀文化产业项目和团队深入交流内容产业学术研究,特别是面向青年和创业人才的孵化项目。

(1)中韩内容产业青年学生资助项目。建立科学的申报、筛选、审批程序,对中韩两国内容产业相关专业的优秀青年学生进行一定金额的资助,并建立中韩内容产业在校生交流计划,鼓励中韩两国内容产业的优秀学生在两国间进行互访和留学,掌握两国内容产业发展的优势,为中韩两国内容产业未来的共同发展繁荣储备人才力量。

(2)中韩内容产业创业扶持计划。面向内容产业领域创业的团队给予学习指导,打造国际内容产业创业导师团队并设立相关基金。通过设立专项基金并开展各类文化创意活动,推动中韩两国文化产业从政府到民间的深入交流与合作,加强双方在知识产权方面的协同保护与共同发展,发挥资本对文化产业的推动作用,挖掘并发现一批符合文化多元的优秀的文化企业、项目、人才,建立起中韩内容产业数据库。

3.中韩内容人才共同培养项目

以中韩两国文化企业优秀管理人才为对象,开展两国文化企业精英管理人才培训交流互动项目,发挥两国优势文化行业、企业精英人才的领军作用,为文化企业的优秀管理人才进行相关培训,提高文化企业的现代化管理水平和文化企业优秀管理人才的综合素质,并在企业管理者之间互动交流,开拓内容产业市场合作的新空间。

建立内容产业人才共同培养项目,主要推动解决当前内容产业优秀管理人才欠缺的难题,促进文化产业发展的先进经验在中韩两国的广泛传播,普及内容产业发展的优秀经验,促使形成内容产业优秀管理人才群体、推动文化产业职业经理人群体以及制度、市场环境，共同探索并实践文化企业的现代化管理制度，推动文化市场制度、企业管理制度的科学发展。

（二）商务及贸易的广泛合作项目

可考虑设立中韩内容产业共同发展股权投资基金，以推动两国文化产业经济发展，同时保证实现基金自身盈利目标，对两国内容产业进行股权投资或风险投资。其中，中韩（中国）内容产业共同发展股权投资基金以中国内容产业项目的评估和投资为主，中韩（韩国）内容产业共同发展股权投资基金以韩国内容产业项目的评估和投资为主。

随着互联网、移动互联网的发展，信息通信技术（ICT）改变了传统文化产业的生产方式、传播方式以及消费方式，尤其国内创业浪潮兴起，信息通信技术与文化产业的融合更加剧烈，通过云计算、大数据、移动平台等信息技术支持，传统文化产业以全新方式呈现出来。信息通信技术开辟了文化产业新的发展渠道，使文化产业通过与信息通信技术的融合丰富了业态。信息通信技术将成为支撑未来文化产业发展的核心技术。以ICT产业和信息技术（IT）产业为切入点，完善文化生产、文化传播的技术基础，推动内容生产的进步和传播，同时扩大中韩双方文化资本、文化资源的覆盖领域，包含明确媒体、动漫、音乐、影视、旅游、专业设计等文化内容制作方向，完善对内容产业的数据挖掘及分析，充分发挥金融资本对内容产业的促进作用。主要投资内容将包括以下几个领域：

（1）文化信息传输服务行业。对以 ICT 和 IT 产业为核心的互联网信息服务和移动互联网信息服务产业进行投资，包括互联网广告营销、在线教育、移动社交网络等行业。

（2）广播电视电影服务行业。对以知识产权为核心的中韩两国电视电影制作、发行、版权交易行业进行投资。一方面，对投资标的进行金融投资；另一方面，通过中韩文化产业共同发展公益基金会所建立的产权资源库，加强中韩产权资源的合作与利用。

（3）专业设计与文化艺术服务行业。对以知识产权为核心的专业设计和文化艺术服务行业进行投资，包括艺术设计、动漫游戏设计、音乐创造、艺人培育、演艺（特别是音乐领域）等行业。

（4）文化用品的生产以及文化专用设备的生产。对以知识产权为基础的文化用品生产和文化专用设备生产行业进行投资，包括 VR 及 AR 设备、文化电子设备、广播电视电影专用设备、信息传输专用设备等行业。

（5）大数据挖掘及分析。由于各国大数据技术基础、市场基础、数据文化氛围不同，各国的发展情况也有差异。对中国而言，大数据市场刚刚起步，围绕内容产业的数据挖掘分析是一个薄弱点，中韩可在大数据产业孵化、技术研发、推广应用方面尝试合作。

（三）合作企业及行业选择

与韩国合作是中国内容产业发展的重要一环，但中韩内容产业的合作因为行业的不同、企业发展程度的不同、企业性质的不同以及城市的不同都会有所差异。不同层面不同行业的企业关注的点是不一样的。

目前，对一些发展较为成熟的中国内容产业、行业和企业来说，已经经过了中韩合作—中方引进韩方为主这个阶段。近年来，影视行业中的中国领军型企业合作的范围已大大拓宽，开始面向美国，直向好莱坞。合作层面也已经从简单的请对方演员、导演、主创参与和资本参与，变成了对等合作。例如中国大型企业在美国电影产业的布局与并购。电影之外，中国的一些有势力的电视内容制作方也开始探索与欧美的合作，着眼文化产品输出和资本合作并举。造成这样变化的原因主要有三方面：一是中国国内影视内容生产水平已经大幅度提高，特别是领军企业，韩国已经不再是中国企业和创作机构仰慕或效法的对象，通过创新性的开发升级，中国企业在很多方面已经实现超越；二是中国观众、市场已经发生了很大的变化，随着国剧国产电影的水准提高，很多观众放弃或减少对韩剧、韩国音乐、韩国综艺的追捧，一批有更高追求的观众更愿意看美剧、英剧中更为精良的产品；三是中国自己的偶像制造能力大幅度提升，时尚潮流氛围越发浓厚，已经可以比肩韩国，一些新创作品和模式甚至超过韩国。所以，从内容生产能力、市场变化发展和观众心理变化上都使得韩国不再具有之前那样的竞争力。这就要求韩国推出更新更高更具震撼力的作品和新创方式。

1.影视、网剧、网络大电影和综艺节目的持续合作开发在影视综艺节目行业中，中方对韩国中小型影视机构、地方综艺节目、韩国艺人还有相当需求，需延续韩流长期培育。但由于社会氛围和政府政策的引导，单纯的艺人引进合作项目目前会受到一定限制。在现阶段情况下，中国一些中小型影视机构依然注重与韩国的合作，特别是内容资源，但在合作方式上会发生一些变化：从之前与韩国艺人经纪公司在艺人引进方面的合作转向韩国制作团队到中国进行内容制作的合作。某种程度上，这促进了中韩双方在影视内容制作及综艺项目合作的深化。之前影视剧及综艺节目对韩国艺人引进的影响依然存在，借助于韩粉的粉丝效应，中国更多中小企业开始通过改变与韩国合作模式的方法来推进合作，并期待共同合作走向世界。

2.VR、AR、MR领域的合作开发

在VR、AR领域，中韩合作可以有两种思路。对于中国政府主导的VR项目，将侧重在技术研发及推进其在更广泛领域的运用，例如从泛娱乐向教育、医疗、健康、培训等功能性领域的发展，同时建立行业标准。而这种项目基本上是基础项目，投入大，见效慢，往往有政府在资金上的支持。这类企业与韩国合作，现阶段可能还是侧重于技术与内容，特别是技术。当然，在一线城市和其他城市由于开发程度和技术发展水平的差异，与韩国合作的意愿也不一致。对于民营的VR公司，需要成熟的商业模式支持其发展，但现阶段由于VR产业的盈利模式模糊，行业标准也未建立，竞争激烈，大多数公司都是属于投入阶段。无论是小机构,还是部分上市公司,技术上的差异不大,而资本的需求是第一位的。对这部分企业来说,他们最需要的是资本上的支持。在VR内容合作方面,由于市场的泡沫和风险,中国企业更加倾向于风险共担、市场共赢的合作引进。

3.直播领域的合作开发

在直播领域,由于是典型的互联网粉丝经济,中国国内的主要直播平台的竞争在于内容。斗鱼、战旗、龙珠、花椒、映客等平台积极寻求"大V"的入驻,因此愿意邀请有知名度的韩国主播入驻平台。而另有一些做垂直领域的直播平台,如体育、电竞,将会在专业领域的内容上与韩国保持合作。整体来说,直播领域企业与韩国的合作更多倾向于内容。同时,随着国内对直播主播的审查和要求的执行,原来依靠颜值的主播虽依然占据大市场,但专业内容的直播将会越来越多。

4.电子竞技领域的合作开发

另一个值得关注的领域是电子竞技(以下简称"电竞")。由于其地位及专业在中国逐渐被认可,早期中国电竞属于非主流的活动,而韩国的电竞一直走在世界的前列,依据这种较大的产业化程度的差异,可预期这将是中韩未来合作的一个亮点。从交流合作领域,韩国的电竞从政府管理支持方式到商业模式的成熟,到包括青少年训练营在内的人才培养体系的设计,从知识上有很多值得中国企业学习的地方。因此,电竞领域是中韩两国人才交流合作培养的重点。

总体来说，中方与韩国企业的合作形式是多种多样的。并且，随着合作的加深和中国内容产业的迅速发展（资本与市场容量是中国许多内容产业发展的基础），合作的形态也会发生变化。从现阶段来看，中国包括北京、上海、广州、深圳在内的一线城市，对新兴领域如电竞的国际合作还有较大的需求。从政府主导的层面，对VR的技术及广泛应用有较大需求。而对已经比较成熟的领域，如影视，中国企业则会比较谨慎，或者中小型企业的合作意愿会相对强烈。综合政策、产业环境、产业发展需求等各方面要素，在中国经济比较发达的准一线城市，例如天津、成都、重庆等地探索内容产业的合作项目将有更多的机会。

三编

作为创意产业的当代中国艺术

艺术是最为重要的创意产业之一,特别是全球化时代高速发展的数字化艺术更是当代创意产业的重要构成部分。作为创意产业的当代艺术是世界创意经济的一部分。作为完全成熟的创意产业部类,艺术在新一轮的产业结构和消费结构调整与升级换代中发挥了更加重要的作用。艺术的起源就是大众艺术,是一种大众文化的媒介,与大众的日常生活有着千丝万缕的联系。作为大众媒介,艺术代表了一种生活方式,影响、改变、形构着我们日常工作、交往、休憩、娱乐以至内在心理世界的活动方式。艺术产业的提出,恰是艺术的正名,是直面艺术本身。我国艺术的进一步发展,必须创建适应大众现代生活的新的艺术生产和艺术消费体系,建构艺术产业的商业运营新模式。

创意无疑是艺术产业发展的不竭动力和源泉。从历史上看,创意就源于文学艺术观念对作家、艺术家独特性、创造性的崇尚与张扬。而今天艺术创意产业的提出和发展,一方面是源于艺术数百年来的产业发展和市场化运行的历史,如绘画艺术;另一方面是对当代艺术发展实践提出的当下困境和需求的创造性回答。

一、艺术与创意产业

当下的艺术创新必须依据今日艺术发展的语境。它已不再仅仅借助个体艺术家灵感突发、天才辉耀的偶发机缘，而是整个艺术创作机制、艺术传播构成、艺术参与与艺术体验的行为活动方式的全面创新。

当代世界，在全球化的消费社会的背景中发展起来的，推崇创新，推崇个人创造力，强调文化艺术对经济的支持与推动的新兴的文化理念、思潮和经济实践，就是创意产业、创意经济或创造性产业。

20多年来，美国、澳大利亚、欧洲等大力推进艺术作为创意部门和创意产业的新观点。他们的报告中创意产业部门的范围包括广告、表演艺术、广播媒体、博物馆、软件开发乃至交响乐。经济学家的研究进一步巩固了这一观点。

凯夫斯（Caves）对创意产业给出了以下定义：创意产业提供给我们宽泛的与文化的、艺术的或仅仅是娱乐的价值相联系的产品和服务。它们包括书刊出版、视觉艺术（绘画与雕刻）、表演艺术（戏剧、歌剧、音乐会、舞蹈）、录音制品、艺术电视，甚至时尚、玩具和游戏。

凯夫斯试图为抓住这个部门的特性提供一条设想的通道。他认为，在创意产业中的经济活动会面对影响文化产品的供求及价格的特殊的限制。这条通道建立于对在商业环境和非营利环境中的文化产业组织进行研究的悠久传统之上。

约翰·霍金斯在《创意经济》一书中,把创意产业界定为其产品都在知识产权法的保护范围内的经济部门。知识产权有四大类:专利、版权、商标和设计。每一类都有自己的法律实体和管理机构,每一类都产生于保护不同种类的创造性产品的愿望。每种法律的保护力量粗略地与上述所列顺序相对应。霍金斯认为,知识产权法的每一形式都有庞大的工业与之相应,加在一起"这四种工业就组成了创造性产业和创造性经济"(霍金斯,2001)。在这个定义上,创意产业组成了资本主义经济中非常庞大的部门。有版权的产品(书籍、艺术、音乐)带来的出口收入超过了像汽车、服装等制造业。霍金斯指出:全世界创意经济每天创造220亿美元,并以5%的速度递增,在一些创意经济的先发国家,增长的速度更快,美国达到14%,英国达到12%。英国1998年最大的单项出口为与"辣妹"(The Spice Girls)相关的产品。艺术制作人大卫·普特曼(David Puttnam)在1996年注意到,"英国的摇滚音乐家为平衡付款做出的贡献超过了钢铁工业"(Heartfield,2000)。创造性——为知识产权法所支持——是个大生意。

澳大利亚学者金迈克认为,21世纪为我们提供了一个重新估价文化在我们生活中所扮演的角色的机会。21世纪将会目击我们(作为消费者、观众和公众)利用文化资源的方式的空前变化。文化被生产、传播和消费的方式将越来越取决于技术创新和全球化市场。文化研究这一概念应该使其自身脱离批判文化理论的会派，并且作为一种产业——一个可以提供就业、培训、出口、税收和外汇的产业——来严肃地对文化进行思考。

以知识为基础的文化产业与经济发展有许多交叉点。"创意产业"这一术语是这一发展战略的核心。它越来越多地被用来形容国民经济中从事于利用人们的"智力资本"的文化服务和文化产品的生产与流通的部分。研究表明，从事诸如广告、建筑、交互休闲软件、音乐、电视和艺术等创造性产业职位的人们，至少受过三级教育，因而，"智力资本"、创新和新的信息技术之间已经建立起某种联系。创意产业在这个意义上被用来区分传统的受赞助的艺术部门，以及通过知识产权的产生和开发而具有创造财富的巨大潜能的文化产业。

创意产业的核心是原创力，创新、设计创意、创意研发是整个产业赖以安身立命的灵魂。几乎所有的产业都需要创造性，那为什么还要提出创意产业呢？在一些传统的行业或领域中，创造性只是一种附属品而不具有产品的核心地位。同时这种创造性或创意还是指相当泛化的一般概念，如过去我们熟悉的特指艺术创作中的艺术家的独创性。而按照后标准化时代的创意理念，创意或创造性成了特指的市场趋向的产业方式的核心。创造性成为创意产业的生命线。创意产业的产品最忌讳沿袭陈规俗套，在总体上必须凸显产品独具的特色，才能"击中"人心，在市场上获得超值的效益。当代消费社会，大众流行文化遵循时尚化、浪潮化的运行方式，使得文化产品的新颖性、娱乐性和强烈的空间视觉特征空前凸显出来。创意产业所包含的广告、建筑、艺术和文物、工艺品、设计、时装设计、电影、互动休闲软件、音乐、表演艺术、出版、软件、电视广播、游戏与网络游戏,以及动漫、手机移动业务、网络视频无不强烈地依凭新的创意、新的设计。所以,创意产业的这种精神性、流动性、易逝性决定了创意产业的新的特征。无疑,艺术是最为重要的创意产业。

联合国贸易和发展会议对创意经济的最新的理解是:创意经济通过相互联结而灵活的网络生产服务系统得以运行,并涵盖了整个价值链。如今,创意经济深受日益强大的社会网络的影响。新工具如博客、互联网论坛、维基百科等促进了创意人士、创意作品、创意场所之间的连接与合作。[1]当代艺术是全球创意经济的重要组成部分。

艺术作为完全成熟的创意产业,已成为创意经济的重要门类。在文化创意产业中相对成熟的这一产业在新一轮的产业结构和消费结构调整升级中必然要发挥更大作用。

二、当代艺术创意产业发展的现实语境

创意无疑是艺术产业发展的不竭动力和源泉。艺术产业的创意说到底是对当代现实提出的问题的创造性回答。

当下的艺术创新必须依据今日艺术发展的语境。那么,今日

---

[1] 联合国贸易和发展会议:《创意经济报告2010》,三辰影库印象出版社,2011,第9、18页。

艺术及整个文化艺术发展的现实语境是什么呢？

媒介革命与文化的转向。当代科技的发展引起当代社会主导传媒形式的变化。从世界范围来看，现代科技的发展尤其是信息技术、传播技术、自动化技术和激光技术等高科技广泛运用于各类文化艺术活动之中，给当代文化艺术的存在方式带来了革命性的影响，在文化艺术领域掀起了新科技革命的旋风，已经使新兴文化形态崛起和传统文化形态更新。

高新技术的产生和现代工业的发展，对传统艺术方式造成了巨大冲击，不仅导致所有传统艺术形态的升级换代和现代更新，而且创造了大量崭新的艺术形式。文化艺术领域内部发生了行业内的大调整、大改组，新的艺术传播媒介如电视、卫星电视及网络文化的发展，使得一些昔日文化艺术界的"龙头老大"艺术风光不再，面临重重危机，而网络文化则为人类创造了新的数字化生存的新方式。

主导传媒形式的变化举足轻重，不仅引起了原有艺术生态格局的全面变化，而且改变着整个社会的经济结构。文化成了生产力发展中最积极的推动力。法国学者阿曼德·麦特拉在其《国际图像市场》一文中指出："文化部门不断地商品化以及相应的新传播技术的发展，已将文化置于产业结构与政治结构的中心。对于欧洲大部分国家来说，这是一种十分新近的情形。原先文化与产业之间的关系只集中于文化与国家关系的论争之中，现在已经逐渐进入新的层次，并且已产生与现存文化定义的决裂。"这就是说，新的传播媒体造成了某些传统艺术行业如剧场艺术的衰落，现代声像技术冲击并消解着部分民间民俗艺术。因而我们必须重新认真审视新的历史条件下文化艺术对于整个社会结构的形构作用，改革不适应新形势的文化体制，制定新的更合乎文化创新的当代文化保护政策，建立新的文化运作方式。

在世纪之交，艺术发生了文化的"转向"，其中，最为抢眼的景观是视觉图像的"转向"。今日的视觉图像铺天盖地，无处不在，已经占领了文化的大片领地。不管是触目皆是的街头广告，还是热浪叠起的居室装修；不管是电视台的《欢乐总动员》，还是《大话西游》；不管是流行歌曲音乐电视（MTV），还是电视报道美国轰炸阿富汗塔里班；不管是城市白领翻阅的时尚杂志，还是新市民喜欢的卡通读物，我们都离不开图像，我们生活在一个视觉图像的时代。

无疑，人们今天的经验比以往任何时候都视觉化和具象化了，人们更加关注视觉文化、视觉艺术。人们如今就生活在视觉文化中。这在一定程度上似乎成了区分现代性与后现代性的分水岭。因而继文化研究、酷儿理论和黑人少数民族文化研究之后，西方兴起了视觉文化这个时髦的、有争议的研究交叉科学的新方法。视觉图像——电影、电视、摄影艺术、网络视频等成了从事艺术美学、艺术设计、艺术史、艺术学及其他视觉研究的学者们共同关注的中心，视觉产品也发展出另一种多种维度多种方式的视觉艺术的欣赏和接受方式。这样一个巨大的转型，给曾经长期占据主导地位的语言文学带来前所未有的冲击和挑战,也给广大艺术门类带来千载难逢的机遇和无法估量的需求。需求是终极的动力源,有需求必定有发展。

市场化消费成了文化艺术活动的基本方式。在计划经济时期,文化艺术品是计划供给,是非市场化的。而在当代世界,消费主义漫漶于全球,商品的价值要能满足人们对个体精神的、心理的、文化的、艺术的、休闲的、娱乐的、产品的需求。市场化的消费成了社会艺术运行的常态,也成了文化艺术活动的基础。作为市场社会的"经济人",人们不但消费物质产品,更多的是消费广告、消费品牌、消费欲望,也消费图像、消费符号。文化商品化了,文化进入了消费。这是一个由仿真与幻象架构的"超实在"的文化世界。消费模糊了物质和精神的界限,也模糊了享乐与艺术的界限。正是这种消费文化无处不在的漫漶,改变了人类数百年来对精神、艺术以及自身生存意义的固有认识和界定,也选择着、创造着、生成着新的文化观、艺术观。美国后现代理论家杰姆逊曾经这样描述:西方消费社会包括"新的消费类型,人为的商品废弃,时尚和风格的急速变化,广告、电视和媒体迄今为止以无与伦比的方式对社会的全面渗透,城市与乡村、中央与地方的旧有的紧张关系为市郊和普遍的标准化所取代,超级公路庞大网络的发展和驾驶文化的来临"。依照这一标准,当代中国都市已进入新的消费时代。艺术活动日益深入地市场化、商业化与产业化,艺术产品的生产无不受制于消费社会无形的手的操控和拨弄。文化艺术生产机构与传播机构（如制片厂、出版社、画廊、音乐厅、电影院线等）在种类与性质上已发生变化，各种具有中国特色的文化艺术的中介机构出现了。与之相应，"新媒介人"阶层（比如艺术经纪人、传媒中介人、制作人、书商、文化公司经理等）出现，这些"后知识分子"处于精英知识分子和大众之间，对艺术家熟悉，又有很强的操作能力，能用消费的方式把艺术推向大众。总之，我国文化艺术场域发生了整体转型，不再是原来意义上的"艺术"了。但我国当代的艺术从总体上看并没有对这种文化的转向做出积极的有实践意义的回应。

三、艺术产业的"文化+"与"审美+"，新一代艺术大众的培育

大众文化与艺术走到社会生活的中心。当代社会与文化的一个突出变化是审美的日常生活化与日常生活的审美化。艺术作为媒介，就是一种生活方式，影响、改变、形构着我们日常工作、交往、休憩、娱乐以至内在心理世界的活动方式。在今天，审美已不再专属于文学和艺术，审美性也不再是区别文学与非文学、艺术与非艺术的根本要素。这一现象现在已引起全球艺术家、美学家、艺术理论家以及文化学家、社会学家的广泛关注。西方美学家艾迪拉多·德·弗恩特在题为《社会学与美学》的一篇文献综述中指出：西方的社会正在经历一场深刻的审美化过程，以至于当代社会的形式越来越像一件艺术品，审美化正在成为当代社

会的重要组织原则。德国美学家、艺术理论家维尔什也认为：我们的社会正在经历着一种美学的膨胀，它从个体的风格化、城市的设计与组织，扩展到理论领域。今天的审美活动已经超出所谓纯艺术的范围，渗透到大众的日常生活中，艺术活动的场所也已不再是与大众的日常生活严重隔离的高雅艺术场馆，而是百姓可以自由出入的空间，如城市广场、购物中心、超级市场、街心花园，艺术接受休闲化与日常生活化了。在这些场所中，艺术活动、审美活动、商业活动共展并存，交错进行，互惠互利。由之，高雅文化与大众通俗文化的界限越来越模糊。面对这种当代生活中出现的新情况、新方式，我们的艺术家、艺术工作者必须密切关注，深入思考，转变观念，适时调整战略，抓住创新的契机。

回归本然之状：艺术的大众文化媒介的本相。今天科技对文化的渗透，一个重要的表现就是艺术的媒介化趋向。艺术的媒介化以越来越多的大众文化产品进入人们的日常生活为标志。它表现为艺术的传播越来越受到媒介信息技术和体制的制约。借助媒介，艺术传播的速度更快，传播的范围更广，传播的效率更高。而且，媒介介入了艺术的创作过程，成为艺术的一部分。传播媒介给艺术带来的直接后果是艺术作品与艺术创作原初语境的分离，即所谓"取消语境"，在虚拟时间、虚拟地点重构一个新语境，此所谓"重置语境"。艺术传播和媒介技术带来的语境的分离和重构，也从根本上改变了艺术创作反映生活的传统观念。是媒介手段创造了比现实更真实的"超现实"或"超真实"。

艺术从一开始就是最大众的大众艺术,就是一种大众文化的媒介,与大众的日常生活有着千丝万缕的联系。它的平民性、视觉的直观性,甚至瞬间易逝的特征,都显示了它作为大众艺术的本相。艺术产业的提出,恰是艺术的正名,是直面艺术本身。因此,回归艺术的本然之状,就是艺术回归大众。

进一步创建适应大众现代生活的新的艺术产业与艺术市场体系。中国艺术在计划经济时期可以说是最时尚的,那时候的明星崇拜、追星热潮远为其他艺术与文化方式所不及。而我国进入市场经济的今天,艺术却受到计划经济方式的重重束缚。比起通俗歌曲等其他艺术样式,时尚化、市场化程度远远不及,严重影响了我国艺术的发展。

当然,我们今天所说的时尚文化是一个特定范畴,主要是指兴起于当代都市的,与当代大工业密切相关的,在当代全球化背景下以现代传媒(主要是电子传媒和数字传媒)为介质大批量生产的当代文化形态,是处于消费时代或准消费时代(小康社会)的,由消费意识形态来筹划、引导大众的,采取时尚化运作方式的当代文化消费形态。它是现代工业和市场经济充分发展后的产物。

时尚给商品附加了社会文化价值。这些价值寄附于使用价值之上,创造出增值的价值,从而使大规模的生产—交换过程活化、加速度化。当代市场文化依靠制造时尚的浪潮来刺激社会潜在的需求。时尚浪潮兴起的某一段时间，文化商品光辉四溢，身价百倍；而时尚一过，文化商品的地位便一落千丈，被迅速抛到价值交换的市场网络之外，无人问津。时尚造成的就是这种速生速朽的"梦幻"式价值，而文化市场则通过时尚的迅速代换来形成一个个消费高潮。当代艺术发行、通俗音乐、通俗文学、电视肥皂剧乃至体育观赏，无不通过这种浪潮式时尚，形成一浪高过一浪的白热化消费。艺术排行榜、流行歌曲排行榜、畅销书排行榜，以及足球排行榜都是制造时尚浪潮的手段。当代文化市场正是通过有目的有步骤地"制造"时尚来"制造"和推动大众的需求。

从现代观念来看，人的需求是养成的。现代人的消费也在不断发明着、制造着、涵养着他们自身的需求，特别是人们的精神和文化需求。消费本身是一个构筑意义的过程，它"关注的是日常生活中文化的内化"，是文化的生成、漫漶、固化的过程。我们无法想象，30年前中国社会会对当代流行音乐有如此巨大而狂热的需求；我们同样无法想象，曾经是那样火热的艺术时尚，今天竟沦落到"门前冷落车马稀"的地步。

像流行歌曲成功创立它的本土流行时尚一样，中国当代艺术产业也必须进一步创建适应大众现代生活的新的艺术时尚体系，不断强力推出本土明星，努力营造本土艺术时尚，并使之迅速全球化、世界化。因此，中国艺术必须以大众为主群体，以市场方式设计大众日常文化娱乐生活，在建立新的艺术时尚体系中培育新一代艺术大众。

四、进入全球和我国市场经济的总体社会营运构架与方式

1. 建构艺术产业的商业运营新模式

文化成为产业的重要标志是产业链的形成与中间环节的急剧扩张。传统的艺术消费往往是直接的面对面交流的艺术，其形态是艺术交往的自然经济状态。它不需要像艺术中介机构、文化传播机构，经纪人、制作人，特别是策划人这样的中间环节。过去的时代，文化作为精英艺术是社会"贵族"阶层等很少的一部分人的消费对象，是象牙塔上很小的一个精英圈子里的东西。今天这种情形发生了根本性的变化。文化艺术的中介机构迅速发展，占据了文化服务中最大的比重和市场运转中最重要的地位。它的急剧扩张是当代消费社会为满足人们的精神文化的消费需要所产生的机制需要而发生并不断发展的，是依据文化作为巨大的复制工业所需要的庞大而高效的流通、服务机制而发展起来的。文化的大工业化的发展给艺术的消费增加了流通、传播的环节，这个环节越来越大，越来越重要。从某种意义上讲，其地位和作用超过生产和创作环节，而策划人、创意者、制作人的地位和作用也超过作为传统的"艺术生产"中的"关键环节"或"决定因素"的作家、艺术家和编剧等。

而且，原先的艺术创作可能只是为社会上的少数人工作。但

随着各种市场的中间环节、各种现代传媒的发展,艺术不再是精英们专有的象牙塔了,原先只为"小众"进行的艺术创作,现在必须用现代的复制技术和市场手段传播开来,让社会能够更为广泛地最大限度地接受、了解和享用,以满足最广大人民群众的最大需要。这种走向大众的趋势还在进一步发展。

另一个现象是,现代传播条件下的艺术创造越来越不是单个天才闭门独造的结果,作者不再是个人,而是一个群体、一个复数。大写的个人消逝了,作品实际上是一个不同专业协同作战、共同创造的集体成果。比如当代艺术的大制作,就不仅是许多艺术家、各专业的不同工作者协同合作的过程,而且是艺术产业、科技产业的各个部类协同合作的结果。因此,全面引进、培养和使用具有市场经济实践经验,懂得市场运营方式的经济管理人才进入艺术产业,具有重要意义。

同时,互联网这种方式,特别是微博、微信等新的自媒体运行,开创了人类社会文化交流的新的公共空间,创造了民主交流的新方式。艺术从某种程度上讲,不再是高不可攀的缥缈圣殿,而成了人人都可参与"过把瘾"的生活方式。

2. 艺术的类型化制作

尽管艺术和电视节目千变万化,且众多的表现类型叫人目眩神迷,但它本身实际上是一种"配方式媒介"。西方电视美学家赫拉斯·纽肯默指出:"成功的电视配方被广为模仿……能够存在下来的配方一定是广有观众的。""配方成了组织和界定世界的特殊方式。情景喜剧和电视所创造的其他形式的世界都给人不真实的感觉,但是,我认为情景喜剧和电视却创造了一种特殊的现实感。每种类型都有它自己的价值系统……打破这种现实也就是创造一种新的配方。在某些情况下,这也就创造出一种新的电视艺术形式。"艺术作为产业运营,就必须学习借鉴当代世界艺术的一般方式,逐步进入类型化的操作。我国艺术在规模、品种、类型、制作上都迫切需要进行改革。

好莱坞的制片制度以精细的分工制作、制片人专权、明星制等为内容,表现出鲜明的产业化、商业化的基本特征。这是好莱坞影片面向世界市场,大批量生产,以降低成本、提高质量、追求最大利润为目标所决定的。大批量生产要求精细的分工、严格的一致化的操作程序,可重复使用的类型资源,从而产生配方化、类型化的创作、运作与制作方式。许多经典的好莱坞艺术是这种制片制度下配方式生产流水线上生产的产品。

五、艺术产业的新发展必须高端起步,实现数字融合、复合开发、整合营销

艺术的发展和创新与科技的进步密切相关。今天新艺术形式的不断创造和崛起,也必须依靠当代数字网络信息高新科技提供的巨大支持,这已为当代世界艺术发展的现实,特别是美国的现实所证实。当代中国艺术的跨越式发展必须依据我国相对先进的网络与数字化技术,作为文化创意产业应当在当代高新科技高速

发展的基础上融合数字化、国际化、影视图像化全面展开，实现复合开发、整合营销。

文化产业作为内容产业的兴起。十几年来，知识经济与数字化的出现和广泛运用，曾使世界欣喜若狂，巨量的资金投入了网络业，全世界各行各业都争相到网络业来"烧钱"。传媒变成一个能量巨大的环节，两头小中间大，出现了空前的传媒过剩的现象。

无疑，在新一轮新技术革命的经济环境中，文化发展如果不与高新技术与经济的革命性突破相结合，就会被飞速发展的现实世界淘汰出局。目前，传媒过剩与传媒的升级迭代成为当下社会的基本现实。实践告诉我们，在基础设施和技术手段实现之后，在传播或发送的方式解决之后，传播或发送什么文化内容就显得极为重要。目前，造成传媒过剩的主要原因是艺术创新不足，没有足够多的原创文化艺术节目提供给传媒。作为"上帝"的消费者需要什么、消费什么，成了发展的关键。事实证明，正是缺乏文化产业的有力支持，知识经济才落入低谷，面临着严重的危机。没有千百万人需要或喜爱的文化艺术的内容或节目，高新技术与新经济就没有了市场，没有了市场也就失去了持续发展的内在动力。无疑，当代新一阶段的技术革命迫切地需要文化产业的支持。因而，从一定意义上说，网络等媒介产业的生存能力取决于"内容"的创造和消费。从发展的环节看，内容产业成了文化经济传播交流的"基础的基础"。

因此，建设与未来世界新的经济形态和技术形态相协调的新的文化产业形态——内容产业与创意产业，就成了创意经济发展的重要战略目标之一。高新技术需要文化，需要文化产业。

"内容产业"是20世纪90年代中期西方兴起的新兴产业。欧盟INFO2000计划中把"内容产业"的主体定义为"那些制造、开发、包装和销售产品及其服务的企业"。内容产业的范围则包括在各个媒介上的印刷品（报纸、图书、杂志等），音像电子出版物（联机数据库、音像制品服务、以传真及光盘为基础的服务、电子游戏、动漫画），音像传播（电视、录像、广播和影院等），用作消费的软件等。世界上的大型传媒集团都把自己定位于内容产业商或内容提供商。

艺术是当代大众已经普遍接受的内容产业，只是它高高在上的艺术观念定位削弱了它作为内容产业主产业的巨大发展的可能性。今天艺术的发展已经不能仅仅固着于胶片制作放映的传统套路，而必须与电视、广播、音乐、音像、出版、绘画、城市雕塑、网络游戏、体育以及广告、服饰、美容、时装、旅游、时尚潮流密切结合，相融为一。数字影院与数字艺术的网络传输与营销，已成为国际艺术产业的新的发展潮流，其中数字艺术的移动网络传输与营销，展现了极为广阔的前景。艺术会展业、艺术城市构建与艺术旅游等复合式开发，也展现了巨大的前景。

建设高科技的数字化艺术制作新机制。当代艺术制作依托高新技术，大量采用电脑制作，创造了人类前所未见的梦幻般的艺术奇观和虚拟"真实"。中国艺术要想持久发展，必须精心筑建

"黄金巢",引进和建设高科技的数字化艺术制作中心,创建世界性的艺术制作服务平台。

作为一个未来的艺术大国,艺术产业的发展必须利用我国相对进步的数字与网络信息技术,高端起步,实现数字融合,进行复合开发,实现整合营销。

六、结语

对于中国艺术或艺术产业来说,观念的创新具有重要的先导性意义。中国艺术的发展必须消除产业艺术的二元对立,推动中国艺术走向多元共生与多元对话。鼓励各种不同的艺术观念的实验与实践,营造多元共生的繁荣局面,并鼓励各种不同主张、不同流派或不同话语之间的相互对话、相互理解、相互溶浸与相互批评。

目前我国经济体制改革与文化体制改革不对称或不平衡,经济发展进入新阶段,文化体制改革滞后,经济结构的战略性调整与文化产业之间不平衡,要求对文化产业结构进行战略性调整。而文化产业结构的战略性调整必然要求文化体制改革及文化行政体制改革。政企分开、管办分开、现代企业制度等在经济改革中行之有效的改革实践应在文化领域推行和实践,经济领域各个环节的大量人才应全方位进入文化领域。

中国艺术的改革和艺术产业的发展应当借鉴和利用我国经济改革的成功经验。文化体制的首要问题是计划体制与市场方式的矛盾，文化的市场改革将成为整个社会主义市场经济体系的一个重要的组成部分。文化体制改革应在社会主义市场经济的框架体系内思考和规划。稳步有序地向国内外各种所有制的经济实体放开文化市场准入限制；努力锻造在内外两个市场上具有强大核心竞争力的市场主体——文化企业，将市场机制引入原有生产机制的内部，对原国有重点文化企业单位进行现代企业制度改造；逐步消除四大壁垒：所有制壁垒、部门壁垒、行业壁垒、地域壁垒，进行体制创新。

当代艺术创意产业的科技化与科技产业的文化化，越来越以内容为王，以创意为王。媒介革命，特别是高新技术如IT业的高速发展，给予了中国艺术创意产业发展的科学基础与技术保障；艺术创意产业需要高新技术，高新技术也迫切需要艺术产业发展的支持。因此，艺术产业必须与新兴高科技、新媒体信息产业联手，实现数字技术基础上的高端融合。

基于差异的互补：
转型时期的经济学家与文学家

——对话陶东风[1]

一、经济学家与文学家的差异

陶东风（以下简称"陶"）：都说中国正处在一个转型的时代，都说中国的文学家应当关心改革开放与社会转型，都说文学是时代的"晴雨表"，应当反映现实，等等。这些当然都是没有问题的。有问题的是如何关心以及怎样关心。比如，文学家与经济学家或社会学家对于中国今天的社会转型所持的态度，尤其是他们"审时度势"的角度、标准、出发点、着眼点等有什么样的区别，为什么有这样的区别，就是很有意思但仍然未经深入探讨的问题。1997年底，北京作家协会与《管理世界》杂志举办了一个别开生面的学术会，叫"面向二十一世纪的中国——青年经济学家与青年文学家研讨会"，召集在京的部分青年经济学家与文学家一起探讨：①青年经济学家与青年文学家对企业改革现状

---

[1] 陶东风，文学博士，现为广州大学中文系教授。

的思考；②转型期经济学家与文学家的价值判断、文化立场与社会视角选择。结果发现，经济学家与文学家在看待当今中国社会转型时的确存在很大的分歧。其中具体观点的分歧不是最主要的，也不是我们感兴趣的。我们感兴趣的是他们的思维路径、价值取向、判断角度的分歧。我认为这是更为根本的分歧。

金：这个创意应当说非常好，说明当前人们已关注到文化与经济的区别及相互联系。历史上传统的欧洲学术分类是采用两分法，即自然科学与社会科学两分，更看重社会科学作为整体与自然科学的区别。而后起的北美学术则采取三分法，即自然科学、社会科学与人文科学三分，这种划分强调了社会科学与人文科学的区别。我国延续了传统的欧洲式的分类，而近年来人们也越来越多地注意到社会科学与人文科学的区别。分属社会科学的经济学科与分属人文学科的文化艺术，一方面显示出越来越大的独异性，另一方面二者又呈现出日益紧密的相互联系。以往文学界对文学与政治、文学与社会、文学与历史、文学与意识形态都有过不少深入的研究，唯独对文学与经济研究得最少。这也许是长期以来形成的既定观念作怪：文学艺术是更高地悬浮在空中的意识形态，而经济则是整个社会大厦的基础，一个是高高在上，一个是扎地三分，二者相去甚远。故而研究甚少，也在情理之中。但在今天这个转型的时代，文学（文化）与经济的关系提上了社会发展的议事日程。仔细研究文学（文化）与经济的关系，不论对文化研究还是对经济研究都具有现实意义。

陶： 显而易见，经济学家——按照您的划分，其实还可以包括社会学家、法学家、政治学家等，因为他们都是从事社会科学研究的——与文学家在个性、思维方式、知识结构等方面都存在明显的差异。举其要者言之，经济学家务实而文学家务虚；经济学家重理性而文学家重感性；经济学家更多地考虑可行性（在现实中是否行得通），而文学家更加执着于"合理性"（此指是否合乎自己的理想，与韦伯意义上的"合理性"不同）；经济学家更多地从社会的角度看问题，而文学家更喜欢"我向思维"（或"自我中心"）；经济学家对社会机制的运行与操作更感兴趣，而文学家则念念不忘个体人格修炼等。由此决定了，在面对社会转型时，经济学家更注重实实在在、看得见摸得着的变化（尤其是物质生产与制度建构层面），而文学家则更关心社会转型在个体心灵上产生的看不见的影响（个体心理体验层面）。以上的种种差异当然会导致两者在具体分析与评价社会转型时的分歧乃至对立。比如，对于市场化以及由此导致的商业伦理、契约伦理，经济学家主要持肯定的立场，因为契约关系作为人与人之间新的联系纽带取代了原先的以人情与习惯为轴心的人际关系，这是社会的一个进步，也是市场经济的题中应有之义。而在文学家看来，市场经济中的商业伦理与契约关系充满了"铜臭味"，太缺乏诗意与浪漫。人间真情岂是能用契约这种斤斤计较的玩意儿表达的？

再比如，对于科层官僚化与工具理性化的看法。西方现代化的历史表明，现代化必然导致科层官僚化，这里的"官僚化"与我们熟悉的贬义词"官僚主义"有所不同。科层官僚化是一种现代的机构管理方式。它用客观化且较稳定的规章制度来取代更具个人主观色彩的惯例人情，通过一个人的技术知识与管理能力而不是关系资历来作为选择升迁的标准。在社会学家看来，这当然是社会的一种进步。工具理性化以及相关的世俗化也是如此。在一个宗教本位或伦理本位传统深厚的社会中，想要实现现代化似乎必须经过世俗化与工具理性化的阶段（尽管会在另一方面带来严重的后果），把原先的神圣价值加以悬置、限制或划定其范围，使社会活动的领域，尤其是经济、器物、物质方面的活动脱离价值理性的限制。但是文学家可能会出来唱反调：科层官僚化导致等级制，世俗化扼杀了价值的神圣性与终极性，工具理性化则把人当机器看待与使用，使个体丧失自由，使人成为非人。对于这两者的批判，一直是当今中西方人文学者的主导立场。

金：经济学家务实、文学家务虚，可谓一言中的。这与他们各自的社会定位和人们对他们的期许密切相关。经济学家要解决当前经济的运作，他们的目标是设计以物质生活为基础的当代经济生活的最合理的模式，关注社会经济发展中的效率、速度，其自我定位是经济发展的"工程师"或"设计师"。人们对他们的期许也是尽可能地解决现实实践中的问题。文学家、艺术家则不同。文学艺术要解决人类的精神需求问题，人类当然必须首先活着，必须首先解决衣食住行这些最基本的问题，但人之所以为人，就是因为人还有文化的、精神的、文学艺术方面的需求。如马克思所说，人类的全部历史就是人的感官不断解放的历史，是自然的人化也即自然文化化的历程。因此这些需求也是人类的不可或缺的基本需求。由此，文学家的自我定位就不同于经济学家，他们有的取精神牧师的定位，有的取社会批判者的定位，有的取历史代言人的定位。当然，从另一个角度看，这种不同还在于文学家与经济学家各自的知识谱系不同。由于训练，由于教育，由于约定俗成的社会习俗，他们观察世界的思维范式不同、理解视界不同，因而他们对同一社会现实可能做出截然不同的判断。换句话说，他们可能关注的是同一社会现实中的不同层次或不同侧面。

对于工具理性的态度最能体现出经济学家与文学艺术家的不同。在经济学家看来，一个现代化的社会当然应是一个高度理性化、客观化、制度化的社会。在中国当代的经济学家看来，在中国这样一个长期人治的伦理传统社会中，最缺乏的就是工具理性。我国的现实是，经济活动中的契约、效率意识、科学理性大大不足，市场成分大大不足，因此，必须大力倡导现代经济意识与经济模式，为此而付出相当的代价，甚至经历某种"商品崇拜"的阶段都是可以理解的。而在文学艺术家、人文理论家看来，人类在这个科技理性霸权的时代已被大大地异化从而失去了人的自由的本性。他们更关注终极价值，关注对存在的追问，关注生活的深度、情感的深度、思维的深度，他们执着地寻找人类生存的"诗意"，他们对物欲横流的世界、对市场经济的现实大声疾呼：道德沦丧了，人何以堪？

此外，经济学家往往从个体而不是从团体、社会、国家等作为整体的行动单元出发，观察、研究艺术不会像艺术家主要考虑自己和喜好、趣味，而是去考虑个体可以支付多少资金、时间和工作量，可能更多地关注文化艺术中的外在制约因素，如物质与货币的变化。经济学家总是关注那些可计算可实证的内容，更关注影响人们生存环境的经济物质条件和组织规约以及相关制度，关注资本、劳动力、自然资源等综合资源，以及生产者的体质、时间与潜能发掘等。而文学家、艺术家则耻谈金钱，他们注目于人类情感传达的深度模式，后现代条件下艺术作品的"气韵"的消失，复制品与真品的天壤之别等。就拿对复制品与真品之间关系的看法来说，经济学家和艺术家在关注重心、切入角度等方面都有所不同。就一般普通百姓来说，他们对于真品与复制品之间的区分并不像艺术家那样认真，对于以复制品代替真品，或批量复制艺术品，大多十分宽容。经济学家在此问题上往往会倾向于普通人的意见。但艺术家与艺术批评家则对此极为敏感。他们坚持复制品已不再是真正的艺术，真品是唯一的。因为艺术的复制品如本雅明所言，缺少艺术真品所特有的"气韵"（艺术法方面的律师也强调这种差异，因为他们要考虑原作的创作权是否受到影响）。而经济学家看待艺术则无须参与复制品是否是艺术的论争。他们更关注的是从经济角度看完美的复制品及批量复制将怎样改变艺术品的供求关系。也就是说，如果复制品与真品（原件）之间没有什么差异，原作的价值就会下降。这样，一些原作的复制品就可列入博物馆，以弥补真品的匮乏。但这样的结果也会派生另一个两难：博物馆有能力展出人们喜欢的艺术作品了，其保管、储存费用也将大大降低。但如果这样的话，艺术爱好者还会参观博物馆吗？人们不远千里万里慕名而来不就是为了一睹真品的风采吗？复制品的泛滥会不会导致艺术品对新一代青年的吸引力消失呢？

二、经济学家与文学家的互补

陶： 我们应当把这种分歧看成是正常的现象。文学家对于社会时代的评价本来就不应当与社会科学家（包括经济学家）相同。社会的转型是一个全方位的现象，包括政治、经济、文化各个领域，涉及器物、体制、心理多种层面，而知识的分工与知识分子的分化必然造成的结果是：无论是社会科学家，还是人文学者，都很难全方位地准确把握与正确评价转型带来的种种结果，也就是说，他们都存在思维的盲点。正是这一点，决定了社会科学家与文学家之间应当是一种基于差异的互补关系。也就是说，无论是社会科学家，还是文学家都有各自的洞见与盲点。文学家不应当放弃自己的视角与立场，我们也不应当要求他们是社会发展（尤其是物质与器物层面的发展）的设计师；小说不能写成社会发展报告或现象记录，否则文学与文学家都失去了存在的价值与理由。从社会发展的角度说，在常态的情况下，文学家对于社会历史发展的影响是微弱的、"边缘"（姑且用这个不太准确的词）性的，占主导地位的是社会科学家（包括经济学家）的观点，当然更重要的是物质生产自身的"铁律"以及政治家的施政方针（值得指出的是，现代社会中政治家与科技专家的联盟远远超过其与人文学者的联盟）。西方社会不乏对现代文明持激进批判态度的文学家，但是没有一个西方社会因为文学家的批判而回到古代去。没有一个政治家会依照文学家的作品来施政。但是这不是说文学家的"边缘"位置是没有意义的，它的意义在于提示社会转型在人（主要是个体）的心理上产生的看不见的影响。而这种影响常常被社会科学家忽视（这也不是他们研究的强项），因为这种影响通常只能用心去体验，而不能用图表去统计，或用调查问卷去把握。

再说，审美规律的特殊性也决定了作家不能像社会科学家那样去审视社会、反映社会、表现社会。常言道：可信者不可爱，可爱者不可信。一个精通社会分析的作家经常不能写出有审美意味的文学精品。一部把社会问题分析得头头是道的作品只能说有社会学的意义（意义多大不一定），而很难说有美学的意蕴。在一般情况下（新中国成立后到20世纪80年代中期这一段时间或许是例外），读者不是要到小说中去寻找社会问题的答案。也许正因为这样，中外古今那些真正有艺术韵味的文学作品常常是"挽歌式"的，也就是说，常常是与社会历史发展的主导趋势有些错位乃至相悖。《长恨歌》是如此，《红楼梦》是如此，托尔斯泰是如此，福克纳也是如此（如果福克纳为南方的工业化进程唱赞歌而不是唱挽歌，很难想象他的作品还有如此艺术力量）。可以说，西方现代派文学，除了未来主义对于现代文明持歌颂态度，其余差不多全是反现代文明的（如城市化、工业化、世俗化、机械化等），西方的现代派作家也都是对现代化持否定的观点。文学与社会应当是有距离的。这与关注社会和时代并不矛盾。这是一种特殊的关心，是有距离的关注。因为知识分子绝不应当无视社会转型在人的心灵上产生的影响与震荡。

话说回来，文学家固然可以对社会转型持不同于社会科学家的立场与视角，但是切不可丧失界线意识与距离意识。我所谓的"界线意识"与"距离意识"，是指文学家不应当天真幼稚地认为社会应当按照自己的人性理想与审美乌托邦来建构，更要警惕自己的乌托邦冲动与政治权力结合或被别有用心的政治家利用，以在现实社会中建立"道德理想国"或"人间天堂"。我非常欣赏陶渊明的《桃花源记》，也喜欢桃花源中"鸡犬之声相闻"的境界，但是桃花源美就美在它是幻象而非现实。如果桃花源不再是幻象而是现实，或者有人为了建立桃花源（为了人性的"纯洁"这个"崇高"的目的）而把人类的文明成果统统毁灭，结果恐怕只能出现人间地狱，出现令人发指的专制统治——因为不可能所有人都一致同意以毁灭文明为代价去建构所谓的"桃花源"，结果只能是强迫同意（事实上，每个人心目中的人间天堂都是不一样的，也不可能是一样的，所以最好的办法是让他们自己去建构自己的人间天堂)。这是一种走火入魔的道德理想主义。这种道德理想主义不但有害于社会发展,侵犯了人的自由,而且从审美的角度看也是不美的。作家的道德理想主义与人性乌托邦如果想要获得美感,就不应当丧失审美的距离,不应当成为声嘶力竭的道德控诉。即使他留恋过去的天堂,对于即将消逝的美好(至少在他心目中是美好的)事物、美好人性倾注了全部的同情,也不应当失态地暴跳如雷、破口大骂,让自己的声音失去应有的从容与委婉。因为暴跳如雷的道德控诉或许表明了一个人的正义感与道德义愤,但是我相信它必然是缺乏美感的。美学家苏珊·朗格在她精彩的《艺术问题》中反复强调:艺术是人类情感的表现形式,而不是人类的原始发泄或自然征兆(如同一个孩子的大哭大叫)。大家都知道,巴尔扎克的作品是法国上流社会的一曲挽歌,他的所有同情都在那个注定要灭亡的阶级(即贵族)身上,但是巴尔扎克并不用自己的道德态度取代社会历史理性,所以他写出了贵族必然灭亡的命运,尽管他同情贵族。同时,他的同情是有距离的,因此也是美的,他没有让自己的同情直接成为对历史发展的声嘶力竭的诅咒、控诉或叫嚷,也没有对于资产阶级进行破口大骂。李商隐的"夕阳无限好,只是近黄昏"是千古名句,但是它的美恰好来自一种挽歌式的情调:美的夕阳的消逝引发的是李商隐无可奈何的喟叹与惋惜,深情而不狂躁,从容而不冷漠。狂躁的激情因为失去了距离也将失去美感,而冷漠的从容是一种"没良心"的历史理性,它从来与文学无缘。

金：一个健全的社会必须有文化的制衡因素。没有社会民主文化的监督、批判、否定、制约，就会出现不正常社会秩序；没有合理的文化、伦理、宗教的相互协调、相互制约，完全市场法则的经济发展也就可能变成一个"无耻者富""弱肉强食"的社会。西方资本主义的发展，就是资本主义经济与新教伦理相互伴行的。当然人文学科对社会的批判、否定、制约，不是那种"打倒在地，再踏上千万只脚"的方式，不是阶级斗争那种你死我活的方式，而是现代民主社会政治、经济、文化相互独立又相互制衡、相辅相成，又相反相成的关系。从这一角度来看，西方的现代派文学的反现代恰恰具有现代性，是现代社会结构的必不可少的部分。实际上，文学艺术家与经济学家也不总是截然对立的。在当今社会，整个世界经济越来越文化化。第三产业，特别是其中那些具有高文化、高科技附加值的产业日益兴盛起来。而时尚等社会心理因素则成为文化产业兴盛的重要契机或基本条件。像美国的好莱坞电影成为全美仅次于航空航天、电子科技等的重要大创汇产业，就是证明。从总体上看，文学艺术家越来越经济化了，比如张艺谋从艺术电影走向商业化，高雅艺术如交响乐的商业炒作，都是如此，更不用说雅尼艺术的商业运作方式了。现在的大多数文学家已越来越具有商业头脑了。其实当年的伏尔泰、巴尔扎克、大仲马等，无一不是商业运作的奇才。伏尔泰放弃桂冠诗人的殊荣，离开宫廷走向市场，大仲马的小说生产流水线更是开近代小说商业制作之先河。而经济学家则主要是在从专业角度观察世界时采取关注当下的更为务实的态度,而略去了更为长远虚在的精神问题。实际上,每个现代的经济学家自身也必将有诸多精神的、道德的、文化的问题。当他们作为个人进入文学艺术领域时,则不一定一律是"现实主义"文学观的崇拜者。

三、纠正两个偏向

陶：联系到中国,我以为当今中国作家对于转型时代的把握,存在两个比较典型的偏向。

一是偏激狂躁、缺乏节制的道德理想主义。它的主要误区是：①许多持有道德理想主义的人文学者缺乏应有的界限意识与距离意识。他们谈论的是社会问题,但是采用的是文人的视角。比如在分析社会道德状况(不是个人道德修养)时,缺少社会分析的视角与眼光,有些人甚至错误地把旧制度造成的问题当成是尚未确立的新制度(以市场经济为核心)的"恶果",或把社会性的道德现象归结为个体的人格问题,而忽视了道德的制度环境。在这个问题上我比较相信社会学家(如韦伯)的观点,对于大多数的公民来说,他们之所以遵守法律或他们之所以使自己的行为合乎道德,是因为特定的社会制度使得合乎道德的行为比之于不合乎道德的行为对于自己更加有利。也就是说,道德问题与利益问题无法分离。②以声嘶力竭的控诉乃至诅咒抵抗当今中国现代化的社会发展方向。我们可以比较一下张炜笔下的"葡萄园"(见张炜的长篇小说《柏慧》)与陶渊明笔下的"桃花源"。

显然,"葡萄园"作为一个与现实世界不同的理想乌托邦,与桃花源有类似之处,但是作者在捍卫"葡萄园"(它象征一种以农业文明为基础的纯洁人性与理想人际关系)的时候,却发出了狂躁的道德宣言与失态的道德诅咒,从而使得这种捍卫失去了应有的距离与美感(且不说这种捍卫从社会科学的角度看是否真的合理)。

另一种偏向是没有距离的所谓"新现实主义",以所谓"三驾马车"(谈歌、何申、关仁山,其实三人在创作上还是有区别的,这里姑妄沿用)为代表。此类作品常常直接地记录当前社会转型的种种现象,尤其是基层单位的改革现状,被戏称为"记者"文学。应当说,这些小说中的大多数对社会问题停留在浅层描写,即使涉及对社会问题的剖析,一般也是比较肤浅的,写得最好的也不过是社会问题小说。我还是想以巴尔扎克为例,简单谈谈我对于所谓"现实主义"的看法。我以为现实主义在于精神而不在于题材;在于怎么写而不在于写什么。谈到现实主义时,人们总热衷于它的"认识价值",但即使是所谓"认识价值",也不同于调查问卷或社会统计学的认识价值。恩格斯曾经说他从《人间喜剧》中学到的东西甚至"比从当时所有职业的历史学家、经济学家和统计学家那里学到的东西还要多"。这句话一直被用来证明现实主义文学具有巨大的认识价值。但我体会这恰恰是因为巴尔扎克不是经济学家或统计学家,也没有像经济学家或统计学家那样去写小说。巴尔扎克也是处于当时的社会转型期,但他始终抓住了人性的主题，写出了社会转型在人性层面造成的震撼。正因为这样，它的认识意义是独特的，是历史学、经济学与统计学所不可替代的。

中国目前的社会转型既为社会科学家，也为文学家提供了千载难逢的机遇，反映与揭示这个转型时期是他们共同的使命。但是他们的视角应当是不同的与互补的，而互补的前提是不同，相同就无所谓互补了。就文学家而言，更值得描写的是转型时期人的心态、人性的变化、社会转型在人的心理层面造成的隐秘而又深刻的震荡（这种震荡的剧烈与深刻绝不亚于器物或制度的层面），比如感性与理性、道德与历史、传统与现实等的深刻悖反。这样的文学既不是救世良方，也不是施政方针，但它将具有独特的认识价值与情感力量，同时也是具有艺术震撼力的文学杰作（如果写得好的话）。

金： 当代经济学家对待文化也有两种偏向。

一种偏向是根本上无视精神文化在社会发展中的重要地位，对经济活动完全采取操作主义的态度。当代新古典经济学的全部理论大厦就是建立在"人类理性地追求功利最大化"的基本模式之上。他们对经济活动之外的人类的哲学、精神、道德、伦理、美学等问题很少予以关注，而这恰恰是西方20世纪现象学、阐释学、存在主义、西方马克思主义等一系列文化思潮此起彼伏、波澜壮阔的基本原因之一。它们直冲着现代资本主义社会的科学主义与工具理性的霸权而来，直冲着后工业社会的商品拜物教等种种社会弊端而来。在今日中国，经济学已成为当代"显学"，已"帝国主义式"地侵入一切领域。经济学的术语正大踏步地占据媒体以及政治学、社会学、历史学等学科的领地。而一些经济学家则将自身学科中的假设、命题、主题、概念推及其他，将之视为一切领域的普遍性公理。实际上经济学家也应了解人文科学学者们的思考，听听文学艺术家、伦理学学者们的意见，他们也需要关注人类生存的"意义"问题。

经济学家中的另一种偏向是对西方市场经济模式缺乏足够的批判否定意识。他们认定西方的市场经济模式，已完善如金科玉律，具有不可置疑的真理性。经济学也需要一种经济批评或经济批判。经济学家竭力追求理性与功利最大化，推崇现实、实惠的自利行为，他们相信社会整体的最大好处就在于通过个人在市场中的自利行为获得，这种最大的好处便是效率。实际上，人类所有的经济行为都不是孤立的，都必然受到文化与政治的制衡（当然制度经济学并不乏对制度文化的关注）。我们经历过政治决定论的时代，今天又经历了某种程度的经济决定论。然而，如果没有政治和文化（包括伦理与艺术）的制约，我们的经济也可能成为脱缰的野马。

同时，现代阐释学告诉我们，每一种经济模式的设计，也只具有部分的真理性，是此时此地经济学家依据某一前理解阐释现实的结果。当代世界经济的多元性和经济学范式的多元性，导致经济学阐释方式的多样性。从根本上说，每一个国家的现代化道路都是独特的、唯一的，因而，每一位经济学家在研究西方市场经济模式时，多一分批判意识和否定意识，多一分"中国国情"或"中国特色"的意识，就是十分必要的。

有一种说法，说未来世纪的经济学"将让位于心理学"。日本松下公司提出新文化产业的观点，认为未来的文化产业应该是：①创造某种文化，②销售这种文化，③生成文化符号。由此他还提出第四产业和第五产业的观念。第四产业为高技术高知识信息产业，第五产业为心理知识文化产业。未来世纪，人类心理上的需求将日益突现出来，内在情绪的满足、人的心理表现将越来越成为经济关注的重要课题。文化符号将越来越成为能产生高额利润的产业。有鉴于此，经济与文化（包括文学艺术）的结盟将是一种必然的趋势。所以未来不是经济学让位于心理学，而是让位于文化（包括心理）的经济学或经济的文化学。

四编

创意产业基地建设：
孵化器与创意产业园区

创意产业的发展不能仅仅依靠总体的动员与政策支持，还必须有实质性的产业发展与推广。当前各国创意产业的发展面临的主要问题已不是理念转换，而是如何实际运作，推动文化创意企业的快速生长，并发挥集聚效应，培育创意市场，打造并完善创意产业链，形成新的产业发展群落。因此，建立并建设文化创意产业基地，创建创意产业孵化器、创意产业园区是十分重要的基础建设。

如前所述，文化创意产业是市场不成熟、需求不稳定、产业链尚不完整的风险产业，又是有效需求高速增长、市场前景十分广阔、经济效益非常诱人的朝阳产业。正是具有如上的这种相反相成的特点，文化创意产业才需要一个良好的创业环境、高效的政策支持机制、高技术的基础设施、相互接驳的产业链条、打破原有行业界限的重组场域、迅速顺畅交换传播的数字网络和一个高度市场化的交易平台。创意产业园区、孵化器就是满足以上需求的产业发展模式。

一、各国的创意产业园区或孵化器

创业园区最初是从支持和孵化新建高新技术企业而兴起的。或称科技园、开发区、高新技术区、企业孵化器等，也称企业创业中心、创新中心、企业中心、支持中心、工作坊等。它是一种介于政府、市场与企业之间的新型社会经济组织和企业发展平台。它是通过提供一系列新创企业发展所需的管理支持和资源网络，来帮助初创阶段或刚成立的相对弱小的新创企业，使其能够独立运作并健康成长。20世纪80年代特别是90年代以来，随着创意产业的兴起，各国的产业园区或孵化器高速发展，成为新兴产业发展的主要模式。

1. 美国

产业园区或企业孵化器最早出现在美国，是伴随着新技术产业革命的兴起而发展起来的。1956年，美国人乔·曼库首次提出了孵化器概念，并在纽约成立了第一家企业。美国是企业孵化器发展得最为成功的国家。从1980年到2001年，孵化器数量从12个迅速发展到900个以上。

在过去的半个世纪，美国孵化器产业大致划分为四个阶段，并形成了四种不同的运作模式：

（1）企业组织创立阶段，20世纪50年代至80年代前期，这一时期的大多数孵化器都由政府和社区合作建立、以非营利性机构的形式存在，基本上以混合型的孵化器为主。孵化器的主要目标是为了缓解社区的高失业率的状况。

（2）从单个孵化器向孵化系统过渡阶段（20世纪80年代中后期），表现为政府开始从直接资助转向信息和网络的支持，从政府主导转向政府部门、企业界、研究教育机构、社会团体的全面协作，孵化器的经营主体转向多元化。

（3）孵化器的企业化运作阶段（20世纪90年代前期），其特征是孵化器的经营改由具有企业管理经验者承担，服务对象由内而外扩张，越来越注重创新。

（4）创业孵化集团的出现（20世纪90年代后期），创业孵化集团的基本特色是它本身就是新创企业，不仅向其他新创企业提供办公场所和设施，而且提供更加全面的管理咨询支持，包括企业发展和技术开发、市场营销、竞争研究分析、法律顾问、会计等。这种模式的优点在于通过创业者和风险投资的联合，将巨额资金与大量具有创意的新创企业结合，同时吸引了大批优秀的管理人才加盟。

目前，美国孵化器主要有四种形式：政府主办的不以营利为目的的孵化器、私人主办的孵化器、学术机构主办的孵化器、公私合营的孵化器。其中前两种类型孵化器的特点在大学主办的孵化器中都能得到体现。除此以外，大学主办的孵化器比较关心学校教工的科研成就，通过创办孵化器可以吸引许多科研项目和高级研究人才，这类孵化器占总数的18%。

在美国，有一些商业孵化器是来帮助艺术家实现艺术作品的商业开发，还有一些是帮助少数民族和妇女实现成功的商业。加利福尼亚有一个孵化器基金，帮助个人建立他们自己的慈善事业。

2. 英国

1996年，英国有25家孵化器，此后由英国企业孵化协会（UKBI）发起，孵化器急剧增加，2002年全英国有1500多家孵化器在运作。UKBI是一个领先的企业孵化的网络，可以提供高质量的服务、专业技能、技巧和信息，能够帮助企业孵化。在英国所有的孵化器都能够提供会议室、设备和一些共享的服务。94%的孵化器能够提供企业规划的支持，能够允许被孵化的企业侧重于自己的理念，并且能够为他们提供很多的支持活动。89%的孵化器能够提供企业培训的支持，85%的孵化器能够提供财务的建议。

牛津大学科技园是2000年在一个17世纪的农场上建立起来的。牛津大学在航空、汽车、电子、生物、信息技术、纳米、网格、生态、材料、水利等学科方面的优势，对新企业的创办发挥了重要的作用。学校的老师只管研发技术成果专利，再将专利转让给学校，风险由学校承担。

剑桥科技园于1971年成立，园内有11个孵化器，1600个公司大部分为研发机构，原则上不接收生产型企业入驻，主要集中在信息技术、生化、仪器、法律等领域，其中大部分为跨国公司的子公司。剑桥比牛津在科技方面更有优势，有81个诺贝尔奖获得者都来自剑桥。剑桥科技园以平衡房地产、风险投资以及种子项目这三方面的关系为原则。

伯明翰研发园成立于1986年，园区现有孵化企业30多家，在英国排名第四。园区管理者伯明翰研究和发展有限公司是伯明翰大学全资公司，通过企业运作管理，使股东的利益最大化。公司的盈利方式主要帮助伯明翰大学转化知识产权。知识产权转化的方式有专利许可、知识产权顾问咨询、合同开发、投资子公司等。实现知识产权的转化，学校、公司、研发老师个人均受益。由于该中心完全是独立商业化运营的公司，这样可降低学校在知识产权转化过程中的风险。另外，学校一般都是非营利机构，知识产权的转化会涉及盈利、税收等问题，由公司按市场化去运作。现在每年学校专利120个，转化收入400万英镑，开发成本60万英镑，许可证收入60万英镑至100万英镑，合同收入200万英镑，个人顾问咨询25万英镑，子公司收入50万英镑。这种知识产权的转化对学校、老师个人都有益，能发挥知识产生财富利益最大化的作用。

上述三个例子可以看作英国孵化器的三种模式，而无论哪一种模式都要解决三个问题：一是孵化器的利益，二是孵化器的服务与企业赚钱的关系，三是孵化器要做到全方位服务。

3.以色列

以色列孵化器的与众不同之处在于国家直接参与企业孵化器全部过程。以色列工贸部首席科学家办公室下设科技孵化器规划委员会，负责孵化器项目的审批和政策制定，以及全国23个孵化器的运作和协调。首席科学家出席孵化器规划委员会主席，委员会由高科技行业代表、大学教授、孵化器毕业企业代表以及科技孵化器管理局局长组成。其主要的职责是制定有关孵化器的政策、设计支持孵化器的政策以及孵化器中的项目实施的程序和步骤、设置孵化器项目、审批预算、检测被孵化企业的进展等。

4.印度

印度的孵化器主要集中在软件园。印度软件园区由政府统一规划，全面打造，使之发挥最大效应。1990年，印度电子工业部首批三个软件科技园区：以班加罗尔为中心，沿印度南部两边海岸延伸到浦那和布巴尔斯瓦尔，形成地理上大三角分布。1991年，印度政府耗资60亿卢比在班加罗尔设立了该国历史上第一个软件科技园。迈索尔SJCE科学技术企业家科技园，是印度最好的科技园区之一，已得到国际标准ISO9000、ISO14000认证，并建立了全面质量管理体系。迈索尔科技园的资金主要来自私人企业和机构的捐款，小部分来自政府支持。迈索尔科技园下设的100多所学院的管理者，包括商学院、理工学院以及职业学院，这些学院的学生在毕业时就有了自己的项目，通过科技园区的扶持和服务创办自己的企业。园区内企业的创业资金多数是银行贷款，额度不限。印度的银行家本身就是风险投资家，良好的投融资环境无疑是孵化企业的暖床。企业的孵化期一般为两年，最多延长至三年，三年后企业无论成功与否都要搬出孵化器。

5. 爱尔兰

爱尔兰政府把软件产业作为本国经济期发展的战略重点。一是加大投入力度，国家财政预算支出连年向该产业倾斜；二是采取措施鼓励外国软件公司到爱尔兰从事科研开发；三是降低公司税、资本收益税、个人所得税，实行税率优惠和政府补贴。都柏林城西商业园会集了9个不同国家的80家企业，提供了配有餐馆、酒店、超市的公园式社区办公环境，建立了方便快捷的光纤电信网络通信，成为全球最优秀的商业中心之一。吸引了许多世界一流企业入驻。都柏林城市大学创新企业中心成立于2001年，得到包括DCU、爱尔兰企业局、AIB（BANK）等各方面资金的支持。该中心的宗旨是成功转化高新技术，引导新技术企业的诞生和发展。该中心对企业帮助的过程：种子基金—孵化—管理—辅导。最值得一提的是，不论从生物技术到计算机，还是到工程设计，都柏林城市大学的科研条件及各项资源与该中心共享，为软件企业的成长增加了新的平台。

6. 其他国家孵化器的创建

德国于1983年成立了第一家孵化器，至2002年全国有200多家。德国孵化器的发展起步于20世纪90年代初东德和西德的合并，主要是用孵化器推进东部经济的发展，所以德国孵化器大部分建在原来的东德。在日本，1999年日本新经济组织孵化协会成立，至2000年全日本共有203个企业孵化器。其中78.3%是非营利性质的孵化器。意大利孵化器规模相对较小，只建了12

个孵化器，另外有 8 个正在建设，且多数孵化器主要孵化的是高新技术企业。芬兰是采用政府牵头，与大学科研界和企业界三方合作兴办科技园，以技术创新为灵魂，以发展民族的、拥有自主知识产权的科技产业为主导，发挥大学科研界和企业界的积极性。

二、我国的创意创新产业孵化器

1987 年 6 月，我国第一家孵化器——武汉东湖创业者服务中心在武汉东湖开发区成立。2004 年 8 月，我国科技企业孵化器数量达到 489 家，位居世界第二位，仅次于美国。

目前，国内绝大多数孵化器已从早期主要提供孵化场地，扩大发展到现在的多层次、全方位提供服务，例如为企业提供扶持政策、孵化场地、共享服务设施和资金筹集、市场开拓、人员培训、诊断咨询、信息网络、公共关系等孵化服务。特别值得一提的是，孵化器在为企业筹措资金的同时，积累了科技风险投资的经验，在积极争取国家计划支持和银行贷款的同时，以孵化基金、担保基金以及股份制改造等方式为企业进行社会融资，孵化基金累计达 35 亿元以上。"十五"期间是我国科技企业孵化器大规模发展时期，各省、市对孵化器的投资力度不断加大。北京、上海两市财政投入的孵化资金都在 1 亿元以上。

至 2005 年初，深圳市共有各类性质的孵化器 32 家，在孵企业年销售收入 70 多亿元。

北京是我国孵化器企业相对密集的城市。至2004年4月，北京市注册的科技企业孵化器有61家，累计投资17亿元，孵化企业2082家，涌现出中星微电子、UT斯达康等一批著名留学生企业。近年来，北京孵化器发展出现两个特点：一是数量几乎每年翻一倍；二是投资多元化，既有政府投资，又吸引来大量民间资本的注入，包括民营企业、大学、院所等投资者，有些国企也尝试利用孵化器推动改制。

三、各种产业孵化器的类型

由于各国设立孵化器的具体国情，以及世界经济发展的结构性和历史性差异，孵化器的类型可以从不同的角度进行说明：

（1）从投资主体来看，可以分为：①完全事业型——由政府主力投资，②事业企业型——政府与私人合作，③企业型——由大企业或风险资金投资。

（2）从孵化器的功能出发，结合其组织方式等，可以分为综合企业孵化器、专业技术企业孵化器、专门人才企业孵化器、国际企业孵化器、虚拟企业孵化器、创业投资集团孵化器。

（3）根据孵化对象的层次，可分为一级孵化器（项目孵化器），二级孵化器（企业孵化器），三级孵化器是"大孵化"概念，指二级孵化器的企业升级孵化，四级孵化器（跨国孵化）。

（4）目前，世界范围内科技企业类孵化器依然占据主导地位。国内研究者以孵化性质和孵化企业对象为主要依据，认为我国科技型企业孵化器主要分为以下九种：

①综合性科技企业孵化器。面向所有高新技术领域，为科技成果转化和新办科技型企业服务，培育、发展机制灵活、创新能力强、发展前景好的高新技术企业和企业家。②专业技术孵化器。在综合性科技企业孵化器的基础上，一些创业中心已逐步形成面向某一专业技术领域服务的孵化器，在一定优势领域集中资源和力量，更加有利于孵化企业的市场化和国际化发展。③大学科技园。依托高等院校，利用孵化器的优惠政策和良好的软硬环境，促进研究成果商品化，并向社会不断输入高新技术企业及高新技术产品。④海外学人创业园。依托孵化器良好的软硬环境，积极吸引留学人员在国内兴办科技企业和进入高新技术企业，培育具有国际先进技术水平的高新技术企业。⑤国际企业孵化器。国际企业孵化器是在综合性科技企业孵化器基础上的发展和提高，是企业孵化器二次创业的一项重要内容。⑥孵化器网络。目前企业孵化器正在向网络化发展，正在形成城市网络、区域性网络和国际化网络。⑦专利技术孵化器。它面向专利发明人，提供软硬孵化条件，迅速将有市场前景的专利技术商品化或产业化。⑧流动孵化站。流动孵化站是从科技企业孵化器基地延伸出来的，依附于大学或研究开发机构的一种小型可移动的标准化孵化形式，直接为科技创业者服务。⑨行业技术孵化器。行业技术孵化器是针对传统产业的技术改造所设立的技术孵化器。

四、产业园区或孵化器的发展趋势

近年来,国际范围内产业园区或孵化器出现以下发展趋势:

第一,形式多样化。中国的企业孵化器的类型,正在从最初的综合技术型孵化器向包括软件孵化器、生物孵化器、农业孵化器等专业孵化器和包括国际企业孵化器、大学孵化器、海外留学人员创业园等特殊对象型孵化器以及非技术型孵化器等多种类型的孵化器发展;企业孵化器的创办人正在从以科技部门为主的单一的政府部门向其他包括人事、教育、劳动等政府部门,以及经济技术开发区、大学、研究院所及中介机构和各类包括国企、民企、外企、投资公司和上市公司等的各类企业,甚至非政府组织和国际组织援建等多渠道扩展。企业孵化器本身也出现了非营利性和营利性并举的局面。

第二,投资主体多元化。孵化器投资主体的地区来源多元化,并开始走向国际化。以深圳市为例,深圳市孵化器投资主体来自全国各地,并有海外投资者开始涉足该领域。2004年,深圳所有的32家孵化器中,内地投资者参与4家,海外和香港地区投资者参与5家。涉足深圳孵化器的境外机构有:美国Sun Microsystem公司、香港网通科汇公司、新加坡淡马锡资本公司、加拿大CCH高科技企业有限公司、香港的中国高科技基金公司,香港科技大学、莫斯科鲍曼国立技术大学、乌克兰基辅工业大学等。

第三,网络化。孵化器之间出现协作与联盟的趋势。国内出现了北京市孵化器协会、上海孵化器协会、中国孵化器协会等。国外有日本企业孵化器协会、韩国企业孵化器协会、加拿大商业孵化器协会（CABI）等，还有各国协会间的网络联盟，如亚洲企业孵化器协会（AABI）、太平洋孵化器网络（PIN）、欧洲孵化器网络（EBN）等。

第四，专业化。一是指服务水平。专业化发展能给企业提供一些更深层次的企业需要的投资、服务、营销、内容研发、加工生产、发行营销、中介代理等各个环节的服务。二是指定位。确立为某个专业领域，如生物技术企业孵化器。

第五，国际化。通过国际合作建立孵化器，如莫斯科中俄科技园（莫斯科，2003年10月），中国火炬（新加坡）高技术创业中心（新加坡，2003年7月），中美马里兰科技园（马里兰州，2003年1月），中英科技创业园（剑桥，2003年9月），中英科技园（曼彻斯特，2003年1月）。

第六，集群化。多个孵化器企业组团式发展，有利于降低运营成本，实现资源共享，专业协作，为孵化企业提供更为优良和更为有利的孵化环境。

五、从科技到文化：创意产业孵化器

企业孵化器在美国创立之初，是为了促进就业和社区发展，但在发展过程中，在开发和转化科技生产力方面表现出巨大的潜力，以致多数已经无意识地把孵化器理解为科技企业孵化器。实际上，孵化器已经发展成为一种把新技术、新发现和创造性思想结合在一起的生产力转化机制和实现过程。20世纪90年代以来，随着文化创意产业在全球的兴起，纽约、伦敦、巴黎、法兰克福这些原本就富有文化活力的城市率先感受到文化创意产业的魅力，成为全球最著名的创意之都。美国的电影产业、韩国的游戏产业、日本的动漫产业、印度与爱尔兰的软件产业都是文化创意产业风险投资的真正受惠者。

不仅如此，文化创意产业已经成为各国发展新经济的突破口。如前所述，作为世界上第一个以国家政策推动创意产业发展的国家，英国在1997年就成立了"创意产业特别工作小组"，大力推进英国创意产业的发展。英国建立的许多创意园区，以"集群效应"为主，通过组合各种文化创意建筑，相互聚合、渗透激活以及形成"引爆效果"，使本国的文化创意产业得到很大发展。到2000年，创意产业已经成为英国产值居第二位的行业，占GDP的7.9%，仅次于金融服务业。

在亚洲，新加坡政府也在2000年推出跨世纪文化发展战略，开始加大对文化领域的投入，2002年又公布了《创意产业发展战略》，以推动文化产业为主体的创意产业发展。新加坡政府希望到2012年创意产业的增加值能提高到6%，并树立起"新亚洲创意中心"的声誉。

近年来，韩国成立了文化产业振兴院，发掘了各种类型的文化内容，如动画角色、漫画、移动内容、音像等，从这些内容的策划开始到制作、流通、吸引投资及出口，提供全面性的服务。在文化产业振兴院孵化本部的大楼内，在七、八、九楼安排"孵化器"，通过风险资金间接地安置了80余家小企业进行孵化。

在这种大的国际气候的影响下，我国不少省、市纷纷采取举措，把筹划文化创意产业孵化机制纳入视野。

台湾"经济部"于2004年3月31日召开文化创意产业推动小组第二次委员会，决议订定《文化创意产业发展条例》。这项条例将比照促进产业升级条例制定精神，提供租税优惠、免娱乐税等多项奖励优惠措施。

香港在政府推动下创建了"数码港"和"科学园"等创意产业园区。2004年5月，香港财政司司长唐英年表示，为加强对设计及创新发展的支持，政府计划动用2.5亿元成立基金，推出"设计智优计划"，并成立"创意及设计中心"，汇聚各方人才。2005年1月12日，行政长官董建华在施政报告中提出，要尽快设立文化及创意产业咨询架构，广纳产业界、文化界，以及相关范畴的外地翘楚，共同探讨香港文化与创意产业的发展远景、路向和组织架构，研究全面发挥优势、整合资源、重点推进。

上海市首个文化科技创意产业基地，2004年10月12日在浦东张江高科技园区揭牌。该基地已确定以动漫和网络游戏业为突破口，建设文化与高科技密切结合的文化科技创意产业，将依托张江高科技园区雄厚的软件产业和芯片产业，着重发展动漫和游戏产业（包括网络游戏）、影视制作产业、多媒体内容产业，其中包括多媒体的软硬件开发和制作、动漫画制作、游戏软件、高科技影视后期制作、产品工业造型设计等。

在深圳，深圳文化创意产业园的定位为平面设计、动漫画设计、影视制作、网络游戏、三维设计、工业设计等相关多媒体文化创意产业的孵化器。

2004年11月，文化部文化市场司副司长张新建提出要培育网络游戏产业的孵化器。实际上，中宣部、文化部、国家广播电视总局、信息产业部均已命名和组建多处创意产业（网络游戏、动漫、演艺、出版）的基地。

此外，四川也在2004年12月成立了成都数字娱乐软件园，要为游戏策划、美工、程序开发、测试、运营提供孵化器。2005年初，重庆也举办了创意产业研讨会。可以看出，文化创意产业的发展正在成为孵化器发展的新的趋势。

六、创意产业园区或孵化器的基础与功能

"创意产业"这一新行业的出现往往意味着对过去行业经营方式的反思与突破，反映了对旧行业的理论范式、现有机制、政策趋向和实际运作的调整。创意产业的兴起一方面是对现有产业的机制、政策和运作的总结，是对其缺乏创造性的批评，另一方面开启了新的发展的广阔视域。

第一，建设一个高效务实快速稳步发展的创意产业园区或孵化器，必须建立一个良好的基础。这些基础包括：

（1）建立一个良好的创业环境，必须拥有强有力的制度保证、政策支持和高效的协调机制。这包括：法律（经济法、市场法、版权法等）制度，金融结构，对外的国际承诺，为社会文化和知识资源发展提供良好的国际国内环境，诚信、互惠、合作、富于功效的良好的社会网络。

（2）提供良好的文化、艺术创意的资源，对创意、艺术、艺术教育和知识产权进行保护，对文化标准和文化价值的推崇。包含对传统文化遗产的保护、开发、转换、利用，一个推动国际化的多元文化发展的共识，一个城市或园区文化活动的社会氛围及对公众参与的热情与素质培养。

（3）市场网络发挥集聚效应，培育创意企业群体，打造并完善创意产业链，形成新的产业发展群落。

（4）高技术的基础设施支持，相互接驳的产业链条，打破原有行业界限的重组场域。

（5）完善有效的投融资支持，吸引富有实力的文化创意产业基金和风险基金支持。

（6）吸引创意产业人才的文化氛围、城市风格和舒适自然的生活配套区域。

第二，创意产业园区或孵化器在推动创意产业发展，催生高新文化创意企业创业，打造产业集群，甚至在就业人数等方面均有重要特征和功能。

1.创意产业园区的聚合、丛集和融合、交汇功能产业园区的一个重要功能是产业集群或产业丛集。创意产业的各个部门在总体上可能有很大差别，但每一部类内有着共同的或相近的属性。比如都生产同一类产品或相关产品；共同分享同一市场，采用大致相近的销售方式、渠道；产业上游的资源需求相同；智力及人力支持的群体相同或相近，科技理念与技术支持相同或相近。产业园区构成了共同的产业运行链条。产业间、企业间相互激荡，形成了一系列的产业优势。在产业内，企业之间互动；产业外，企业可以结盟，共同为客户提供产品和服务。同时，产业集群因享有地理上的优势而有可能获得更便捷的有机的发展。如在香港，出版、广告与媒体公司多位于铜锣湾、测鱼涌和北角。米歇尔·波特认为，这种产业的群集具有特殊的优势。地理位置接近也许会产生集群间的激烈竞争，企业间却可以分享信息资讯，聚合特定的需求，继而降低交易成本。产业集群也能使一个个孤立的企业从较大规模的经济活动中受益，同时刺激相关产业和后续产业的发展，为产业群的发展创造一个有利的环境。波特将这种集群模式描绘为一个"钻石"形的结构。

波特提出，这个钻石形结构包含四个面向，分别为：①要素条件，包括人力资源、资金资源、信息资讯建设、政策、规划构建等；②公司结构、策略与竞争，包括公司所有权构成及其策略、公司内部网络、在本地投资的有利条件与发展趋势、竞争及公平竞争的环境等；③相关产业与后援产业；④产品需求情况。

创意产业园区除了一般产业园区的构成外，还具有如下特征：

创意产业园区的企业集群具有较大的跨行业重新按需组合的特征，其主要构成应有相关文化艺术创意设计方面的企业，应有提供高科技支持如数字网络内容产业方面的企业，应有国际化的策划推广信息咨询等中介机构，应有从事文化创意产品生产的企业，还应有经济管理、商品管理方面的有经验的公司。这种构成有利于开放集群内企业间的动态联系，构成立体的多重交织的产业链环，形成综合融汇的集群效应。

创意产业园区的这种组合对人才构成也有很高要求。一是创意产业需要大量复合型人才，受过三级以上复合教育，如文化艺术的理论与创作，网络设计或相关专业技术，工商管理或金融经贸教育。二是在企业内、行业内、创意产业园区内配置不同的专业人才，形成多种创意人才的互补聚合优势。一方面，创意产业园区无疑需要硬手，即优秀的科学家、设计师、工程师、建筑师、投资人、金融家；另一方面，创意产品的一个重要特征是无形化、文化化和艺术化，所以创意产业园区需要"波希米亚人"，即富于灵感的艺术家（包括先锋艺术家）、民间艺人、自由撰稿人、文化学者，甚至哲学家。三是创意产业园区需要管理者、广告人、媒介工作者等中介人。这是文化与经济、艺术与技术、人文与科学、形而上与形而下的冲突、较量、碰撞与融合。其实，无论科学技术的创意，还是文学艺术的创意，在创造的境界上是完全可以相通的。

正因为创意产业的文化艺术特性，大型创意产业园区还应考虑创意产业人员的生活环境，包括生活质量、生活格调、品味、生活舒适度等。

2.创意产业园区的高级形态和未来发展趋势

以地理方式实体构建的创意产业园区毕竟受到各种条件，如地域分割、传统格局、资源配置、利润预期等的限制，很难达到理想的要素构建和产业配置。本身这一过程也是一个市场选择的过程，充满了风险和不确定因素。特别是企业家、投资者对创意产业的认识尚处于初级阶段，对其前景的预期还不乐观。

创意产业的根本观念是通过"越界"促成不同行业、不同领域的重组与合作。通过越界，寻找新的增长点，推动文化发展与经济发展，并且通过在全社会推动创造性发展，来促进社会机制的改革创新。而从发展来看，数字化高端融合是创意产业园区的高级形态和未来发展趋势。

创意产业园区发展的高级形态和未来发展趋势，是依托一定的实体创意产业园区，在实物设施的创意产业园区基础上打造无界域国际化的虚拟创意园区，建设一个迅速顺畅交换传播的数字化网上市场和一个数字化的交易平台，构建"虚拟创意产业园区"或"文化创意信息数字交易港"。这是未来创意产业园区发展的崭新模式。

这一模式的要求是，网上虚拟创意产业园区或"文化创意信息数字交易港"应当构建某一创意产业（行业）科研、生产、流通、交易的数字化平台，吸引巨量信息汇聚，开展网上信息交换、商务交易、产品推介销售。

这一网上创意产业园区或"文化创意信息数字交易港"是面向世界市场的无国界的国际化平台，可以为世界各国的客商服务。它需要解决不同语言转换的问题，可设置多语种交流方式。

与网上创意产业园区或"文化创意信息数字交易港"相对应，线下可有相应的实体型生产、物流中心或会展中心、贸易中心。可与定期的博览会、交易会相匹配，形成网上常设数字交易与线下直接交易的立体交易系统。

同时，网上创意产业园区或"文化创意信息数字交易港"可以更方便地集中高等院校、科研机构和个体创意者的最新技术成果，推动技术成果转让，实现科研成果向生产转换。

总之，崭新模式的立体创意产业园区或"文化创意信息数字交易港"将有机会全面实现官、产、学、研、投、贸等各个链环的数字化高端整合，代表着创意产业园区的高级形态和未来发展趋势。

文化产业的对位性共生机制：
市场条件下对文化艺术的保护

20世纪80年代以来，当代文化艺术事业的保护问题日益成为世界各国特别是欧洲及部分发展中国家关注的重要问题，多数国家都遇到了文化机构与艺术活动经费入不敷出、民族文化保护与发展举步维艰、艺术发展裹足不前的窘迫局面。文化机构与艺术活动的成本日益增加，而先前由政府财政预算完全包纳经费的方式已成为历史。处在社会转型期的我国文化艺术则更是筚路蓝缕，百业待举，需要首先解决文化艺术保护的问题。

一、现实提出的问题：文化艺术的保护

什么是当代文化艺术的保护呢？狭义的文化艺术保护主要指世界各国各民族对传统文化遗产的保护，其中一部分包括对有形文化艺术遗产的保护，如我国的长城、故宫、莫高窟、秦始皇兵马俑、孔府、布达拉宫、苏州古典园林、平遥古城等均被联合国教科文组织列入《世界遗产保护名录》，国家和各省、市也有大批需要保护的重点文物。另一部分是对无形文化遗产的保护，如

各民族的传统民间音乐、舞蹈、节庆文化及工艺品生产技艺,正在消失的口头文学等。广义的文化艺术保护是指对包含前者在内的全部文化艺术事业特别是对当代世界市场条件下非营利的文化艺术的全面保护与全社会的广泛支持。这是一个关乎民族文化发展、保护人类文明及其生存意义的重要课题。本文主要从广义的文化艺术保护角度来进行探索,并着重于策略层面的研究。

首先,当代文化艺术保护问题的提出,源于现代传播媒介的高速发展对传统艺术方式的巨大冲击,当代飞速发展的电子、通信、信息技术给当代文化产业带来了革命性的影响,文化市场发生了急剧变化。

其次,当代文化艺术保护问题的提出,源于全球文化的同质化或同步化对当代世界各国、各民族、不同地域文化艺术形式的冲击。当代世界经济一体化与全球化,造成了全球日益趋向同一的标准化国际化文化,这种国际化文化以现代信息与传播技术迅速替代或扫荡各地域各民族的文化艺术遗产,使原本极其丰富多彩的世界多元多极文化转变为以西方为中心的同质文化。西方理论家西斯·海默林在其《文化自主与全球传播现象》中指出:"有一个大家都接受的结论,似乎了无争议:曾经影响人类的多种世界文化体系现正日益萎缩,这是史无前例的文化同步化造成的。"他还说:"20 世纪后半叶,一个与先前双边交流式的历史事例有着显著不同的毁灭性过程,威胁着世界文化体系的多元性。以前从来没有过一个特定文化类型的同步化会充斥全球达致如此程度，并如此广泛。"

再次，当代消费社会的文化逻辑对人类精神文化遗产及其存在意义的消解，使当代文化艺术保护问题日益凸现。

最后，席卷世界的市场化文化，特别是娱乐性文化对非营利文化的强力冲击，迫使我们必须关注、保护和改革非营利艺术，迫使我们在市场条件中寻找和建立市场保护和市场平衡的方式。

然而长期以来，我们从没有把文化艺术的保护当作一个关乎全民的问题来关注和研究，何以如此呢？长期以来，我国计划经济体制下的文化形成了"计划"保护的基本方式，这就是一切文化设施、文化团体、文化演出、文化机构都由国家包下来。自然，一切文化艺术的保护也由国家计划来拨款实施。文化艺术的保护是无关百姓生活，也无关个人行为的政府行为，是由国家计划执行的福利性社会行为，人人都可得而享受之，却无须对之付出什么。显然，这样一种唯一的方式在今天社会发生重大转型、市场经济高速发展的现实下，已明显不再适应。因此，如何转变观念，重新认识社会主义市场经济条件下的文化艺术保护问题，调动全社会各阶层，运用多种方式保护文化艺术，就是我国文化艺术界必须面对也必须解决的重要任务。

从物质生产或纯粹生物学的角度看，文学艺术这类人类文化行为并不创造实际的物质产品，无关人类衣食住行的第一需要，因而有不少经济学家、政治家始终将文化艺术视为无关民生的"软"行业，将文化人、艺术家看成是依附于社会某一阶层的

"附皮之毛",是社会政治经济结构之外的"多余人"。他们斥责这些文化人总也搞不清"谁养活谁"的问题,因而这些文化人尤其需要一辈子进行思想政治改造。其实,文化恰是人类确立自身超越动物性的存在意义的根本所在。一部人类史,说到底是一部自然的人化也即自然的文化化的历史,是一部由动物性的生存超拔到人类文化的生存境地的历史,是人的五官感觉不断解放趋于自由的历史。而当代文化艺术的保护就是每一国家、每一民族、每一地域对自身文明轨迹的保护,是对人类精神财富的守护与发扬,其终极意义,是对人类文明及其生存意义的保护。它对于提高一个国家国民的素质,提高国际竞争力,以使国家达到更高程度的文明水准,具有重要意义。

封建社会的文化艺术主要是宫廷保护与封建政治保护。中国古代的封建朝廷都养着一大批文化人、艺术家,他们或为宫廷诗人上官仪、沈佺期之流,或为俳优滑稽家东方朔之属,或为宫廷画师宫廷乐师毛延寿、阎立本之类。也有些帝王本身就是艺术家,他们对艺术文化优礼有加。像魏晋曹氏父子,能诗会文,麾下文士荟萃;南梁萧氏父子,挚爱诗文,有《昭明文选》遗世;宋朝徽宗赵佶,皇帝做不好,却能诗会画,兼通书法,首建画院,开画科取士,中国艺术史上居功甚伟。但这种保护的前提也极清楚,所有被保护者都必须不断创作奉献给朝廷、皇帝的艺术"贡品",否则就可能被逐出朝廷,甚至身首异处,招致杀身之祸。像李白这样的伟大诗人,也做过宫廷诗人,只是天性孤傲飘逸，为朝廷所不容，不得已才"泛舟江湖"的。

西方封建社会的艺术保护也首先是宫廷、教廷的保护。宫廷中豢养了大批诗人、艺术家，还设立"宫廷诗人"的桂冠以表推重。除此之外，有大量的贵族保护。一些有较高艺术修养又闲极无聊的贵族夫人，以举办沙龙、豢养艺术家、资助艺术为其贵族生活之重要内容。她们借此进行社会活动、施展社会影响、树立公众形象等，而这种方式则成为西方封建社会艺术保护的一种惯例。从文艺复兴时期的拉斐尔到18世纪的欧洲，许多艺术家都是以这种方式获得艺术资助或艺术保护的。显然，这种保护中同时包含着对艺术的"扼杀"。

早期资本主义社会缺乏现代意义上的艺术保护。尤其在资本的原始积累时期，大批的文化人、艺术家被迫从事其他职业，如今日我们所谓"下海"。社会结构的大变革，使社会中的文化人、艺术家呈现人员过剩与结构失调状态。贵族的没落、宫廷的败亡、宗教的世俗化，使得先前大量从事文化艺术工作的知识分子顿然失去了生存的依傍，成为社会中的"多余人"，陷入困苦或尴尬的境地。转型时期观念的变革，也使社会更推崇更实惠、更实利的职业，而艺术这种无法用具体价格衡量的精神产品往往备遭冷落。如今日创下拍卖天价的凡·高的《向日葵》等艺术作品，当年却无法保证画家有一口饱饭，画家不得不艰难地等待着兄弟的周济。

因此，早期资本主义社会的艺术保护依靠市场机制自发调节，依靠经济自身的运作来实现。它对古典主义贵族主义艺术产生了强烈的冲击，表现出它的批判性、否定性。一个新的不依附于贵族、教会和封建政治的艺术在变革中蝉蜕或涅槃。但另一方面，它又对市民艺术极度张扬，注目于如何攫取市场利润，而艺术的、形式的、文明积淀的意义在其资本积累初期尚未来得及进入思维的视野，一时间经典艺术确有颠倒覆灭的危机。然而，正是这种伟大的转折给了艺术形式和艺术自身独立发展以新的生命，同时也由之产生新的艺术保护方式。美国理论家丹尼尔·贝尔对此曾做过相当深入的研究，他指出："文化变革以复杂形式同社会结构发生交互影响。以前，艺术家依靠一个赞助庇护系统，例如王室、教会或政府，由他们经办艺术品产销。因而这些机构的文化需要，如教主、王子的艺术口味或国家对于歌功颂德的要求，便能决定主导的艺术风尚。可自从艺术变为自由买卖物件，市场就成了文化与社会的交汇场所。"早期资本主义的市场化对于资本主义经济是一次巨大解放，使得一个资本市场和一批自由企业家得以产生。同时它也解放了文化活动，使其脱离宗教、皇权或贵族庇护，使自由艺术家得以产生。当年的伏尔泰就处在这样的转折关口，他已被宫廷征召并获得"桂冠诗人"的殊荣，但他放弃了做御用诗人的机会，选择了自由与市场化。他投身社会，以生产大批量的"文化商品"获取利润来保护自己的文化与艺术。他拒绝了宫廷保护，而走向了"市场保护"，完成了从制造"贡品"到制造"商品"的转化。而艺术的形式如体裁也在这一巨大的转型中呈现出勃勃生机。像长篇小说这种艺术形式的长足发展就与商品经济与出版业的现代发展有密切关系。比如巴尔扎克的《人间喜剧》共90多部,从创作到走向世界都得益于新的文化运作方式。而大仲马的"创作流水线"或"文学作坊"则集中体现了这种方式的全部成就与缺陷。

二、我国文化艺术遗产的保护

改革开放前,我国的文化艺术遗产的保护采取了单一的国家计划经济的保护方式。其特点为国家统一规划、统一领导、统一步调,国家财政统包,人员、资金、物质统分统配,靠一个"统"字将文化艺术包容无遗。在保护对象的取舍、选择上则以政治意识形态的运作为其核心要素。

应当看到,从20世纪50年代到80年代,我国文化艺术事业获得了相当程度的发展,初步建立了一个覆盖全国的文化网络。从狭义的历史文化遗产保护来看,近年来我国的文物保护成果很大,问题也不少。1982年,国家颁布了《中华人民共和国文物保护法》,1991—1995年,中央财政共安排5.8亿元用于全国重点文物保护,地方财政用于文物事业的经费47.9亿元。1992年,面对大量文物遭受自然和人为因素破坏的现实状况,文化部提出了"保护为主、抢救第一"的方针。1992—1995年又增拨文物保护经费3.83亿元,安排维护、保护、考古发掘项目1162项。其中对西藏自治区布达拉宫的大规模维修一项,中央财政投入资金

6000余万元。

1995年，文化部提出"有效保护、合理利用、加强管理"的原则，实施并建立以国家保护为主导，动员全社会广泛参与的文物保护新体制。对不可移动文物，国家根据其历史、艺术、科学和总体社会文明价值，实行了分级保护管理。到1997年为止，已有全国重点文物保护单位750处，省级文物保护单位近7000处，县级文物保护单位约50000处。1985年，我国批准加入联合国教科文组织的《保护世界文化与自然遗产公约》，成为该公约的缔约国。从1986年起我国先后八次向联合国教科文组织申报列入《世界遗产名录》的项目，截至1997年底，我国已有19处著名的文物古迹和自然景观被批准列入《世界遗产名录》，仅1997年便有平遥古城等三处获准列入，世界遗产委员会已同意了我国继续申报的30多处预备名单。中国作为世界遗产大国，受到国际社会的关注。我国在古代遗产的考证与研究上取得了重大成果。如夏商周断代工程在山西的发掘取得了重大进展，公元前900—前800年的晋侯墓群的出土和考察，为我国这一阶段的历史纪年的确定提供了重要证据；山东青州龙兴寺石窟造像窖藏，发现了北魏至北宋年间（529—1026年）的石雕、玉雕、木雕、陶塑、铁塑、泥塑等各类佛教造像200余件，是迄今发现的数量最多的佛教造像群之一；长沙走马楼三国（220—280年）纪年简牍数万枚，数量超过以往全国各地出土简牍数量的总和；南京汤山旧石器时代遗址中汤山猿人化石的发现，为研究人类的进化、发展和分布增添了宝贵的资料；永城汉梁王陵和梁孝王寝园遗址，是迄今发现的时代最早的大型石室王墓。这一系列重大发现对于我国文化艺术遗产保护事业具有重要意义。

1997年，我国对无形文化遗产的保护也开始重视起来。

三、我国市场条件下的文化艺术保护

计划经济模式下单纯依靠国家事业性投资的单一机制在新的社会条件下已使国家财政不堪重负，而文化艺术事业则由于得不到足够的资金支持，日益面临着能否生存的危机。在这种体制下，文化艺术本身丧失了自我发展的内在动力。

我国历年文化事业费在国民经济总投入中的比例逐年下降。从"一五"规划到"七五"规划，我国文化事业费绝对数虽然每年都有所增加，但与经济增长的幅度和人民群众日益增长的物质文化需求相比较，已显得太迟缓、太窘迫。从文化基本建设投资占国家基建总投资的比重看，除个别年份有短暂的起伏外，大多数年份均是下降的。"一五"期间，全国文化基础建设投资2.58亿元，占国家同期总投资的0.49%，而这一数字，是新中国成立后前30年中比重最高的时期。第二个五年计划时期，国家基建投资累计比"一五"时期增长77.8%，但相对于同时期的文化基建投资反而比"一五"时期下降了23.6个百分点。在三年国民经济调整时期，文化基建投资总额只有4000万元，只够盖一个中型剧场。

由于前30年对文化基建投资的基数过低,国家投资用于对原有设施的维修尚显不足,更何谈更新改造。"六五"期间,考虑到前几个五年计划中的欠账问题,国家的文化基建投资累积增加到25.68亿元,比前30年文化基建投资的总额还多12.31亿元,使文化基建投资占国家基建总投资的比重达0.75%。从1985年开始,比重又逐年下降,到1989年只有0.31%。即使这样,一个少得可怜的投资总额中,占60%的数额却都是用来给文化系统的职工发放工资。根据国家有关部门的统计,全国文化系统职工人数约45万人。1988年,文化系统人均月收入135元,年均1620元,全年合计用去7.29亿元,而这一年的全国文化事业费为12.18亿元,扣除工资后余下不足5亿元。对于一个有着11亿人口的大国的文化事业来说,这点投资只能是杯水车薪。在这种情况下,文化设施的建设,文化场馆、图书馆的建设,文化遗产的保护只能是举步维艰。显然,原有的计划经济体制严重地制约或束缚了我国文化的发展。

20世纪80年代,基层文化馆率先开展了有偿服务活动,到80年代末,全国已有半数以上的文化单位开展了多种形式的"以文补文"活动,营业收入总额近10亿元,扣除各种税金和上交主办单位外,"补交"收入达1.9亿元,占同期文化事业费的近15%。这种"以文补文"的形式,其初期只是被视为国家文化投入不足的一种补充形式,随着文化改革的深入,其重大意义便日益凸显出来。它成为改变计划经济的事业型、福利型文化模式,发展市场条件下文化产业与文化保护方式的突破口。

20世纪90年代以来，我国文化事业获得了迅速发展。改革开放和市场经济的战略决策大大解放了文化生产力，一批文化市场从无到有，迅速开拓。如音像市场、演出市场、图书市场、商业体育竞赛市场、旅游市场、艺术品文物拍卖市场、工艺美术品市场等，特别是电影电视市场、广告与传播市场、娱乐业市场异军突起，发展势头迅猛。这一系列文化市场的建立健全，拓展了文化发展的现实途径，为文化生产力的发展准备了现实条件。

随着文化市场的形成，我国一大批文化产业也逐步成长起来。它们已打破改革初期"以文补文"，以多业助文作为文化"谋生"的权宜之计的思维框架，开始全方位的文化产业改革。文化产业的经济实体迅速发展起来。其中音像业、图书业、影视业、广告业、高档娱乐业等率先走上了产业化的道路。与之相应，我国当代文化机制也发生了重要改革，各业经纪人、制作人、拍卖人、代理人等新的文化经营者在经济流通环节产生并发展起来，多种所有制形式的文化企业由之建立，多种文化经营的运作方式也大胆探索、实践。正如与文化市场和文化产业的发展相适应，我国文化的市场保护也开始启动。以上海证券交易所每年资助中央乐团和宝钢建立高雅艺术基金为标志，我国文化艺术的保护进入了一个新阶段。

1994年，上海证券交易所决定，向中央乐团提供每年不少于250万元的长期资助且逐年增加资助金额，用于支持中央乐团的全面改革，振兴和繁荣我国文化艺术事业。这一事件之所以成为我国市场保护方式的标志，关键在于资助方不干涉乐团的艺术生产活动。这一资助数额巨大，长期执行而且无偿，资助方明确宣称不参与中央乐团的管理，全部资助额由中央乐团自主支配使用，充分尊重乐团艺术生产和内部管理的自主权，并郑重表明资助行为无任何商业目的，不谋求任何形式的商业性回报。

同期，上海宝钢拿出1000万元设立高雅艺术奖励基金；北京丹侬企业总公司每年向北京京剧院提供25万元资助，在北京京剧院中选定40人组成北京丹侬京剧团；河北唐山富豪实业总公司在其后五年内每年出资60万元，与中央歌剧院共同组建"中央歌剧院富豪艺术团"；青岛海信电器公司每年出资25万元，与青岛歌舞剧院合作组建"青岛海信交响乐团"；中央芭蕾舞团交响乐团每年接受深圳候机楼有限公司20万元资助，此后两年内以中国深圳空港交响乐团的名义分八个月演出五套十场交响音乐会。这一系列活动表明中国当代社会已进入了从市场出发寻求新的艺术保护方式的新阶段。

综而观之，20世纪80年代以来，我国转型时期的文化逻辑发生了重大变革，经济的全球化带来了文化艺术的"全球化"，使我国文化体制发生或正在发生巨大变化。新的文化市场的运作方式为我国文化艺术开辟了新的保护方式与保护途径，为建设面向21世纪的开放的具有中国特色的新文化艺术准备了条件，发掘了资源。

四、西方当代文化艺术的保护方式

20世纪下半叶以来，世界各国都在努力探讨艺术保护的最佳方式。一部分发达国家已摸索出一些成功的经验，而广大发展中国家也为保护本民族的文化艺术殚精竭虑。概括起来，当代艺术保护主要有两种代表类型。一种是以英、法、德等国为代表的欧洲文化艺术保护方法，主要是采取政府在国民经济预算中逐年增加对文化艺术的实际投资的方式，可称作政府及政策方式。另一种是以美国为代表的艺术保护方法。它首重法律与法规上的保护，强调政府对文化发展的支持是为了"鼓励和吸引更多的私人企业和地方对艺术的支持"，更突出法律及市场方式。两种文化艺术保护方法都取得了相应的成果，也有一定的弊端。

以英、法、德为代表的欧洲文化艺术保护方法主要通过国家对艺术投资的方式。

英国每年的文化经费达10亿英镑，占国家财政总预算的0.5%，这些经费远远不能满足文化发展的需要，因此从1995年开始发行国家彩票，每年可从中筹集超过10亿英镑的巨额资金用于发展文化事业，此两项相加，可达国家财政总预算的1%。其专门用于文化遗产保护的经费每年可达2亿英镑。英国政府对人文艺术的指导和财政支持主要通过英国艺术委员会来执行。英国艺术委员会是英国国内负责艺术工作的半官方机构，其宗旨是发展艺术实践，增进社会对艺术的了解，在公众中普及艺术。为实现这一目标，委员会承担着各地政府有关部门和机构的顾问工作，与其合作。其具体任务是根据各下属机构的建议，将政府年度财政预算中的艺术资金分拨给各文艺团体、艺术家个人，及用于文艺设施建设的有关方面，如大英博物馆每年的拨款就达3000万英镑，艺术委员会还必须对资金的运用进行指导和监督。

但这种主要由政府委托艺术委员会执行的拨款方式越来越难以适应艺术发展的需要和经济变化的现实。20世纪80年代以来，政府力求改变过去文化艺术事业过分依赖中央财政的做法，倡导中央和地方政府、政府和企业共同负担。但由于受英国社会中长期形成的文化贵族主义影响，企业对资助文化艺术态度冷漠，尤其是政府对企业的资助没有相应的优惠政策，使企业资助无利可图。为改变这种情况，提高企业支持文化艺术事业的积极性，英国政府制定了《关于刺激企业资助艺术的计划》。1984年国会通过该计划，财政部每年为它另外拨款。该计划对"资助"做了具体说明，规定：企业或私人无偿地向艺术活动出资属于"捐赠"，企业为了经营目的借助艺术活动提高知名度、招待客户和职工、做广告宣传等属于"资助"。政府高度评价为了文化艺术无偿捐赠的企业和个人，也鼓励企业把"资助"作为其经营策略的一部分。为保护企业投入文化的积极性，政府决定采取"陪同投入制"，即如果一家企业决定资助文化艺术活动，政府便陪同企业资助同一项活动。政府特别鼓励"新投入"，即当企业第一次资助时，政府"陪同"投入的比例是1∶1，也就是说，企业出1英镑，政府也出1英镑。对于企业第二次资助，政府则对企业多出上次资助的部分按1∶2的比例投入。这一政策一方面调动了企业投入的积极性，另一方面也使该文化艺术项目的成功率大大提高，相应降低投入的风险。1984年以来，英国企业资助文化艺术的积极性大大提高，企业资助文化的事务交由"企业资助艺术协会"执行。这一协会负责制定资助办法，接受研究申请，直至具体拨款事宜。对提出申请的文化艺术组织和活动由"协会"的专家委员会研究审定其是否符合获得资助的条件。

法国政府通过文化部对其文化艺术事业进行管理和指导，主要采取国家财政拨款方式，辅之以行政和立法手段。1993年，法国的文化预算为128.96亿法郎，占国家预算的0.93%；1994年的文化预算比上年增长了约4.3%，为134.55亿法郎，占国家预算的0.95%；1995年文化预算的数额与1994年基本持平，为134.49亿法郎。1995年，法国新政府更加重视发展本国文化事业。总统希拉克宣布，国家今后每年拨出的文化经费将不少于国家经费预算的1%。根据这一决定，法国1996年的文化预算增加到155.42亿法郎，比上年增加了15.8%，占国家预算的1%。1997年法国的文化预算为151亿法郎，仍占国家预算的1%。虽然绝对数额有所下降，但因几处大型文化基础工程已经完工，实际费用并未减少。当法国经济形势严峻、财政赤字巨大、失业率居高不下、社会问题丛生时，他们并没有采取牺牲或削减文化投资的方式来孤立发展经济，而是选择了通过增加文化投资，以文化的发展来促进经济发展的道路。文化投资的绝对数额在逐年增加,在国家经费预算中所占比例也在逐年提高,并已稳定在1%。文化投资的增加不仅促进了经济的复苏,增加了就业数量,更重要的是维护了社会稳定,大大地增强了国家和民族的凝聚力,减少了社会内部各种排斥力量的冲突。法国政府十分重视对本民族文化遗产与艺术资源的保护,猛烈抨击美国的文化帝国主义与电子殖民主义,采取了限制美国文化产品进口、补贴本国文化产品等多种方式。1995年法国政府规定,所有法国电台播放的音乐节目中至少应有40%为法国音乐,否则便以违法论处。巴黎法院就曾以播放节目中没有足够的本国产品而对本国收视率最高的法国电视一台做出罚款4500万法郎的判决。概括起来,法国政府的主要做法是:①设立文化工业信贷,将文化工业特别是本国电影产业等列为重要的工业部类,除增加政府贷款和拨款资助外,还运用文化产业信贷方式,鼓励银行和财政机构投资;②分散文化权力,调动地方文化机构及文化组织的积极性,对其予以经济资助,指导帮助其建立文化活动中心、文化发展中心等核心工程;③建立文化合同制,除对地方重点文物机构给予经常性的财力支援外,通过协议(合同)形式,对地方重要文化建设项目予以投资;④提供固定的经济补贴,对一些国家文化机构、团体以及与国家有合同关系的文化团体,每年给予固定补贴,金额逐年增长,同时设立文化部专项预算,如"资助剧作家项目"等,来促进文化艺术发展;⑤成立专门的基金会,对属于重要的文化遗产又在文化市场中难以生存的文化团体，成立相应的专门基金会来挽救和扶持；⑥对重点文化工作进行重点投资保护，如对卢浮宫、印象派艺术博物馆等中央直属重点工程，不惜耗巨资予以修缮或扩建。法国文化部设立了一个文化遗产司，1996年的预算就高达20多亿法郎，用于保护整修1.3万个历史建筑和维修2.4万个有历史价值的建筑。

此外，法国政府亦越来越认识到企业和个人对文化艺术的赞助的重要性，对之从行政和立法方面予以确定和支持。法国设立了全国性的文化资助委员会。此委员会由企业家、艺术家（文化专家）与政界代表组成，负责协调企业和私人资助事宜，评估企业的赞助能力等。法国政府还成立了一个文化遗产基金会，与法国民间6000多家以保护地方历史遗迹为使命的协会保持密切联系，筹集资金，争取社会广泛支持，保护法兰西民族文化遗产。这个基金会的初始资金为5000万法郎，其中2/3来自企业赞助，1/3为私人捐助。各大公司和企业也专门设立了文化资助委员会，隶属公司或企业基金会管辖，由各公司委任优秀的文化科技人士组成，负责审定资助项目和对象，每个企业都根据各自的特点和发展进行规划，确定资助对象。如资金雄厚的埃尔夫石油公司面向音乐、造型艺术与文物保护；法国航空公司注意发掘、支持有才华的音乐家、美术家的新秀，参加各大艺术节；法国电务公司则把资助的重点放在歌剧上，其他如巴黎国民银行、法国煤气公司、托塔石油公司、雷诺汽车公司集团等都有各具特色的资助方针。

以美国为代表的文化艺术保护方式侧重于通过法律法规和政策杠杆来鼓励各州、各企业、各集团以及全社会对文化艺术进行保护。1917年，美国联邦税法就明文规定对非营利文化团体和机构、公共电视台、广播电台免征所得税，并减免资助者的税额。对以非营利的促进文化、教育、科学、宗教、慈善事业为目的的团体免征赋税，个人和企业对上述非营利团体的捐赠可享受减免税收的优惠政策。美国不设文化部，1965年，美国国会通过了自大萧条以后第一部支持文化艺术事业的法规，由总统签署成为法律，此法律即《国家艺术及人文事业基金法》。依据此法，美国创立了致力于艺术与人文事业的机构：国家艺术基金会与国家人文基金会，并设立了联邦人文艺术委员会，由联邦政府中工作性质与文化发展有关的部门的领导组成。国家艺术与人文基金会的宗旨是为发展美国文化艺术服务，保护美国丰富的文化遗产，鼓励国家最优秀的艺术人才发挥创造才能。这一立法，保证了美国每年拿出相应比例的资金投入文化艺术。其使用直接面对文化艺术事业而不是耗费于庞大的文化行政机构的运行之中。基金首先用于集团赞助。国家艺术与人文基金会每年向各州及联邦各地区艺术委员会拨款一次，占年总基金额的20%，1995年增长到35%。其次，其余款项直接用于向各个艺术人文领域内的个人及团体有关项目提供直接资助，也用于优秀艺术成就的奖励。

有意义的是，美国联邦人文艺术委员会的投入只占人文艺术整体投入的一小部分。美国联邦政府对艺术的年投入约为11亿美元，而州、地方政府和企业的赞助高达50亿美元以上。这是由于政府在政策上采取了"杠杆方式"，以"资金匹配"来要求和鼓励各州、各地方以及企业拿出更多的资金来赞助和支持文化艺术事业。这种"资金匹配"对于各地来说，就是要求各州、各地方拨出相应的地方财政来与联邦政府的资金配套，如美国国家交响乐团每年得到的艺术委员会拨款只占总费用的10%，其余款项需由地方、企业及全社会予以资助。因此，美国艺术团体的一些演出节目单上总是密密麻麻地印满赞助者的名字，其赞助数额既有高达几十万美元、上百万美元者，也有仅赞助25美元的小额赞助人。而对于各艺术团体或艺术家来说，如欲获得政府补贴，必先从企业或其他途径筹集到政府资助三倍以上数额的资金。国家艺术与人文基金会规定对任何具体项目的资助总额都不超过所需经费的50%。显然这种资金匹配方式调动了各州、各地方以至全社会资助艺术事业的积极性，也调动了各艺术团体、艺术家的积极性，同时，通过多方考察，既确认该项目的社会意义与艺术意义，又提高了项目的可实施度，避免了无效投入。这种方式从制度上突出了私人保护的重要性。美国政府艺术保护方式除少部分直接资助外，其主体仍是间接资助。这种间接资助，不仅体现在《基金法》《版权法》《志愿人员保护法》等法律中，还体现在一些条令法规中。这些条令或法规要求在新的政府建筑工程中，1%以上的建筑费用必须用于建筑的艺术方面。还有许多州规定，修理州政府所属的建筑物，使用州政府资金修建任何建筑物，在公有土地上修建建筑物，其建筑设计和选址方案都需经州艺术委员会批准。这就大大改善了整个地区的文化艺术风貌。又如，组织艺术品的公开展览等类活动均可享受企业赞助法律或法令允许的税收优惠。这一系列的法律法令形成了一种十分有效实用的艺术保护机制。

上述以政府财政拨款为主的方式和以法律结合鼓励社会赞助为主的方式，在当代文化艺术保护中，日益趋向于一个共同的目标，即努力寻求企业和市场的文化资助，以达到文化艺术事业总投入的逐年实际增长，这种方式似乎已成为各国研究者的共识。

五、探索我国文化艺术保护的实现途径

从当代世界的发展来看，各国文化艺术的保护日益趋于一种由多元要素综合的方式。结合中国国情，我们认为，中国文化艺术的保护应采取政府保护、法律保护、市场保护与社会支持等多重因素综合运作的方式。

首先，加快政府保护方式的改革。改革和完善政府保护方式是文化艺术保护制度改革的关键环节。多年来，我国政府的文化主管部门均将其职能设定为行政上"管"文化与业务上"办"文化。这种一统的全包方式导致我国文化艺术团体的人员严重膨胀、机构重叠臃肿，并产生了只讲"政治任务"不顾经济效益的观念误区。改革和完善政府保护方式，主要是转变政府文化部门的职能，注重于文化艺术整体发展的宏观管理与保护。这种保护

首先是逐步建立文化艺术的宏观调控机制，主要运用政策的倾斜来实施文化保护，并协助立法机关建立和完善文化保护的法律、法令和法规，逐步加大国家文化资金的投入与监督实施，保证文化艺术在国家投资预算中的不断增长和社会配套资金的到位与筹集。

美国、德国、澳大利亚等国均不设文化部。美国国家艺术基金委员会与国家人文基金委员会作为政府的两个特殊部分，以资助方式影响和引导国内文化艺术事务。德国采取各级地方政府管理文化事业的分权管理体制。政府不设文化部，只设文化司，负责文化体育方面的原则性大事，不管具体文化事务。英国文艺管理体制中的最高层次是政府艺术大臣和艺术与图书馆部，主要进行宏观指导，负责总的经费划拨。法国设立文化部主管全国文学、艺术、电影、戏剧、音乐、博物馆及保护名胜古迹等门类，但主要采取统管财政的资助方式，辅之以行政和立法手段。借鉴世界各国的管理方式，中国的政府保护方式应着重从具体的办文化、管文化和统文化中解放出来，那种甚至管到某一节庆的某台节目的方法是不可取的。

美国、英国等国采取由专家组成人文艺术基金委员会或艺术委员会，直接面对地方委员会以至艺术团体或艺术家个人，避免了对艺术事业的过多行政干预，也简化了大量中间环节，避免了臃肿的行政机构和巨大的行政耗资。

其次，逐步加大国家文化资金的实际投入与监督实施，保证文化艺术在国家投资预算中的实际增长。目前在我国现有经济状况正在赶上文化发展脚步的条件下，可以借鉴英国、意大利等国的做法，先在一定范围内试发国家彩票，用于筹集国家大剧院、国家图书馆这类大型文化项目的建设。英国皇家歌剧院因经费不足，扩建计划被搁置20余年，后来就是在国家彩票发行后通过申请获得了巨额资金，才开始大规模扩建的。同时，还必须保证国家投资预算与地方投资预算的同步增长。这就需要借鉴美国等国家实行的文化资金配套投入制，国家投入最多不超过30%—50%，项目的地方投入不得低于1∶1的比例，并逐步提高到1∶3的比例，以充分发挥地方文化建设与文化保护的积极性。为此，必须建立一套严肃的资金管理法规。

再次，政府保护方式还应包含对民族传统文化、濒危艺术的特殊支持，对高雅艺术的大力资助和对重点文化设施的建设、扩充与维修。

尽快建立完善的法律保护方式。当代艺术保护中依靠法律形式进行保护成为各国关注的焦点，法律方式保证了当代艺术保护的法律地位与运作程序，也保证了艺术保护的公众意识与社会责任。其根本意义是通过减免税收鼓励企业和个人捐资，以达到文化艺术总投入的实际增长。

改革开放以来，我国文化立法有了很大的发展，出台了《中华人民共和国文物保护法》《中华人民共和国著作权法》等重要文化法律法规，但就文化立法现状看，还很不完善，从现在正在实施的近300件文化法规的性质看，部门规章占80%，行政法规占8%左右，法律、法令仅占2%左右，而市场经济条件下的当前文化艺术保护的一些重要方面，则尚无完善的法律来规范调整。如文化产业中不同艺术门类中的差别税率调控，艺术团体或艺术家艺术活动的营利与非营利的界定，以及相应的减免税收法规，向文化艺术事业捐赠或赞助的减免税收问题，艺术馆、博物馆、图书馆等公共事业发展基金的建立和文化遗产保护法规等。

当代世界各国的文化发展事业和艺术保护无不依赖文化的立法。用法律的方式进行文化艺术的保护，具有导向性、全民性和法律的公正性与严肃性。美国自1965年实施《国家艺术及人文事业基金法》以后，对鼓励艺术团体及艺术家个人的创造性和推出优秀艺术成果、保护现存文化遗产、普及艺术事业、促进企业或私人机构对艺术的捐助起到了很好的作用。而英国国会1984年批准的《关于刺激企业赞助艺术的计划》对英国开拓文化发展与艺术保护的资金渠道起到了十分积极的作用，所采取的"陪同投入制"大大激发了英国国内企业资助艺术事业的积极性。

相比之下，我国的文化立法是相对滞后的，至今尚无对文化艺术赞助予以税收减免的明确法律。因此，必须加快文化立法的步伐，加强文化立法的可操作性和与其他法规的协调性，逐步与国际惯例、国际公约接轨。

迅速建立市场保护体制。在当代多种因素的综合保护方式中，市场保护占据核心地位。这是由我国转变为市场经济国家这一基本事实出发的。文化艺术的市场保护包含两大方面。

其一，为努力发展上规模、上档次的一批大型文化产业，依靠市场方式，通过文化产业自身的扩大与积累来改变我国过去文化保护的单一的输血模式，形成自我积累、自我发展的良性循环。当代西方不少发达国家文化产业已日益成为国民经济的支柱产业，如美国影视业，已成为全美居于前列、可与航空航天和现代电子业并驾齐驱的换汇产业；迪士尼娱乐业等文化产业已进军世界大型企业500强，并稳居1997年世界企业前十名。而我国对世界经济的产业下游化（即由第一产业、第二产业向第三产业以及科技文化产业的转化）、经济文化化的趋势尚缺乏明确的意识。

从我国艺术家个人来说，有相当大的一部分仍然固持传统经典艺术的观念，而西方许多艺术家的观念已发生根本转化。据瑞特娃·米切尔夫人在欧洲文化信息与研究中心（CIRCLE）同欧洲文化协作理事会（CDCC）联合发起的一项问卷调查的综述可知，现在西方的许多艺术家已经把自己视为商人或企业家。我国的一部分文学家、艺术家也已精通契约、广告、传媒炒作、工业化复制与品牌效应。

其二，对于那些不能以产业形式发展的文化艺术，则必须通过市场，寻求企业资助的道路，除了前述法律法规的制定外，从企业赞助保护方式来说，要想使其发展起来，必须保证企业投资能获得相应的利益回报。空洞笼统的表彰鼓励已不能奏效。这包括：

（1）将艺术作为一种投资载体。现代艺术，尤其是通俗流行艺术，往往是高风险、高利润的产业，有可能获得高额回报。如风行世界的雅尼音乐会。

（2）对文化艺术事业进行捐赠和资助，可以享受税收减免的好处，以冲抵经营成本。

（3）对文化艺术事业的捐赠和资助可以获得上佳的广告传媒效应，使赞助者树立良好的社会公众形象。

前已述及，为鼓励企业资助文化艺术事业，许多国家从政策上采取了"陪同投入制"，这种方式将市场因素与文化因素予以全面考虑，使艺术资助活动具有可操作性，提高了成功率，降低了企业投入的风险。

为了沟通并保证企业对文化艺术的赞助，还需建立相应的非政府的民间性机构居间运作。除了前述半官方的由专家组成的艺术委员会外，近年来，世界各国相继成立了企业资助艺术协会。日本在1990年成立了"日本企业支援文化事业协会"，有成员170余名，均为日本大企业。英、法、韩等国也都成立了相应的组织。1991年欧洲成立了全欧洲的"欧洲企业资助文化事业委员会"。这些组织设有相应的机构，对企业资助文化有明确严格的规范化管理，并对资助与被资助双方进行严格监督，以保证双方各自的利益不致受到损害。如在英国，企业资助文化艺术事业由"企业资助艺术协会"来执行。它负责制定资助办法，接受研究申请，直至拨款。它要求接受资助的文化艺术组织必须是法律认可的非营利组织或团体，资助的审批则由"协会"的专家委会研究决定,这就杜绝了"长官意志""行政干预""走人情、拉关系"等计划体制的弊端,鼓励开放、竞争、公正、互利的新型文化保护方式。

需要指出的是,"行政干预"并不是"中国特色",在西方许多国家中,也存在着"行政干预",并将这种干预与艺术质量联系起来,而将市场方式与艺术的粗制滥造等同起来。这种看法是不正确的,西方不少有识之士亦对此有相当深入的认识与研究。艺术批评家布鲁诺·弗莱就指出:"必须澄清一种常见的误解。人们通常认为艺术的内容完全取决于政策的选择,尤其认为没有政府的干预,只会有低水平的艺术活动与成果;而那种依靠市场价格体系作用的特定措施似乎只能同质量低劣的艺术相联系,其实这种论点是站不住脚的。实际上许多事例证明,最高水平的艺术往往是通过市场活动方得以完成的。同时,政府的资助既可能产出高质量的艺术,也可能产出质量低劣的艺术,这取决于政府究竟采取何种类型的干预激励方式。"

1996年以来,北京音乐厅对高雅艺术进行的市场化操作,1997年中演公司对芭蕾艺术的市场运作都证明,高雅艺术经典与中国芭蕾艺术都可以通过市场方式获得艺术的成功与大众的支持。浙江小百花对民族艺术的市场化运作也证明市场保护的方式是完全合理,并切实可行的。

争取广泛的社会支持与全民保护。当代艺术保护中的社会支持和全民保护具有最广泛、最强大的力量。当代社会通过多种途径，特别是现代传媒营造保护文化艺术的社会氛围与社会舆论，培养和涵养着一代代懂得艺术的文化大众，是保护艺术最浑厚的社会基础与心理根源。

一个国家、一个民族文化艺术的发展取决于这个国家人民对文化艺术的态度。像德国、奥地利、俄罗斯这样的文化艺术古国，人们对艺术的崇敬向往之情历经各种磨难执着不改。德国战后，人们首先重建的不是什么市政厅或购物大厦，甚至也不是急待开工的工厂车间，而是艺术馆、博物馆和剧场等传统建筑。而在美国、英国、奥地利等国，普通国民对文化艺术进行赞助则是司空见惯的事，有些赞助可能数额极小，却表明了人们对文化艺术事业的内在理解和支持，这是文化艺术保护的根本力量所在。

如何沟通艺术与社会，涵养和培育潜在的艺术市场，是一个难以解答的问题。这就是要真正培育一代代青年具有懂得欣赏形式美的眼睛和懂得欣赏音乐美的耳朵。对此西方一些理论家主张给艺术的消费者以更大的发言权，才能实现艺术生产者之间的必要的和有益的竞争。另一些人则着眼于潜在的艺术需求者，他们提出了一种"赠券计划"，即给予具有艺术潜在需求的观众赠券或者凭证，让他们以较低的票价参加艺术活动，以将那些具有潜质的观众培养成真正的艺术需求者。他们主张艺术团体把收到的凭证上交给政府，政府根据民众表达出来的需求给予资助。这样，社会资助的份额分配就包含了一部分潜在的艺术消费者，艺术团体就有可能去考虑这一部分观众的需求并展开相互竞争，去努力培育和开拓新的观众层。我国近年来也有不少艺术家热心于普及交响乐等高雅艺术，如北京音乐厅举办的大学生音乐讲座演奏会、京剧名角高校巡回演出、首都高校的芭蕾舞巡演，都收到了很好的效果，培育了一个日渐成熟的"知音"群体。同时，中央电视台心连心艺术团、文化部的文化列车等，都对沟通艺术与社会起到了积极作用。这种临时性艺术团体的演出，规模较高又有很强的广告效应，加之完全的非市场的赠券方式，其成功是必然的。而现实生活中更多的是市场化的、由观众自己掏钱的常规艺术消费。通过合理的资助计划与陪同投入措施鼓励艺术家到群众中去，通过有计划的赠券方式培育和涵养文化市场与观众群，建立长期执行的完善的可操作的规范制度，是对文化艺术的真正恒久的保护与支持。

需要强调的是，文化艺术保护的四种方式是密切关联、相需为用的，你中有我，我中有你，同时又相互制约、相反相成。在我国当代文化发展中，只有将四者完满地综合运作，才能真正发展文化，保护艺术，开创我国文化艺术保护的新局面。

后　记

这一本内容有点多，书厚了一些。这些年几乎每日笔耕，写了不少文字。有些东西似乎必须放进去，于是只好列了四编。当然都是文化创意产业的内容。

第一编包含了时下文创最重要的主题。新时代、新语境、新模式、新业态，聚焦于升级换代，进入新发展阶段，在新发展理念的指引下，构建文化创意产业高质量发展的新格局。在"十四五"开局的重要历史时刻，回顾改革开放以来我国文化创意产业的酝酿、开局、成长、壮大，获得了丰硕的成果，积累了经验，也得到不少教训。《我国文化创意产业的新格局、新地图》是从2020年北京文化创意大赛的具体实践中，依托参赛100强的项目案例进行了总结和分析，不是一篇学术型很强的论文，而是眼睛向下，面向企业，面向实践，正视文创发展中的困难和症结。不再一味好高骛远，高头讲章。《汹涌的热潮：当前AR、VR爆发性增长的冷思考》这篇对话，给当前AR、VR的爆发性增长泼了一点冷水，催促大家在人潮中不要昏了头，一味强调技术，忽略了内容，忘记了文化。说到底，没有了内容，没有了故事，那些技术用来做什么呢？《月印万川：寻找城市之魂》是我另一本同名著作的前言,是我好多年来一直关注的重心。我做的第一个哲学社会科学重大项目就是关于创意城市的,当时结项完成了10卷本,约350万字的报告,获得了领导批示,专家好评,顺利结项。城市是我国文化创意产业发展的重中之重。我国的城市化是21世纪全球最重大的历史性变革,堪与美国首发的高科技的新经济媲美。当65%以上的人们住进了城市(这个数字还在上涨),我们有理由努力去寻找每个城市那独一无二的城市之魂。还有《盲盒批判》,有时间读一读。我发问:盲盒到底可以"疯"多久?作为时尚,它在波峰和浪谷之间徜徉、徘徊,按照浪潮式的时兴—时髦—时狂的起式发展,突然有一刻,它会因为一个冲击甚至小小的失误,便被后浪拍到沙滩上。

第二编选了两篇即时的大文章。一篇是5G背景下中美创意产业创意经济各个类别的比较研究,另一篇是中韩文化创意产业的比较。两篇都很长。与5G相关的这篇是本书中最重要的文章之一,总题目下分为八个小节,将当前中美两国文化创意产业领域的发展与竞争做了大致的讨论。其中关于5G技术对文化创意产业的影响、游戏产业的全球高速发展、移动社交媒体创建新的宽广平台,这些发展形态颠覆了传统文化产业的理念和实践,拉开了新一轮全球高科技文创大竞争的序幕。

第三编是关于艺术创意产业的。收了四篇文章都是很早写的。像《作为创意产业的当代中国艺术》1998年写的,收入1999年我主编的"高等院校21世纪人文素质教育系列教材"之

《影视艺术鉴赏》。其中关于电影的论述当即受到了批判。主要是因为坚持电影只能是一门艺术，任何商业化操作，都败坏了这门神圣艺术的一些电影艺术家和影评家、影视理论家。另有一位名曰卡夫卡·陆的先生更是在网络上大肆攻伐，说你不懂电影就不要发言，胡说什么文化创意产业，简直匪夷所思。电影就是贩夫走卒日晚消遣之物，何来"创意产业"一说。我当时很想与这位位于上海的卡夫卡·陆先生见一面，当面讨教，也可以直陈我思，相互讨论。终究没得到机会。

这里收的另一篇《基于差异的互补：转型时期的经济学家与文学家》是1998年发表于《浙江社会科学》的一篇与老朋友陶东风先生的对话。探讨经济学家与文学家的长长短短的比较和今天的"联姻"。经济学家很高傲，文学家则刚刚收起了好多年挺挺的雄鸡冠子，落了架。后来的发展证明，影视艺术家转型飞快，张艺谋率先拍了商业片《古今大战秦俑情》《满城尽带黄金甲》，以及后来的《三枪拍案惊奇》。而商业片和艺术片的分道扬镳，又兜兜转转相互借鉴融汇，成了今天的影视新生态。

其实，谈到文学艺术，是回到我的老本行。我在《文化中国》主持了一个叫作《智能时代》的栏目，专门研究文化与当代智能科技的关系及其发展。我做了几次讲演，一个是《艺术，是一种算法》，讲演现场大哗。另一个是《我国科幻电影新突破的历史机遇与发展困境》。本来是想整理后加进文集的，看来是加不进去了。

第四编是较早写的内容，2000年之前已经成形或发表。我犹豫收还是不收。后经友人建议，还是纳入了。其毕竟有文化产业发展史的价值和意义，同时至今还有较强的现实实践意义。故而又从弃稿中"捞"了回来。但从内容看这些最早的关于文创园区、聚集区的研究和关于市场环境下文化艺术的保护的文章，涉及文创产业的场景、生存与发展，也涉及公共文化服务的一系列深层问题，列入文集是十分必要的。

我还在想，以后有时间的话，再把欧洲创意经济、文化经济等诸多著作的导读单独出版出来，现在这里是不可能加进去了。

金元浦